HERIBERT PRANTL

WAS EIN EINZELNER VERMAG

POLITISCHE ZEITGESCHICHTEN

© Süddeutsche Zeitung GmbH, München
für die Süddeutsche Zeitung Edition 2016

Projektmanagement: Sabine Sternagel
Gestaltung: Sibylle Schug
Herstellung: Herbert Schiffers, Hermann Weixler
Druck- und Bindearbeiten: CPI – Ebner & Spiegel, Ulm
Printed in Germany
ISBN: 978-3-86497-352-9

HERIBERT PRANTL

WAS EIN EINZELNER VERMAG

POLITISCHE ZEITGESCHICHTEN

Süddeutsche Zeitung Edition

INHALT

PARTEIKAMERADEN

STARKE FRAUEN

STARKE MÄNNER

WILDE KERLE

STAATS- UND HEIMATSCHÜTZER

DICHTER, DENKER, PINSELKÜNSTLER

Dieses Buch handelt von Leuten,
die glauben, dass sie nie gescheitert sind.
Es handelt auch von Leuten, die von
sich glauben, dass sie immer gescheitert
sind, aber von Mal zu Mal besser.
Das Buch handelt von selbstgewissen
und von zweifelnden Menschen.

Große Zwerge, kleine Riesen

Von den Idealen der Idealisten und der Egoisten und von einem Philosophen in der Lehmgrube

Es stimmt, dass die Probleme der modernen Gesellschaft groß, unübersichtlich und komplex sind. Es stimmt nicht, dass sie so groß, so unübersichtlich und so komplex sind, dass man besser nicht damit anfängt, sie anzupacken; es stimmt nicht, dass die Übernahme von Verantwortung eine aussichtslose Sache ist. Die Menschen, von denen dieses Buch handelt, haben angepackt, sie haben es auf verschiedenste Weise versucht; manchmal haben sie auch Fehler gemacht. Sie haben ihre Zeit geprägt, sie haben die Gesellschaft vorangebracht, sie haben in ihrer jeweiligen Welt, so groß oder klein sie war, Wegweiser gesetzt; bisweilen auch falsche. Sie haben gezeigt, dass es nicht egal ist, was man tut; sie haben gezeigt, dass es nicht egal ist, wie man es tut; und sie haben gezeigt, dass es nicht egal ist, wozu man es tut. Manchmal taucht in den Texten dieses Buches das Wort „Vorbild" auf; weniger bei den Namen, die jeder kennt, sondern bei den eher unbekannten.

Das Buch handelt von Politikerinnen und Politikern, die sich ein Nashorn, den Maulwurf oder die Eule als ihr Lieblingstier gewählt und es antwortet auf die Frage, warum sie das getan haben. Das Buch handelt von solchen Politikern, die von sich glauben, dass sie nie gescheitert sind – und von solchen, die von sich glauben, dass sie nur immer gescheitert sind, aber von Mal zu Mal besser. Das Buch handelt von Politikern, die erfahren haben, wie sie die Macht verändert hat; die an sich selbst erlebt haben, wie selbstzerstörerisch Politik sein kann – und die Melodien von Béla Bartók im Ohr haben, wenn sie an die dunkelsten Stunden ihres Lebens denken.

Helden der Nachkriegsjahrzehnte

Dieses Buch handelt von den Idealen der Idealisten und der Egoisten; es handelt von Gelehrten, Künstlern, Publizisten, von Strafverteidigern, Richtern, von Feministinnen und einem Karikaturisten. Es handelt von Staats- und von Heimatschützern, also von Leuten wie dem Generalstaatsanwalt Fritz Bauer, dem genialen Polizisten Horst Herold oder dem Schwandorfer Landrat Hans Schuierer.

Man kann sie Helden der Nachkriegsjahrzehnte nennen: Ohne Fritz Bauer hätte es die Frankfurter Auschwitzprozesse nicht gegeben, ohne ihn wäre die deutsche Öffentlichkeit noch viel länger davongelaufen vor den NS-Verbrechen. Ohne Hans Schuierer, dem Pionier des Atomausstiegs, wäre die atomare Wiederaufbereitungsanlage in Wackersdorf gebaut worden; bei ihm kann man lernen, was politischer Mut ist. Und bei Horst Herold schließlich, dem Chef des Bundeskriminalamts in der RAF-Zeit, kann man lernen, was es mit dem Wort vom „Dank des Vaterlandes" auf sich hat. Der Mann hat nach seinen eigenen Worten seine Pensionistenjahre „in einer Lehmgrube" verbracht; er philosophierte dort unter anderem darüber, was Staat und Gesellschaft hätten anders machen müssen, auf dass aus der engagierten linken Journalistin Ulrike Meinhof nicht eine Terroristin, sondern irgendwann eine Familien- oder Innenministerin geworden wäre.

In diesem Buch sind Porträts von Zeitgenossen aus den vergangenen 15 Jahren versammelt; Das Buch enthält Lobreden, es enthält aber auch zornige und giftige Reden. Das Buch handelt zum einen von Menschen, die fast jeder kennt; es handelt aber auch von Menschen, die nur wenige kennen, die kennenzulernen aber ein Glück ist. Warum? Weil sie einem zeigen, dass Erich Kästners Spruch „Es gibt nichts Gutes, außer man tut es" nicht esoterisches Geschwätz, sondern eine Aufforderung zum Widerstand ist: gegen Gleichgültigkeit, soziale Kälte, Hass, Menschenverachtung.

Die Rechtsanwältin, die für Gleichberechtigung gekämpft hat; der Journalist, der Skandale aufgedeckt hat; die Bürgerrechtlerin, die sich für Folteropfer eingesetzt hat; der Theologe, der Pro Asyl gegründet hat – sie werden sich vielleicht nicht als Widerständler betrachten. Sie sind es. Sie haben Widerstand geleistet gegen die Apathie und gegen das verbreitete Gefühl, dass man allein ja ohnehin machtlos sei. Im Nachruf auf Rupert Neudeck findet sich der Satz: „Er wollte nicht ertragen, nur zuschauen zu können." Deshalb hat er die Flüchtlingsrettungsaktion Cap Anamur gegründet. Neudeck und andere, um die es in diesem Buch geht, haben gezeigt, dass Humanität keine Saisonware ist; und dass Utopie ein Antidepressivum ist, das aus der Utopie Realität machen kann.

Wie aus Utopie Realität wird

Das Buch fügt sehr verschiedene Texte zusammen – Porträts, Laudationes, Abschiedsreden, Nachrufe. Aber jeder einzelne dieser Texte ist eine Antwort auf die Frage, was denn ein Einzelner schon vermag. Die Antwort lautet: ziemlich viel.

Heribert Prantl, im September 2016

PARTEIFREUNDE

Heiner Geißler Generalsekretär war einst sein zweiter Vorname. Das ist so geblieben, obwohl seine Zeit als gefeierter und gefürchteter CDU-Generalsekretär (1977 bis 1989) schon Jahrzehnte her ist. Geißler hat viele Bücher geschrieben, eines seiner letzten handelt von Martin Luther. Warum? Geißler hat eine Sympathie für Reformatoren. Er war schließlich ein Reformator der CDU. Im Alter wurde er dann Liebling derer, die ihn einst gehasst haben. Wie kam das?

Laudatio zum 85. Geburtstag von Heiner Geißler, anlässlich seiner nachgeholten Geburtstagsfeier am 16. Juli 2015 im Landtag zu Mainz

Ohne ihn wäre die CDU nicht, was sie ist

Geißler – der Stratege, Kriegselefant, Weinbauer, Bergsteiger, Kapitalismuskritiker, Bestsellerautor, Zuspitzer und Schlichter

E pluribus unum ist ein Wappenspruch, der auf dem Großen Siegel der Vereinigten Staaten steht. Der Spruch steht auch auf der Ein-Dollar-Note, er steht auf allen US-Münzen, er steht auch auf den beiden Außenseiten der Air Force One des US-Präsidenten. Der Spruch bezog sich ursprünglich auf die einzelnen Bundesstaaten, die zusammen die USA bilden; heute wird er oft auch auf die Völker und Ethnien bezogen, aus denen das Volk der US-Amerikaner entstanden ist. E pluribus unum.

Ein Mann – viele Gestalten

Aus vielen einer: Das hätte sich Heiner Geißler auch auf seinen Drachenflieger schreiben können. Es gibt nämlich nicht nur einen Heiner Geißler, es gibt ganz viele. Heiner Geißler ist ein Phänomen, er hat viele Gestalten: Er ist Weinbauer, Bergsteiger und Skifahrer; er ist Christdemokrat, er ist Kapitalismuskritiker und Bestsellerautor; er hat so viele kluge Bücher geschrieben, dass Wikipedia mit der Aufzählung nicht mehr hinterher kommt. Geißler ist politischer Missionar und Mahner, er ist der Geißler seiner Partei, er ist der Liebling derer, die ihn einst verwünscht und gehasst haben; er ist Botschafter der sozialen Marktwirtschaft und Attac-Mitglied. Er ist ein begnadeter Zuspitzer und zugleich ein begnadeter Schlichter. Die letzte mir bekannte Persönlichkeit, die wenigstens annähernd so viele Gestalten annehmen konnte wie Heiner Geißler, war der Göttervater Zeus. Zeus tat dies allerdings, um Frauen zu verführen. Das ist nicht das Metier des Heiner Geißler. Wenn er jemanden verführt hat, dann war das seine Partei, die CDU. Er hat sie als Generalsekretär von 1977 bis 1989 dazu gebracht, eine kluge, eine aufgeklärte Partei zu werden. Er hat sie reformiert, er hat sie entpatriarchalisiert, er hat sie in seiner Zeit von einem Kanzlerwahlverein zu einer Programmpartei gemacht.

Und damit sind wir bei einem Punkt, den Heiner Geißler dem Göttervater Zeus voraus hat. Der war nie Generalsekretär. Heiner Geißler war es zwölf Jahre lang; und er ist es in gewisser Weise immer noch. Wenn heute im Trivial-Pursuit-Spiel nach dem Namen eines berühmten CDU-Generalsekretärs gefragt wird, heißt die Antwort immer noch – Entschuldigung Peter Tauber (CDU-Generalsekretär im Jahr 2015) – Heiner Geißler. Generalsekretär ist einst Heiner Geißlers zweiter Vorname geworden; und das ist so geblieben, obwohl diese Geschichte nun schon dreißig Jahre her ist. Geißler vergeht nicht.

Gleißweiler Hölle

Als ich zum ersten Mal an seiner Haustüre stand, das war im Jahr 1999, habe ich ihn daher, wenn ich mich richtig erinnere, mit einem „Grüß Gott, Herr Generalsekretär" begrüßt. Aus dem damaligen Interviewtermin von eineinhalb Stunden ist dann ein ganz langer Nachmittag geworden, und der bahnte sich an, als Heiner Geißler (trotz Gipskorsett, das er damals nach seinem Absturz mit dem Drachenflieger trug) in seinen Weinkeller hinunterstieg, um ein paar Flaschen seiner „Gleiß-

weiler Hölle" zu holen. Heiner Geißler hat übrigens ein Buch geschrieben, das „Ou topos" heißt, also von Utopia handelt. Utopia, griechisch ou topos, ist bekanntlich der Ort, den es noch
nicht gibt, den es aber geben müsste: das Glück der Erde. Einige solche Orte gibt es schon. Dazu gehört – wie Auserwählte
aus seiner Partei gewiss wissen – Heiner Geißlers Weinkeller.
     Noch etwas ist bei Geißler anders als bei Zeus: Geißler ist
bekennender Katholik. Und als solcher hat er jüngst ein Buch
über Martin Luther geschrieben. Wie kam es zu diesem Buch?
Ich denke, Heiner Geißler hat eine grundsätzliche Sympathie
für Reformatoren. Er war schließlich als Generalsekretär der
Reformator der CDU.

Keine Angst vor großen Thesen

Mit dem Reformator Luther hält Geißler freilich in seinem
Buch auch gründlich Abrechnung, weil der, je älter er wurde,
immer weniger Reformator war und immer mehr Fürsten-
knecht und Antisemit wurde. Aber dies zu sagen ist nicht das
Hauptanliegen von Heiner Geißler: Er ist der Auffassung, dass
die Kirchenspaltung „heute überflüssig und verantwortungs-
los ist". Luther, so hofft Geißler, würde die getrennten Kirchen
heute wieder zusammenführen. Heiner Geißler hat keine
Angst vor großen Themen und vor großen Thesen. Also erklärt er kurz vor dem großen Reformationsjubiläum im Jahr
2017: Die Einheit beider Kirchen liege gewissermaßen abhol-
bereit auf dem kirchenhistorischen Tisch, weil die wichtigsten theologischen Differenzen im Grund ausgeräumt seien. So
ist Heiner Geißler; er fackelt nicht lange; das war immer so. Er
ist in vielen Fächern zu Hause. Und er kann in historischen Di-
mensionen denken. Und er sagt die Dinge so klar, als sei er bei
Martin Luther in die Schule gegangen.
     Ganz so alt ist er allerdings nun doch nicht. Er war auch
nicht Schüler bei Martin Luther, sondern, da war er 18, Schüler

bei den Jesuiten in Pullach bei München. Nach vier Jahren, mit 22, merkte er, „dass ich von drei Gelübden, die ich abgelegt hatte – Armut, Keuschheit und Gehorsam – zwei nur mit Mühe halten kann. Die Armut war es nicht. Da habe ich eben aufgehört".

Das klingt locker, war es aber nicht, wie mir Heiner Geißler einmal in einem langen Gespräch erzählt hat. „Es gibt sicher Menschen, die glücklicher gewesen sind als ich. Als Politiker habe ich eigentlich nicht viele hundertprozentig glückliche Tage erlebt. Zeiten ohne Anspannung, ohne Belastung, ohne Sorge waren relativ selten. Aber da ist mir dann immer wieder eingefallen, was Pater Frank zu mir sagte, der Provinzial der Jesuiten, als ich aus dem Orden ausgeschieden bin. ,Ich bin unglücklich', habe ich damals zu ihm gesagt, ich kann's Ihnen gar nicht sagen, wie sehr.' Da hat er geantwortet: ,Niemand ist immer glücklich. Unglücklich zu sein gehört zum Leben, das muss und kann man überwinden.' Und es ist wahr. Wenn ich das bisschen Unglück, das ich empfunden habe, gegen das aufwiege, was ich bewegen konnte, dann wiegt es eigentlich relativ wenig."

Die Schule der Jesuiten

An was denken Sie da als Erstes?, habe ich Geißler dann gefragt. „Für mich ist das Wichtigste, dass in meiner Zeit als Generalsekretär die CDU eine soziale Partei der Mitte geblieben ist, dass sie sich geöffnet hat – in der Außenpolitik, der Ostpolitik vor allem –, und in der Jugend- und Frauenpolitik. Aus der CDU ist damals eine moderne, aufgeklärte Partei geworden." Ich meinte damals, den aufklärerischen Drang habe er von den Jesuiten mitgebracht. Er sagte darauf: „Was ich von den Jesuiten mitgenommen habe? Sagen wir: Ehrlichkeit in allem, was man tut – das Nachdenken über das, was man tut, wie man es tut. Anteilnahme für die Schwächeren. Universales Denken. Selbstdisziplin."

Aber in die Politik ging Geißler damals hinein wie ein fröhlicher Parzival. Lassen wir ihn selbst erzählen: „Als ich Landesvorsitzender der Jungen Union in Baden-Württemberg war, haben wir ständig die Revolution ausgerufen und den Adenauer abgesetzt – das war ganz wunderbar: auf der Basis der festen Überzeugung, dass die CDU die beste aller Parteien ist. Das war alles nicht so tierisch ernst, wir haben unseren Beruf, unsere Examen gemacht, wir haben unseren Spaß gehabt, da war kein Karrieredenken dabei. Wir – das waren Erwin Teufel, Franz Sauter, Philipp Jenninger, Manfred Wörner, Heinz Eyrich und andere. Keiner von uns hat daran gedacht, in den Bundestag zu kommen, das schien völlig unerreichbar. Und dann hat es sich halt doch irgendwie und irgendwann ergeben. Ich war der Erste. Eine Legislaturperiode später folgten die anderen, die mit mir in der Jungen Union groß geworden sind. Wir waren überzeugt, dass das Gute immer siegt – und sind dann im Lauf der Zeit desillusioniert worden."

Ein desillusionierter Jungpolitiker

Und diese Desillusionierung geschah so – nochmal ein Ausschnitt aus einem meiner Gespräche mit Heiner Geißler: „Ich war Sozialminister in Mainz geworden (im Kabinett des Ministerpräsidenten Helmut Kohl) und geriet plötzlich in einen Machtkampf zwischen Kohl und einer konservativen Gruppe, die den Widerstand gegen ihn ausgerufen hatte. Als Wahlen für den Kreisvorsitz in Mainz anstanden, sagte Kohl, da müssten jetzt Klarheit und Sauberkeit und positive Perspektiven her, ich müsse da hin, um aufzuräumen. Ich habe in aller Unschuld Ja gesagt – und kam in eine parteiinterne Auseinandersetzung hinein, wie ich sie überhaupt noch nie erlebt hatte. Ich hatte mir nicht vorstellen können, dass es überhaupt so etwas gibt. Da wurde mit allen Finten und Machenschaften gearbeitet – und ich war mittendrin. Da ging es

nicht um das Gute und Richtige, da ging es um nichts anderes
als um die Macht. Für mich brach eine Welt zusammen. Damals hat mein Sohn Dominik – er war gerade sechs oder sieben Jahre alt und ist ein sehr guter Pianist geworden – die Rumänischen Tänze von Bartók geübt. Ich höre sie heute noch.
Mit diesen Klängen verbindet sich für mich etwas Dramatisches, Existenzielles, eine große innere Veränderung. Ich habe damals zum ersten Mal in meinem Leben erfahren, dass
Politik selbstzerstörerisch sein kann. Ich kam für mich zu
dem Ergebnis, dass etwas kaputt sein muss bei mir, wenn so
viele Menschen so massiv gegen mich sind. Das hat mich immerhin so mitgenommen, dass ich zu einem Pfarrer gegangen
bin, um mich zu beraten. Der hat zu mir gesagt: ,Jetzt guck dir
doch die Leute, die gegen dich arbeiten, der Reihe nach an. Da
muss dir doch klar sein, dass du zehnmal besser bist und dass
du dich von denen nicht kleinkriegen lassen darfst.' Von da an
bin ich allmählich vom Urteil anderer Menschen unabhängiger geworden. Ich habe die Wahl dann gewonnen." Das waren
die Anfänge des großen Politikers, des großen Taktikers und
Strategen Heiner Geißler.

Ein politischer Kriegselefant

Wenn man über andere Politiker seines Alters schreibt,
schreibt man von der Vergangenheit. Man schreibt davon,
wie wichtig diese Leute einmal waren und was sie damals, vor
Jahrzehnten, so alles darstellten: Generalsekretär, Minister,
Erneuerer ihrer Partei. Man schreibt von den Wahlkämpfen,
die sie einst geführt, gewonnen und verloren haben. Man erinnert sich an die Streitigkeiten, die sie damals angezettelt, an
die Entrüstung, die sie geerntet haben. Das alles kann man bei
Heiner Geißler auch machen, da gibt es viel, unendlich viel zu
erzählen. Geißler gehört zu den politischen Kriegselefanten
der Bundesrepublik.

Wenn man über andere Politiker seines Alters schreibt, muss man sich entscheiden, ob man im Präteritum, im Perfekt oder im Plusquamperfekt schreibt. Über Heiner Geißler schreibt man am besten im Präsens – weil er immer noch eine öffentliche Präsenz hat, um die ihn die meisten Politiker, die nur halb so alt sind wie er, beneiden.

Sätze wie Schwertstreiche

Er ist wohl noch immer der bekannteste, wortmächtigste, streitlustigste und ideenreichste Sozialpolitiker der CDU, er ist einer, der Sätze formulieren kann wie Schwertstreiche. Schon Jahre vor der großen Finanz- und Wirtschaftskrise, als für seine Parteifreunde Kritik am Kapitalismus noch ein Sakrileg war, hat er, scharf wie kaum ein anderer, den Marktradikalismus verdammt: „Der Kapitalismus ist genauso falsch wie Sozialismus und Kommunismus: Die Kommunisten wollten die gesellschaftlichen Konflikte lösen, indem sie das Kapital eliminierten und die Kapitaleigner liquidierten. Bekanntlich sind sie daran gescheitert. Heute eliminiert das Kapital die Arbeit und liquidiert quasi die Menschen am Arbeitsplatz." Diese Sentenz stammt aus einem Interview mit Geißler im Jahr 2005.

Damals haben ihn seine politischen Nachfolger in der CDU, damals hat ihn die Parteispitze wegen solcher Sätze für einen Altersverrückten gehalten. Damals wurde in der Partei durchaus getuschelt, ob so einer überhaupt noch dazugehört. Geißler stieß im Jahr 2005 weder auf Freude noch auf Verständnis, wenn er von seiner Partei eine Programmatik forderte, die den Kapitalismus so zähmt, dass dieser die Demokratie nicht frisst. Geißler forderte eine internationale Bankenaufsicht, eine weltweite Fusionskontrolle und die Schließung der Steueroasen, „von denen aus der Radikal-Kapitalismus global agiert". Solche Forderungen, die dann Jahre später allenthalben diskutiert wurden, galten damals als Spinnerei – ebenso wie die Spekulationssteuer, für die Geißler seit Jahren in den politischen Talkshows wirbt.

Das hat sich geändert. Heute ist die CDU wieder stolz auf ihren begnadeten Spinner, dem sie jetzt wieder den Titel Visionär gibt. Das war er schon vor vierzig Jahren, als er „Die Neue Soziale Frage" entdeckte und sie im Mainzer Landtag als Sozialminister von Rheinland-Pfalz beschrieb und die gesetzgeberischen Konsequenzen daraus zog. 1980 fasste er seine Thesen über „Die neue Soziale Frage" in einem aufsehenerregenden Buch zusammen. Er renovierte die katholische Soziallehre und beschrieb die Sozialpolitik als Kernpolitik einer guten Demokratie. Das hat er dann als Generalsekretär und als Bundesminister für Jugend, Familie und Gesundheit zur Grundlage seiner Politik gemacht. Heute wirbt er für eine internationale öko-soziale Marktwirtschaft: „Die globale Ökonomie braucht eine globale politische Antwort." Und er wehrt sich dagegen, dass sich die Verfechter des freien und ungebändigten Marktes auf Ludwig Erhard berufen. Wenn das passiert, dann verwandelt Geißler jede Bühne in ein politisches Seminar: „Erhard war auch der Erfinder der Kartellgesetzgebung und der Fusionskontrolle. Und dafür braucht man als Garanten den Staat, um so eine Ordnung zu garantieren."

Die fünfte Kolonne

Für solche Sätze lieben ihn heute die, die ihn einst hassten. Geißler hat sich, als er Generalsekretär der CDU war, vor kaum einer Polemik gescheut. Legendär ist sein Vorwurf, die SPD, die gegen die Aufstellung der Mittelstreckenraketen in Deutschland war, sei die „fünfte Kolonne" Moskaus. „Der Krach darüber hat mich lange gefreut", bekennt er. Aber: „Ich würde den Satz heute nicht mehr sagen." Und was ist mit dem Vorwurf: „Ohne den Pazifismus der dreißiger Jahre wäre Auschwitz nicht möglich gewesen!" Das sei eine Replik auf den damals grünen Otto Schily gewesen, der behauptet hatte, die CDU bereite den atomaren Holocaust vor. Ein dummer Satz wird aber doch nicht dadurch besser, wenn er die Antwort auf einen anderen dummen Satz ist. „Da können Sie recht haben", antwortet er. Geißler kann Fehler zugeben. Und die Leute, die früher vor Empörung über ihn auf die Bäume stiegen, schwärmen heute von ihm. Er beharrt aber darauf, dass nicht er, sondern die Leute sich geändert hätten.

Sein heftigster Sturz

Man kann Geißler bei Plasberg treffen und bei Anne Will, aber auch am Gipfel des Corvatsch und am Morteratschgletscher im Engadin – da habe ich ihn vor Jahren getroffen und erlebt, wie die Leute auf jeder Hütte begeistert auf ihn zugehen. Bei der Abfahrt auf der Piste macht Heiner Geißler das, was er in der Politik selten tat: Er geht in die Knie, ja er macht regelrechte Kniebeugen. Er fährt nämlich einen altmodisch eleganten Telemarkstil. Und wenn die anderen sich zum Après-Ski treffen, dann setzt sich Geißler an den Tisch seines Hotelzimmers und schreibt an seinem nächsten Buch. Wenn man einmal vier Wochen lang nichts von ihm hört, dann ist er gerade dabei, es fertigzustellen. Oder er ist wieder in der Klinik, um seine lädierte Wirbelsäule neu zusammenschrauben zu lassen. Sein heftigster Sturz war nämlich nicht der von 1989, als Helmut Kohl seinen damaligen Generalsekretär Geißler, akuter Rivalitäten wegen, nach zwölf Jahren entmachtete. Dieser Sturz hat Kohl und der Union mehr geschadet als dem Gestürzten. Gefährlicher war Heiner Geißlers Absturz von 1992: Damals geriet er beim Gleitschirmfliegen in Turbulenzen, musste im Wipfel einer Kiefer notlanden, wurde eingeklemmt und lebensgefährlich verletzt.

Heiner Geißlers Zeit als Generalsekretär endete, als meine Zeit als Journalist gerade begonnen hatte. Sein Zusammenwirken mit Kohl zum Wohl der CDU kenne ich also nicht mehr aus eigener journalistischer Anschauung. Aber eine große Rede einige Jahre später, auf dem Hamburger Parteitag von 1994, habe ich erlebt. Geißler gelang damals etwas beinahe Verrücktes: Er beschrieb die Defizite der Partei, die die Defizite des Kanzlers waren; er sprach all das an, was Kohl bei seinem Parteitagsauftritt am Tag vorher absichtlich vergessen hatte – die Affären der Politiker, die Vertrauenskrise, in der sich die Politik befindet – ,und Geißler gewann trotzdem, Satz für Satz, den Beifall, ja die Begeisterung des Parteitages, desselben Parteitages, der sich 24 Stunden zuvor dem Kanzler hingegeben hatte. Dies gelang Geißler deshalb, weil er den Kanzler nie offen kritisierte; er hielt keine Gegenrede, sondern eine Ergänzungsrede: Er füllte den Optimismus, den der Kanzler verbreitet hatte, mit Inhalten. Kohl hatte der Partei vermittelt, dass ein Sieg, trotz miserabler Ausgangslage, möglich sei – Geißler sagte ihr, wie er möglich ist. Deshalb feierte ihn der Parteitag.

Die Sehnsucht der Delegierten

Der Kanzler war damals aber nicht auf dem Podium geblieben bei Geißlers großer Rede. Er war, wie man vermuten durfte, absichtlich nicht da. Kohl hätte gespürt, wie man im Saal binnen weniger Minuten den gut gemeinten, aber faden Vortrag des amtierenden Generalsekretärs Hintze vergaß. Kohl hätte gehört, wie da einer das neue Grundsatzprogramm ins Volkstümliche übersetzte. Zuvor hatte Reinhard Göhner, der Vorsitzende der zuständigen Kommission, das neue CDU-Programm so vorgetragen, als handle es sich um eine soziologische Doktorarbeit. Kohl hätte, wäre er im Saal gewesen, gespürt – so habe ich es damals im Leitartikel beschrieben –, dass seine Partei ein Herz und eine Seele hat: Kohl hatte am Montag ihr Herz erreicht. Geißler sprach ihr am Dienstag aus der Seele; er spürte die Sehnsucht der Delegierten, einer ge-

scheiten, einer klugen Partei anzugehören, die sich nicht nur
hohle Formeln um die Ohren schlägt.

Der Bruch

Der Bruch zwischen Kohl und Geißler, zwischen dem Lenker
und einem Denker also, beschrieb viele Jahre lang die Tragik
der CDU. Kohl hatte in den späten siebziger Jahren gemeinsam mit seinem Generalsekretär Geißler aus dem Kanzlerwahlverein CDU eine Programmpartei gemacht. Dann aber
hatte er, je länger er Kanzler war, die kritischen Geister an den
Rand gedrängt und so die Grundlagen für die Modernisie-
rung der Partei, die er selbst gelegt hatte, wieder demontiert.
Die Partei war zurückgefallen auf den Bewusstseinsstand der
Ära vor Kohl, sie war wieder angelangt bei ihrem alten Wahl-
kampfsatz: Auf den Kanzler kommt es an. Die Zelebration der
Kanzlerschaft ersetzte das Nachdenken über die Zukunft der
Partei. Das tat der Partei damals nicht gut, das tut ihr auch
heute nicht gut.

Den letzten ganz großen Auftritt – nein, es war kein einzelner Auftritt, es war eine ganze Serie von Auftritten – hatte Heiner Geißler als Schlichter für das heißumkämpfte
Stuttgarter Bahnhofsprojekt Stuttgart 21. Geißlers Schlichtung war die Wiederentdeckung des Bürgers – sie war ein Sieg
für die Demokratie. Geißler hat keine Zauberformel gefunden, er hat nicht den dritten Weg zwischen Stuttgart 21 und
dem Alternativkonzept Kopfbahnhof 21 entdeckt. Sein
Schlichterspruch war kein Nein zu Stuttgart 21; es gab keinen
Baustopp. Der Spruch war auch kein herzhaftes Ja zu Stuttgart 21. Geißler sagte „Ja, wenn" zu Stuttgart 21. Dann ließ
er eine Kette von zum Teil unüberschaubaren Bedingungen
folgen. Diese Bedingungen sorgten für einen wackeligen Frieden in Stuttgart. Es gab keine Bilder von gewalttätigen Poli-
zeieinsätzen mehr.

25

Stuttgart 21 war und ist ein verkehrspolitisches Großprojekt. Die Schlichtung dazu war und ist ein demokratiepolitisches Großprojekt. Ob aus dem Eisenbahnprojekt noch ein Erfolg wird, weiß keiner; die Schlichtung zu Stuttgart 21 war und ist einer. Geißler hat in einer vorbürgerkriegsähnlichen Situation aus Kriegern wieder Bürger, aus Feinden wieder Gegner gemacht. Ich sagte vorher, dass Heiner Geißler zu den politischen Kriegselefanten der Bundesrepublik gehört; bei der Schlichtung zu Stuttgart 21 und bei vielen anderen Schlichtungen auch, im Bau- und im Druckereigewerbe zum Beispiel, war er kein Elefant, sondern gewandt wie ein Pardel, wie eine Großkatze. Das war eine grandiose Leistung. Der Schlichter hat eine körperliche und mentale Fitness gezeigt, die selbst für einen Fünfzigjährigen bewundernswert wäre. Geißler war damals in Stuttgart achtzig.

Schlichter Geißlers Sternstunden

Der Schlichter hat die verfeindeten Parteien dazu gebracht, miteinander zu reden. Und er hat aus diesen großen Reden Sternstunden für das Fernsehen gemacht: Es wurden alle Verhandlungen öffentlich übertragen; diese Übertragung hat die Leute gepackt, die Zuschauerzahlen waren exorbitant. Es gab Leute, die zum ersten Mal in ihrem Leben neun Stunden am Stück vor dem Fernsehgerät saßen, mit Begeisterung, belehrt, und mit dem Eindruck: Da spürt man ja, wer an welcher Stelle lügt. Und so haben auch die Fernsehmacher etwas gelernt: Die Leute sind wissbegieriger und anspruchsvoller, als man meinte. Man muss sie nicht mit getrüffelten Talkshows abspeisen. Sie essen auch das vermeintlich trockene Brot, wenn es so gut durchgebacken ist wie bei Geißler.

Demokratie, das ist die Lehre von Stuttgart, ist eine spannende Angelegenheit, wenn man sie einmal aus dem Parlament und aus den Gesprächsrunden der immer gleichen Politredner herausholt. Die Schlichtung war ein Experiment, bei dem Vertreter der internetgestärkten Zivilgesellschaft mit Vertretern der repräsentativen Demokratie am Tisch saßen. Aus dem Experiment ist nun ein Vorbild geworden. Demokratie bedeutet: die Beachtung und Achtung des Bürgers, auch dann, wenn nicht gerade Wahlen anstehen. Demokratie ist nämlich mehr als eine Kiste, in die der Bürger alle paar Jahre seine Stimme wirft und die bezeichnenderweise wie auf dem Friedhof „Urne" genannt wird. Politiker müssen lernen, die Unruhe der Bürger als produktive Unruhe zu betrachten. Die Stuttgarter Schlichtung des Heiner Geißler war ein anstrengendes Beispiel dafür. Die Anstrengung lohnt sich. Angela Merkel ist die CDU, wie sie heute gewählt wird; Heiner Geißler verkörpert eine CDU, wie sie immer wieder wählbar wird.

Das Grundproblem der Politik ist die Dummheit

Der Jubilar verfügt über ein gesundes Selbstbewusstsein. Vor fünfzehn Jahren, zu seinem siebzigsten Geburtstag, wurde er gefragt, ob er sich hätte vorstellen können, Bundeskanzler zu werden. „Ja klar", hat er gesagt, „und das hätte ich auch gekonnt. Aber dann hätte ich mich anders verhalten, dann hätte ich mich mehr anpassen müssen." Vor fünf Jahren, zum 80. Geburtstag, hat er sich von seiner Partei einen Streit mit dem Philosophen Peter Sloterdijk gewünscht. Die beiden haben dann auch munter gestritten. Von Sloterdijk stammt ein deftiger Satz: „Das Grundproblem der Politik", sagt er, „ist die Dummheit". Heiner Geißler hat in seinem ganzen langen politischen Leben versucht, der Dummheit entgegenzuwirken. Es ist ihm geglückt.

Helmut Kohl Er war der große Lenker der CDU und der deutschen Politik. Kohl war ein Sturkopf und ein großer Europäer; er war ein Staatsmann aus der Provinz; er war ein Politiker, der Weltgeschichte schrieb – als Kanzler der deutschen Einheit, als Einiger Europas.

Laudatio zum 80. Geburtstag von Helmut Kohl, erschienen im Süddeutsche Zeitung Magazin am 12. März 2010

Ein Riese
außer Dienst

**Helmut Kohl ist der einzige Deutsche
seiner Generation, der
Weltgeschichte geschrieben hat.**

Die römischen Kaiser prägten das Bild selbst, das sich die Welt von ihnen machen sollte: Auf den Münzen, die sie schlagen ließen, sehen sie daher so aus, wie sie aussehen wollten – stark und machtvoll. Kaiser Augustus zum Beispiel schaute auf seinen frisch geprägten Denaren und Sesterzen noch im Alter von siebzig so aus wie mit dreißig. Die Münzbilder waren Propaganda. Sie brachten die richtige Botschaft unters Volk: den ewig jungen Herrscher. Und rund um sein Porträt standen in knapper Abkürzung die Großtaten geschrieben, mit denen er für immer in Erinnerung bleiben wollte. Ein Wort war da fast immer dabei: Pater Patriae, Vater des Vaterlandes. So war das selbst dann, wenn der Kaiser nur ein ganz kleiner Kaiser war, einer, der nur ein paar Wochen lang regiert hat.

Der europäische Dollar

Pater Patriae, Vater des Vaterlandes: Dies ist der Titel, die Aureole, die Legende, die, wenn es die alten Gebräuche noch gäbe, auf den Euro- und den Cent-Münzen mit einem Porträt von Helmut Kohl stehen müsste. Und auf der Rückseite würde ein Spruch prangen, der die deutsche Einheit und die Vereinigung Europas feiert und die großen Verträge, die Helmut Kohl dazu ausgehandelt hat – in Brüssel, Kopenhagen und Maastricht, in Schengen und Nizza. Im alten Rom hieß dieser feierliche Spruch auf den Münzen so: FELICIUM TEMPORUM REPARATIO, der Lobpreis über die „Wiederherstellung glücklicher Zeiten".

Es ist dies ein Lobpreis, der auch Helmut Kohl gebührt, ein Lobpreis, der die Verdienste würdigt, von denen er fürchtet, dass sie sich nicht fest genug eingeprägt haben könnten im Bewusstsein der Deutschen. Kohl fürchtet, dass seine großen Taten verschüttet worden sind von dem Spendenskandal, der nach seiner Amtszeit ans Licht kam. Kohl hat zwar nicht, wie Monarchen, Münzen von sich prägen lassen. Aber er hat eine neue Währung erfunden: Der Euro, der europäische Dollar, ist vor allem sein Werk. Und doch, dies ist die Angst des alten Kohl, könnte es sein, dass Undank der Welt Lohn ist, dass man seinen Namen nicht mit der europäischen Währung, sondern mit dem „Bimbes" verbindet, also mit dem Geld aus seinen schwarzen Kassen, aus denen er den einen oder anderen Wahlkampf finanziert hat.

Sein wackelndes Bild

Drei Wünsche hat der Held in den alten Märchen und Sagen frei, drei Aufgaben hat er zu bestehen. Zwei der Wünsche, zwei der Aufgaben des Kanzlers Kohl sind Geschichte geworden: Er hat die Wiedervereinigung Deutschlands glücklich gesteuert und er hat die Zukunft Europas ziemlich fest gefügt. Der dritten Aufgabe aber gilt die vergebliche Anstrengung seines Alters: Er hat Memoiren geschrieben, um gegen die angebliche „gigantische Verleumdungskampagne und Geschichtsfälschung" anzuschreiben, um sein vermeintlich wackelndes Bild in der Geschichte wieder zu festigen. Obwohl er seine illegalen Spender nie aufdeckte, hat er in diesen Büchern so getan, als habe man ihm den Spendenskandal angetan, um ihn zu beschädigen; die Erinnerungen Kohls sind die Erinnerungen eines sehr selbstgerechten alten Mannes. Aber sein Schreiben und Trachten und Lamentieren ist hier ganz vergeblich – und zwar deswegen, weil die Fehler und die Vergehen, die Kohl vertuschen will, seine Verdienste ohnehin nicht mindern können. Das schafft nicht einmal er selbst. Es geht ja nicht um seine Heiligsprechung und um die Anerkennung eines „heroischen Tugendgrades", sondern um seinen Rang in der Geschichte. Was ist, ist. Und was ist, bleibt.

Ein binärer Mensch

Helmut Kohls Rang wird auch nicht dadurch getrübt, dass ihm Kritik schon immer als Illoyalität galt. Wer ihm nicht folgte, war Gegner und ist es noch immer. Wolfgang Schäuble war das letzte große Opfer des konspirativen Genies Kohl. Er gehörte zu den vielen Weggefährten, die einst in Symbiose mit ihm gelebt und gearbeitet haben, aber dann von ihm abgestraft wurden. Heiner Geißler war der Erste, Schäuble der Letzte. Dazwischen kommen Biedenkopf und Stoltenberg, Albrecht und Blüm; und all diese Symbionten verbindet, dass aus dem Zusammenwirken zum gegenseitigen Nutzen Gegnerschaft wurde. Helmut Kohl ist ein binärer Mensch: Es gibt Gut und Böse, Freund und Feind – und wer sich von ihm lossagt, war und ist ein „Verbrecher".

Aus dieser Simplizität bei seiner Sicht der Dinge hat Kohl aber auch viel Kraft gewonnen – sie trug zu seinem ungeheuren Selbstbewusstsein bei, das sich zumal in den 16 Monaten bewährte, in denen die deutsche Einheit gestaltet wurde. Auch in seiner großen Zeit fehlten Kohl fast alle Zutaten, die es für Charisma braucht: ideologisch überhöhte Programmatik, mitreißende Rhetorik, funkelnde Intellektualität. Er ist eigentlich ein

Anticharismatiker. Sein politisches Genie zeigt sich darin, dass
er trotzdem zu einem charismatischen Politiker wurde.

Helmut Kohl ist von seiner historischen Bedeutung ergriffen: Er hat in seinen Altkanzler-Jahren ein spezielles Pathos
entwickelt, seine Weltgeschichten zu erzählen, und zu diesem
Pathos gehörte es, dass es nicht nur die Zuhörer ergriff, sondern
ihn auch selbst zu Tränen rührte. Sein Sinn für Geschichte verbindet ihn mit François Mitterrand. Und darum haben sich die
beiden Staatsmänner so gut verstanden, auch wenn keiner die
Sprache des anderen konnte. Kohl hätte auch gern Monumen-
te gebaut, große Baudenkmäler, wie sie Mitterrand mitten in
Paris errichten hat lassen, um seine Unsterblichkeit in Stein
zu meißeln: die Grande Arche, die Grande Bibliothèque, die
Opéra Bastille, die Pyramide du Louvre. Es ist vielleicht besser,
dass Kohl die Mittel zu solchen Großbauten nicht hatte. Er hat
das Land auf andere Weise verändert. Und er selbst hat sich
verändert.

Das Elend der Gefangenschaft

Zu seinem 80. Geburtstag sitzt Helmut Kohl, Bundeskanzler
von 1982 bis 1998, auf keinem Thron, sondern im Rollstuhl.
Er ist ein gebrechlicher alter König, ein Riese außer Dienst,
einer, der bei den Ehrungen, die man ihm zuteilwerden lässt,
mit Mühe und mit beiden Händen das Glas ergreift und mit
großer Anstrengung seinen Trinkspruch formuliert: „Ich he-
be das Glas auf die Zukunft, Freunde!" Es ergeht ihm seit Jahren sehr schlecht, noch schlechter, als es einst anderen Großen ergangen ist, Friedrich dem Großen zum Beispiel, der 68
war, als er an d'Alembert schrieb: „Mein Namensgedächt-
nis schwindet, meine geistige Frische lässt nach, meine Beine sind schwach, ich sehe schlecht: kurz, ich habe Beschwer-
den wie jeder andere." Das Alter hat Helmut Kohl getroffen
wie der Blitz die deutsche Eiche, es hat ihn gefällt, es hat ein

Wrack gemacht aus einem großen und gewaltigen Mann. Auf den Glanz eines Kanzlerlebens folgte das Elend der Gefangenschaft in einem Körper, der ihm den Dienst verweigert.

Früher hat diesem Helmut Kohl die CDU gehorcht, ja auch die Staatsmänner Europas haben ihm gehorcht – jetzt gehorcht ihm der Körper nicht mehr und nicht die Stimme. Die Zuhörer bei seinen wenigen öffentlichen Auftritten haben Schwierigkeiten, ihn zu verstehen, wenn er spricht; aber zugleich ist es so, als verstünden sie ihn besser denn je. Er trägt eigentlich nichts mehr vor, er ist nur noch da. Man ist angerührt von der feierlichen Gebrechlichkeit des Altkanzlers.

Auf dem Gehsteig der Geschichte

Der Staatsmann Helmut Kohl hatte die Gabe, aus Erlebnissen, Erinnerungen und Geschichten Geschichte zu machen, aus Geschichten wie dieser, die er einst im *SZ*-Interview erzählt hat: „Ich habe einmal eine Rede in Metz gehalten. Das sagte mir der dortige Oberbürgermeister, wie ich war er Jahrgang 1930, dass er in Erinnerung hat, wie man in Metz vom Gehsteig runtergehen musste, wenn ein deutscher Offizier kam. Das war im Jahr 1943. Und dann hatte ich gesagt, ich habe eine Erinnerung an 1945 in meiner Heimatstadt, wo es dann umgekehrt war. Wir mussten vom Gehsteig runter, wenn ein französischer Offizier kam. Die beiden Städte liegen gerade zweihundert Kilometer auseinander." Das sind die Erlebnisse, die Kohls Europapolitik geformt haben. Diese Europapolitik war so lebendig, wie es Kohls Erinnerungen waren. Wenn er davon erzählte, klangen zwar die Sätze wie Formeln und Phrasen, die seine Zuhörer auch bald auswendig aufsagen konnten: „Ich habe den Krieg mit all seinen Schrecken und seinem Grauen erlebt und dann als 15-Jähriger das Kriegsende. Alle meine Erfahrungen dieser Zeit haben mein weiteres Leben tief geprägt – und mir wurde klar, dass die Zeit der Kriege in Europa beendet werden muss." Konrad Adenauer hatte auch so simpel formuliert. Aber in dieser Simplizität steckte die Kraft Kohls zu einer furiosen und grandiosen Europapolitik.

La Paloma am Parteitag

Wenn er so redete, war das oft ziemlich selbstgerecht, aber gleichwohl ein Ereignis, weil man spürte, dass da einer das politische Geschäft nicht nur als Geschäft, sondern als Aufgabe verstand. Und an den besten Stellen seiner Reden war es so, dass man glauben mochte, er lese sie sich von seiner Seele ab. Von Kohls Kraft ist nichts mehr übrig geblieben, vom Pathos bleibt seine griechische Urbedeutung übrig: Leiden. Und es bleibt ihm die Seligkeit der Erinnerung. Vielleicht zürnt er innerlich darüber, dass es den ehemaligen innerparteilichen Gegnern seines Alters gesundheitlich so viel besser geht als ihm. Kurt Biedenkopf, sein ehemaliger Generalsekretär, reist von Vortrag zu Vortrag. Heiner Geißler, auch ehemaliger Generalsekretär, sitzt, zusammengeschraubt nach allerlei Unfällen und einem Absturz mit dem Gleitschirm, putzmunter, streitbar, streitlustig und altersweise zugleich, in jeder zweiten politischen Fernsehdiskussion. Und der frühere Bundespräsident Richard von Weizsäcker, von Herkommen und Habitus der Gegentyp zu Kohl, wird bald, noch immer beneidenswert fit, neunzig Jahre alt. Helmut Kohl aber ist ein gesundheitliches Wrack; aber er ist der einzige Deutsche seiner Generation, der Weltgeschichte geschrieben hat.

In seinen guten Zeiten hatte Helmut Kohl nicht nur einmal, so wie andere Leute, sondern gleich zweimal im Jahr Geburtstag. Der eine Geburtstag war sein Geburtstag, der andere war der Parteitag der CDU. Wenn dort der Tag vollbracht und Helmut Kohl zum zehnten, elften oder zwölften Mal als Parteivorsitzender wiedergewählt worden war, wenn der Kanzler also mit sich, mit seiner Partei, mit Deutschland und mit der Welt

im Reinen war, dann begann dieser Geburtstag – und zwar
so: Kohl setzte sich an eine Orgel, die auf der kleinen Bühne in
der großen Halle stand. Es handelte sich um ein weiß poliertes
elektronisches Instrument, auf dem man, je nach Gusto, eine
Streichergruppe, eine Bläsergruppe oder auch ein ganzes Sin-
fonieorchester imitieren konnte. Nein, Helmut Kohl spielte es
nicht selbst; er saß strahlend, breit und mächtig vor der Tas-
tatur neben Franz Lambert, dem Orgelspieler, und er flüsterte
ihm ab und an ein gewünschtes Stück ins Ohr, am liebsten „La
Paloma" oder „Wenn bei Capri die rote Sonne im Meer ver-
sinkt". Wenn Lambert einen hohen Ton brauchte, musste er an
Helmut Kohls Bauch vorbeilangen. Es herrschte eine Stimmung
wie bei einer großen Hochzeit auf dem Land und Helmut Kohl
war stumm vor Stolz und Glück, wie ein Feuerwehrkomman-
dant, der gerade seine älteste Tochter gut verheiratet hat. Einen
„pfälzischen Menhir" hat ihn einmal ein Freund genannt. Um
diesen Menhir herum, die laienhafte Übersetzung ist Hinkel-
stein, drehte und drängte sich nun alles, Delegierte, Minister-
gattinnen, Kreis- und Bezirksvorsitzende; es wurde getanzt.
Er kannte sie fast alle, er wusste alles über sie, alles jedenfalls,
was er wissen musste, um Fäden zu ziehen, um in allen Partei-
dingen zu dirigieren und zu intrigieren. Bei dem einen oder
anderen mag er sich bei dieser Gelegenheit vorgenommen haben, ihn im Wahlkampf mit einer finanziellen Zuwendung aus
seiner schwarzen Kasse zu bedenken. Und viele von denen
wiederum, die er beim Vorbeitanzen betrachtete, überlegten
still bei sich, wann der Alte wohl plant, den Laden zu übergeben;
aber das tat und tat er nicht.

Er brüllte „François"

So war das jahrelang; so war das Geburtstag für Geburtstag.
Es war wie bei einem immerwährenden Weinfest: eine da-
hindudelnde Musik, eine schunkelnde Partei, ein lächelnder

Kanzler. Es war seine Welt, die Pfalz, sie war überall dort, wo
er war, er brachte sie mit. Hier hörte er des Dorfs Getümmel,
hier war seines Volkes wahrer Himmel. Hier war die Tankstel-
le des Staatsmanns Helmut Kohl. Und bei den europäischen
Ratssitzungen ging es am Schluss zwar nicht zu wie bei einem
Geburtstag, aber doch wie bei einem Klassentreffen mit Kohl
als Klassensprecher und Organisator. Kohl hat, so erinnert
sich einer, der dabei war, „ohne dass er an der Reihe war, in
das Mikrofon geschrien, alle zusammengeschissen; und alle
haben auf ihn gehört. Er brüllte ‚François' – und Mitterrand,
schon gezeichnet von schwerer Krankheit, zuckte zusammen und nickte. Er hat diese Kerle beherrscht." Diese Kerle,
die Staatsführer Europas, waren „seine Kerle". Und er konnte
davon glucksend, bewegt, pathetisch, feierlich, stolz und unglaublich selbstzufrieden reden.

Ein pfälzisch-europäischer Berserker

Der Staatsmann Helmut Kohl war ein pfälzisch-europäischer
Berserker – Europas Berserker, Europas Christophorus. Er
ist ein Vater des neuen Europa. Diese Geburtstage und Klassentreffen sind eigentlich noch gar nicht so lange her, an die
15 Jahre. Rüttgers und Röttgen und Pofalla und Merkel waren
damals auch schon da; aber vorstellen kann man sich das eigentlich schon gar nicht mehr. Nicht viele der ganz alten und
noch nicht so ganz alten Weggefährten dürfen zu Kohl; seine zweite Ehefrau, Maike Kohl-Richter, bewacht den Zugang.
Ähnlich hat es seinerzeit Brigitte Seebacher-Brandt gehalten,
als sie 1983 Willy Brandt geheiratet und dann bis zu seinem
Tod 1992 mit ihm zusammengelebt hatte. Maike Kohl-Richter
kümmert sich so liebevoll zärtlich um den kranken Alten, dass
seine nur noch wenigen getreuen Freunde und Besucher sagen,
dass er ohne sie wohl nicht mehr leben würde. Es ist viel gerät-
selt und geschwätzt worden über diese letzte Beziehung Kohls:

Er war 78, sie 44, als sie im allerengsten Kreis im Heidelberger Universitätsklinikum geheiratet haben. Aber vielleicht ist das ein bisschen so wie im „Brandner Kaspar und das ewig' Leben". Als zum Brandner Kasper der Tod kam, Boandlkramer heißt er dort, füllte der ihn mit Kirschwasser ab und luchste ihm noch viele Erdenjahre ab. Wer mit Thatcher, Bush senior und Gorbatschow höchst erfolgreich verhandelt hat, kann das vielleicht auch mit dem Boandlkramer.

Dieses Porträt ist im Süddeutsche Zeitung Magazin mit folgender Anmerkung versehen:
Die Beziehung zwischen Heribert Prantl und Helmut Kohl hat auch eine historische Dimension: denn sie beginnt nicht erst irgendwann in den Neunzigerjahren, als der vormalige Richter Prantl politischer Journalist geworden war. Sie beginnt viel früher, genauer gesagt im Jahr 1329, als Bayern seinen nordöstlichen Teil an die Rheinpfalz abgab. Am Abendtisch des CDU-Parteitags zu Erfurt im April 1999, das war kurz nach der Abwahl Kohls als Kanzler, entspann sich eine heftige Diskussion zwischen dem Pfälzer Kohl und dem Oberpfälzer Prantl über die historischen Wurzeln der jeweiligen Heimatorte Oggersheim und Nittenau. Ergebnis: Beide lagen jahrhundertelang in ein und demselben Herrschaftsgebiet. Prantl hat seinen Text zum 80. Geburtstag also auch in landsmannschaftlicher Verbundenheit geschrieben.

Rainer Barzel Der CDU-Politiker war das politische Wunderkind der Adenauerzeit, er war die Personifikation der auslaufenden Gründerzeit der Bundesrepublik Deutschland. Aber am 27. April 1972, 13 Uhr 18, stellte das Schicksal die Weiche anders. Die deutsche Geschichte nahm einen anderen Verlauf, der schier unaufhaltsame Aufstieg des Rainer Candidus Barzel war zu Ende. Beim Mißtrauensvotum gegen Willy Brandt fehlten ihm völlig unerwartet zwei Stimmen zum Kanzler. Von da an war Barzel ein Geschlagener.

Nachruf auf Rainer Barzel, erschienen in der Süddeutschen Zeitung am 28. August 2006. Er starb mit 82 Jahren am 26. August 2006.

Der Mann, der fast Bundeskanzler war

Wäre er es geworden – eine Ära Schmidt hätte es nie gegeben. Und Kohl wäre womöglich niemals Kanzler geworden.

Vor Monaten, nach einem Gespräch über die CDU, Gott und die Welt: Er drückt einem zum Abschied die Hand und hält sie ganz lang fest, viel länger, als es eigentlich schicklich ist. Er hält nicht nur die Hand fest, sondern schier den ganzen Menschen; es ist, als wolle er sein Gegenüber bewahren vor dem nichtigen Gehetze da draußen. Ein friedliches, altersgütiges Gesicht schaut einen dabei an, verschmitzte Augen eingerahmt von einem grau-weißen Bart, der die Vergangenheit dieses Mannes zugewachsen hat. Kaum etwas ist übrig geblieben von dem Gesicht, das einmal, vor vierzig Jahren, von den Journalisten als „glatt" und „ölig" beschrieben worden ist.

Wehner nannte ihn „Ölprinz"

Nichts mehr erinnert an den Mann, dem Herbert Wehner einst im Bundestag höhnisch „Ölprinz" zugerufen hat. Rainer Candidus Barzel, einst jüngster Minister im Kabinett Adenauer, Partei- und Fraktionschef der CDU, ist in den Jahrzehnten seitdem ein anderer geworden – einer, den man sich auch ganz gut in einer Franziskanerkutte vorstellen könnte. Rainer

Barzel hätte, wie Sean Connery in Umberto Ecos „Der Name der Rose", den alten William von Baskerville spielen können, um noch ein letztes Mal die Reinheit der Lehre zu verteidigen.

Und dann sagte dieser alte Mann einen Satz, der gut zu dieser Rolle, aber nicht zu einem Politiker passt. Er sagte laut und unbefangen: „Gott schütze Sie!" Das klang gar nicht geheuchelt, gar nicht altersbigott, es klang eigentümlich selbstverständlich bei ihm – bei einem Mann, der früher im Bundestag für seine Redeattacken berühmt war, bei einem, der kräftig und mit allen Waffen austeilen konnte, bei einem, der in den sechziger und siebziger Jahren der aufgewühlten Protestgeneration sich so schneidig wie ein Gardeleutnant entgegengestellte, und der als Oppositionschef im Bundestag zu den Ostverträgen Willy Brandts die berühmten Formeln „So nicht" und „Ja, aber" erfunden hat.

Das gescheiterte Mißtrauensvotum

„Gott schütze Sie!" So sprach ein Mann, bei dem bis zum 49. Lebensjahr gar nichts auf ein tragisches Schicksal hingedeutet hatte, außer vielleicht der ungewöhnliche zweite Vorname: Rainer Candidus Barzel. Schon sein Vater, Oberstudienrat im Ermland in Ostpreußen, trug diesen lateinischen Namen, der so viel wie „der Glänzende" bedeutet. Der Name geht zurück auf einen frühchristlichen Märtyrer, den die katholische Kirche als Heiligen verehrt: Der römische Offizier Candidus hatte sich den angeordneten Christenverfolgungen widersetzt und wurde daher hingerichtet.

Was wäre gewesen, wenn ...? Für einen Schriftsteller ist eine solche Frage eine prickelnde Fiktion, ein Stoff für Romane: Was wäre gewesen, wenn Hitler den Krieg gewonnen, wenn Napoleon die Schlacht bei Waterloo nicht verloren, wenn der Sozialismus in Deutschland gesiegt hätte, wenn Rosa Luxemburg nicht ermordet worden wäre? Was wäre gewesen, wenn? Für manche Menschen ist diese Frage aber keine historische Spielerei, sondern der Stoff ihres Lebens – und für sie öffnet diese Frage eine verschüttete Wirklichkeit. Was wäre gewesen, wenn? Diese Frage zerschneidet das Leben des Rainer Candidus Barzel.

Was wäre gewesen, wenn am 27. April 1972 im Bundestag alles so gelaufen wäre, wie es eigentlich hätte laufen müssen? Wenn ihm beim Misstrauensvotum gegen Willy Brandt nicht, gegen alle Erwartungen und abweichend von den klaren Mehrheitsverhältnissen, zwei Stimmen aus der CDU/CSU gefehlt hätten? Wenn nicht die Stasi den CDU-Abgeordneten Julius Steiner mit 50 000 Mark bestochen hätte – und die Abstimmung nicht mit 247:247 Stimmen ausgegangen wäre? Der zweite Abweichler ist bis heute unbekannt. Dann wäre er, Rainer Candidus Barzel, nach einer schon bis dahin glanzvollen Karriere, in seinem 49. Lebensjahr Bundeskanzler geworden. Dann wäre die Ära Brandt noch früher zu Ende gewesen, dann hätte es eine Ära Helmut Schmidt nie gegeben; dann wäre womöglich auch Barzels früher Rivale Helmut Kohl niemals Kanzler geworden.

Aber an diesem einen Tag, am 27. April 1972 um 13 Uhr 18, stellte das Schicksal die Weiche anders: Fassungslos den Kopf schüttelnd, nach eigener Aussage wie „vom Blitz getroffen", saß er in der ersten Reihe der CDU/CSU-Fraktion im Deutschen Bundestag – ein Geschlagener, der sich zu früh seines Sieges sicher gewesen war. Ohne den Stimmenkauf und „ohne diesen Landesverrat hätte die deutsche Geschichte einen anderen Verlauf genommen", sagt er. „Und seine persönliche", so fügte er dann hinzu, „ganz sicher auch."

Adenauers Benjamin

Der schier unaufhaltsame Aufstieg des Mannes, der das politische Wunderkind der Adenauerzeit gewesen war, ging mit diesem 27. April 1972 zu Ende. Mit 23 Jahren hatte er sein erstes Buch geschrieben („Die geistigen Grundlagen der Parteien"), mit 33 Jahren wurde er, das war 1957, für den Wahlkreis Paderborn in den Bundestag gewählt, mit 38 wurde er Minister für Gesamtdeutsche Fragen und Benjamin im 5. Kabinett Adenauer, mit vierzig CDU/CSU-Fraktionschef. Er war unglaublich ehrgeizig, einfallsreich und wendig, ein hochbegabter Mehrzweckredner im Parlament, die Schaltstelle der Politik im Kabinett des Bundeskanzlers Ludwig Erhard; zusammen mit Helmut Schmidt von der SPD war er der Manager der Großen Koalition des Kanzlers Kurt Georg Kiesinger. Als er die Union in die Opposition führen musste, bewahrte er sie davor, noch tiefer ins Loch zu fallen.

Kohl ist das geworden, was sich Barzel erträumt hat

Rainer Barzel war die Personifikation der Bonner Politik der sechziger und frühen siebziger Jahre, er war damals die junge, aber gleichwohl unzeitgemäße Verkörperung der späten, der auslaufenden Gründerzeit der Bundesrepublik. Wäre er noch einmal vierzig – er passte viel besser ins Heute als ins Damals, er wäre der Repräsentant der neuen Sehnsucht nach den alten Werten, der Sehnsucht, wie sie etwa 2005 der Bundesverfassungsrichter Udo di Fabio in seinem Buch „Die Kultur der Freiheit" programmatisch formuliert hat. Barzels Karriere entwickelte sich seinerzeit so rasant wie später die seines Nachfolgers Helmut Kohl – der dann all das geworden ist, was Barzel sich erträumt und erhofft hatte.

Mit dem 27. April 1972 endete, beruflich und privat, für lange Zeit die Fortune Barzels; und es begann die Fortune des Helmut Kohl. Rainer Barzel aber blieb der Mann, der schon fast Bundeskanzler war – und der, in den Stunden der Melancholie, die mit der Distanz zur Politik immer seltener wurden, den Brief auspackte, den ihm Adenauer 1966 geschrieben hatte und von dem der ehemalige sowjetische Deutschlandspezialist Nikolai Portugalow, damals außenpolitischer Berater des Zentralkomitees der KPDSU, sehr viel später behauptete, er sei eine Fälschung des KGB gewesen: „Ich würde es sehr begrüßen, wenn Sie Bundeskanzler würden."

Rainer Barzel hat verkraftet, dass er es nicht geworden ist. Keine Spur von Verbitterung sah man mehr in seinem Gesicht. Er hat es geschafft, gelassen zu werden – eine Gabe, die kurz vor Ende seiner aktiven Zeit als Politiker und als Bundestagspräsident schon aufgeblitzt war. Damals musste er mit den Eskapaden der Grünen umgehen, glaubte aber an deren demokratische Läuterung und begann sein Lehrprogramm für die grünen Neulinge so: Als die nach Sitzungsbeginn einfach stehen blieben, meinte er: Der Bundestag pflege zwar im Sitzen zu beraten, wenn das Hohe Haus der Rede des Kanzlers Kohl aber stehend „Reverenz erweisen" wolle, habe „der Präsident nichts dagegen". Die Grünen nahmen Platz.

Donnerwetter, die haben noch Überzeugungen

Diese heitere Gelassenheit ist Rainer Candidus Barzel in seinen letzten Jahren zur zweiten Natur geworden. Er hat dem politischen Betrieb zugeschaut, ohne nachzutreten. Er hat es verkraftet, dass nicht er, sondern Kohl Geschichte geschrieben hat – und er nur die Fußnoten dazu. Er hat den Zorn über den „Rufmord", den Helmut Kohl im Zusammenhang mit dem Flick-Skandal an ihm begangen habe, gezügelt und geläutert. Er hat Bücher geschrieben, Erinnerungen an seine Zeit, Reflexionen über Deutschland. Ab und an hat er noch ein Interview gegeben, in einem *SZ*-Gespräch im Jahr 2001 hat er seine Partei gemahnt, das Soziale und das Christliche nicht zu vergessen; er hat das, solange er noch konnte, immer und immer wieder gesagt. „Nehmen wir die Genproblematik. Sie verlangt eine Antwort, die von der Menschenwürde, wie der Christ sie

sieht, kommen muss. Diese Antwort müssen dann nicht alle
nachvollziehen, aber alle sollten sagen müssen: Donnerwet-
ter, die haben wenigstens noch Überzeugungen."

Lobe den Herrn

Er hat schwere Schicksalsschläge aushalten müssen: Seine einzige Tochter Claudia schied 1977 freiwillig aus dem Leben, seine erste Frau Kriemhild starb 1980 in seinen Armen
an Krebs, seine zweite Frau Helga, eine Enkelin des Automo-
bilfabrikanten August Horch, sie war seit 1984 Präsidentin
der Welthungerhilfe, kam 1995 bei einem Autounfall ums Leben. Rainer Barzel fand Trost in seinem katholischen Glauben, der immer mehr barocke Züge gewann, je länger Rainer
Barzel in Oberbayern lebte. Und so war es schon sehr passend,
dass der gebürtige Ostpreuße, der zusammen mit sechs Geschwistern in Berlin aufgewachsen war, die Feier seines acht-
zigsten Geburtstages vor gut zwei Jahren mit einem „Dankgottesdienst" im wunderbar barocken Asam-Kirchlein in der
Münchner Sendlinger Straße begann. Beim „Lobe den Herrn"
sang er noch viel lauter als Angela Merkel und Edmund Stoiber zusammen.

Damals war er gerade von schwerer Krankheit genesen, saß
glücklich lächelnd und überschwänglich dankbar neben seiner
dritten Frau Ute, einer 23 Jahre jüngeren Schauspielerin und
Regisseurin, der er in rührender Weise zu gefallen suchte. Sein
letztes Buch, für das er gern auch im Archiv der *Süddeutschen
Zeitung* recherchierte, hat er für sie geschrieben. Man hatte
das Gefühl, dass Rainer Barzel, trotz allem, seinen späten Jahren die Heiterkeit geben konnte, die er an den bayerischen Barockkirchen liebte.

Und dass nach dem Dankgottesdienst die Geburtstagsfest-
rede in der Akademie der schönen Künste nicht ein Christdemokrat, sondern der alte Sozialdemokrat Helmut Schmidt

hielt, das überrascht nur den, der die bundesrepublikanische Geschichte nicht kennt: Die Große Koalition Kiesinger/Brandt von 1966 bis 1969 war – so hat Karl Feldmeyer in der *Frankfurter Allgemeinen Zeitung* einmal trefflich geschrieben – „in ihrem Kern, dort wo sie funktionierte, eigentlich eine Regierung Barzel/Schmidt".

Stoische Heiterkeit

Der Hanseat Schmidt ist dem ostpreußisch-berlinisch-rheinisch-bayerischen Rainer Barzel ein Freund geworden. Auf die Frage, wie er das Land regiert haben würde, wenn der Wähler so nett gewesen wäre, eine Frage, die er sich einmal selbst stellte, sagte Barzel: „Wie er". In knurrig-herzlicher Freundschaft hat dieser Helmut Schmidt seinem Freund, als der zum ersten Mal schwer krank wurde, „barsch befohlen, wieder gesund zu werden".

Barzel hat sich lange an diesen Befehl gehalten. Er ertrug sein schweres Leiden mit Geduld, stoischer Heiterkeit und Gottvertrauen. Am Samstag, den 26. August 2006, ist Rainer Barzel 82-jährig in München gestorben.

Lothar Späth Er war sehr einfallsreich, er hatte aber auch ein gutes Gespür für die guten Ideen anderer – und mit diesem Gespür hat er in zwölfeinhalb Jahren als Ministerpräsident das Land Baden-Württemberg zu einem Musterland gemacht, schon geraume Zeit bevor die Bayern den Slogan von Laptop und Lederhose erfanden. Der Mann mit mittlerer Reife schaffte, was die großstudierten Manager nicht schafften.

Nachruf auf Lothar Späth, erschienen
in der Süddeutschen Zeitung am 19. März 2016

Ein schwäbischer Herkules

**Lothar Späth war kein Ideologe,
sondern ein begnadeter Pragmatiker –
ein Pragmatikus Maximus.**

Sein Spitzname war „Cleverle". Das klingt für den Nicht-Schwaben ein wenig abschätzig. Wer dieses Spitznamens wegen denkt, Lothar Späth sei halt eine Art schwäbischer Schlaumeier gewesen, flinkes Mundwerk, wenig dahinter, der täuscht sich schwer. Späth, aus einfachen Verhältnissen stammend, sein Vater war Lagerhausverwalter bei der Raiffeisen, war ein schwäbisches Genie, ein volksnaher Großpolitiker, ein gewiefter Großmanager. Er war schnell im Kopf und schnell im Handeln. Er war zupackend, geschmeidig, immer gesprächsbereit.

Regisseur des Strukturwandels

Späth war kein Ideologe, sondern ein begnadeter Pragmatiker, ein Pragmatikus Maximus. Er war selbst einfallsreich, er hatte aber auch ein gutes Gespür für die guten Ideen anderer – und mit diesem Gespür hat er in zwölfeinhalb Jahren als Ministerpräsident Baden-Württemberg zu einem Musterland gemacht – schon geraume Zeit bevor die Bayern den Slogan von Laptop und Lederhose erfanden. Späth ist es zu verdanken, dass das, was man Strukturwandel nennt, in

Baden-Württemberg noch früher und schneller gelang als in Bayern. Er hat, als Regierungschef von 1978 bis 1991, gezeigt, wie man Natur und Technik, Tradition und Fortschritt verbindet. Die zwölfeinhalb Jahre des Lothar Späth als Regierungschef gehören zu den besten des Landes.

Osterglocken für die Wähler

Er hat aus dem Ländle ein Wunderländle gemacht. Er selbst sah sich darin weniger als Landesvater denn als Vorstandsvorsitzender der Baden-Württemberg AG. Das gefiel den Leuten, weil er dabei keine großmannssüchtigen Allüren hatte. Er blieb auf dem Boden, als es ihm gelang, auf der Schwäbischen Alb eine neue Textilindustrie anzusiedeln. Er blieb auf dem Boden, als er Dornier und Daimler zusammenbrachte und so ein Konzernschmied wurde. Späth gründete Forschungszentren; reiste durch die Welt als rastloser Türöffner für die schwäbische Wirtschaft. Und es gelang ihm auf seinen Touren Erstaunliches – er war eben clever. Und weil er nicht von sehr großer Statur war, und weil die Schwaben nicht zum Übertreiben neigen, war er das Cleverle.

In seinen großen politischen Jahren, als Späth so Mitte vierzig war, gab es – so erinnert sich Erhard Eppler, der elf Jahre ältere SPD-Rivale – im Großraum Stuttgart ein Phänomen: Auf Empfängen, bei Sitzungen, bei offiziellen und offiziösen Anlässen konnte man beobachten, dass alle so sein wollten wie Lothar Späth; die Leute bewunderten ihn, sie verhielten sich so wie er, sie redeten so wie er. So etwas kennt man sonst nur, wenn die Leute aus dem Kino kommen und sich dann eine halbe Stunde lang so gerieren wie der Held des Films. Und so kam es, dass Späth als CDU-Landeschef und Ministerpräsident selbst noch 1988, als die Kohl-CDU im Bund schwach und schwächer wurde, wie schon zweimal vorher die absolute Mehrheit der Mandate im Landtag behauptete.

Abitur hat Späth nicht gemacht. Der Mann aus dem ober-
schwäbischen Sigmaringen ist, wie sein Nachfolger Erwin
Teufel auch, ein Produkt der schwäbischen Inspektorenaus-
bildung. Das Gymnasium in Heilbronn musste er auf Drängen des Vaters, dem Lothars Widerborstigkeit auf den Geist
ging, nach der mittleren Reife verlassen. Er wurde ein pfiffiger
kommunaler Finanzverwalter, wollte Jura studieren, hatte die
Zulassung zum Begabtenabitur, aber noch nicht das Mindest-
alter von 25. Zur Überbrückung ging er schließlich zur Stadt
Bietigheim, wo er schnell Geschäftsführer der Wohnungsbau
GmbH wurde und dann mit 29 Jahren Bürgermeister.

Mit dreißig trat er der CDU bei und nahm ein Jahr später der
SPD den Wahlkreis Ludwigsburg II ab. Das ging, wie er selbst
einmal schilderte, so: „Mit Freunden brachte ich am Gründonnerstag 1968 sieben Oldtimer zum TÜV, nachts holten wir in
Holland einen Lastwagen mit Osterglocken, am Ostersonntag
verteilten wir sie von den Oldtimern aus unter dem Motto ‚Lothar Späth kommt nie zu spät'".

Die Kraft der Provinz

Mit 35 Jahren wählte ihn die CDU-Landtagsfraktion zu ihrem
Vorsitzenden. Als Ministerpräsident Filbinger wegen seiner
NS-Vergangenheit zurücktreten musste, wurde Späth Ministerpräsident. Da war er 41. Er war die Kraft der Provinz. Von
nun an stand er in der ersten Reihe der Union – er galt als Re-
servekanzler, als der potenzielle Nachfolger von Helmut Kohl.

Das hätte er auch werden können – wenn die von Heiner
Geißler und ihm angeführte Palastrevolution in der CDU nicht
kläglich gescheitert wäre. Auf dem Parteitag zu Bremen 1989
sollte der zunehmend glücklose Kohl gestürzt und Späth an
seiner Stelle zum Parteichef gewählt werden. Späth war so
stark, dass er Kohl herausfordern konnte, aber dann doch
nicht stark genug, ihn zu stürzen – als nämlich die Geschichte

Kohl zur Seite sprang. Ungarn öffnete den Eisernen Vorhang, und Kohls Karriere als Kanzler der Einheit begann. Von da an schien es, als würde Späth das Ländle ein wenig zu eng.

Zweite Karriere als Konzernchef bei Jenoptik

Als ihn ein gutes Jahr später eine Affäre einholte, trat er zurück. Es war bekannt geworden, dass ein Unternehmenschef der Familie Späth einen Urlaub in der Ägäis bezahlt hatte. Mit einem flotten Spruch „Nur wer nichts tut, macht keine Fehler" war das nicht aus der Welt zu schaffen. Mit diesem Rücktritt begann freilich das zweite große Leben von Lothar Späth. Er trauerte nicht herum, er war nicht geknickt, er suchte und fand. Schon ein paar Monate später begann er als schwäbischer Herkules in Jena: Aus den Trümmern des Großkombinats VEB Carl Zeiss Jena formte er den Jenoptik Konzern, natürlich mit kräftigster Hilfe der Treuhand. Aber Treuhandmilliarden bekamen andere auch, die dann wenig zustande bekamen. Der Mann mit mittlerer Reife schaffte, was die großstudierten Manager nicht schafften.

In den Monaten vor seiner Abwahl griff selbst Helmut Kohl wieder auf ihn zurück. Späth wurde Kanzlerberater – für Kohls wegschwimmende Felle. Lothar Späth war ein Mann der Wirtschaft, aber einer mit einem sozialen Herzen, einer, der es auch mit den Gewerkschaften gut konnte. Erhard Eppler, sein schwäbischer Widerpart, meint: Wäre Späth in Nordrhein-Westfalen geboren worden, wäre er Sozialdemokrat geworden. Lothar Späth ist am Freitag im Alter von 78 Jahren in einem Stuttgarter Pflegeheim gestorben. Sein Land hat ihm viel zu verdanken.

Wolfgang Schäuble Der Mann, der 1990 Opfer
eines Attentats wurde und seitdem im Rollstuhl sitzt,
ist der erfahrenste Politiker der Bundesrepublik.
Er ist seit 1972 Mitglied des Bundestags, er war
Chef des Bundeskanzleramts unter Kohl, zweimal
Bundesinnenminister, Vorsitzender der CDU und der
Bundestagsfraktion der CDU/CSU; seit 2009 ist er
Bundesminister der Finanzen. Er wollte Bundeskanzler
werden, Helmut Kohl hat es verhindert. Er wollte
Bundespräsident werden, Angela Merkel hat es verhindert.
Zum siebzigsten Geburtstag haben Freunde eine Festschrift
geschrieben. Sie heißt: „Der fröhliche Sisyphos".

Porträt, erschienen im Süddeutsche Zeitung Magazin am 6. Februar 2004.
Schäuble war damals für das Amt des Bundespräsidenten im Gespräch.
Nominiert wurde dann aber Horst Köhler.

Diener des Staates

Wäre das Amt des Bundespräsidenten ein Lehrberuf, dann hätte Wolfgang Schäuble längst alle Prüfungen dafür abgelegt.

W enn es zu Hause im badischen Gengenbach einmal besonders aufgeräumt zugeht, dann kann es sein, dass eines der Kinder sagt, man könne doch mal wieder „Papa gucken". Besonders beliebt ist dann ein kurzes Videoband von zehn Minuten, ein Ausschnitt aus der Bundestagsdebatte vom Donnerstag, 20. Juni 1991. Das Bundestagsprotokoll zu dieser Rede vermerkt alle paar Zeilen: „Beifall" oder „anhaltender Beifall" und am Schluss „langanhaltender Beifall", und zwar jeweils „bei der CDU/CSU, der FDP, der SPD und dem Bündnis 90/Grüne." Ein solcher Quer-durch-die-Parteien-Beifall ist ungewöhnlich im hohen Haus, gleich gar, wenn er nach allen paar Sätzen ausbricht.

Das Bild des Jammers

Wolfgang Schäuble muss dann nicht hinrollen zum Fernseher, vor dem die Kinder, allesamt erwachsen, sitzen. Er weiß, was da läuft, und er weiß, dass es kein schönes Bild ist, das man da sieht. Da sitzt einer im Rollstuhl vor einem Pult, der aussieht wie das Leiden Christi: ausgezehrt, gezeichnet, raubvogelgesichtig. Es ist das Bild des neuen Wolfgang Schäuble, ein Bild, welches das Vorher für immer vergessen lässt. Ein Tennischrack und ein Skiass war er noch ein Jahr zuvor und nun ist er ein Krüppel, einer, dem man ansieht, dass er seinen gelähmten Körper als Feind betrachtet. Als er sich auf diesem Film zum ersten Mal betrachtet hat, ist er vor sich selbst erschrocken. Vielleicht auch deshalb, weil ihm klar geworden ist, wie lange es gedauert hat, bis er den inneren Frieden wiedergefunden hat.

Es war das Bild des Jammers, das die rhetorische Wirkung der Rede vom 20. Juni 1991 noch gesteigert hat – so wie das auch schon ein paar Monate vorher gewesen war, beim badenwürttembergischen CDU-Landesparteitag in Rottweil. Hier, beim ersten öffentlichen Auftritt nach dem Attentat, war es ihm gelungen, den bis dahin einmütigen Trend in seiner Partei zu drehen und eine sensationelle Zwei-Drittel-Mehrheit zu erreichen – nicht für sich, sondern für ein Anliegen, von dem er in der Rede sagt, dass es nicht um einen Wettkampf zwischen zwei Städten gehe, sondern „in Wahrheit um die Zukunft Deutschlands".

Die Erregung des historischen Augenblicks

Dreizehn Rollstuhljahre ist diese Szene alt: Der leidende Mensch am Pult, der Mann, der von zwanzig Zentimetern unterm Kinn an abwärts nichts mehr spürt, redet wie Demosthenes. Es ist die größte Rede seines Lebens, mit ihr entscheidet er die Hauptstadtdebatte. Berlin wird Hauptstadt und Regierungssitz. Und noch in der Nüchternheit des Bundestagsprotokolls spürt man die Erregung des historischen Augenblicks: „Abgeordnete der CDU/CSU und der SPD erheben sich", heißt es da, und „Abg. Willy Brandt (SPD) gratuliert Dr. Wolfgang Schäuble (CDU/CSU)". Es ist dies der Beginn des zweiten Lebens dieses Wolfgang Schäuble, nachdem das erste sein Ende gefunden hatte durch eine Geco Revolverpatrone Kaliber 38, eine so genannte Fangschussmunition.

„Nein", sagte Schäubles Frau Ingeborg drei Jahre nach dem Attentat sehr tapfer auf die Frage, ob ihr querschnittsgelähmter Mann jemals wieder wird gehen können: „Es gibt keine Wunder." Für Außenstehende aber ist es ein großes Wunder, wie gesund dieser querschnittsgelähmte Mann heute beieinander ist, wie er kokettiert, wie er über sich selber scherzt, wie er Widrigkeiten meistert, locker, entspannt und gut gebräunt wie nach zwei Wochen Skiferien. Das Video von 1991 zeigt den Kontrast: dort der Krüppel, hier ein zufriedener Sisyphos, der nicht einen Stein, sondern immer wieder sich selbst bergauf wälzt. Ingeborg Schäuble spricht vielleicht deswegen nicht von einem Wunder, weil sie die Qualen kennt, die dazwischen liegen. Der Rollstuhl sieht, wenn er leer ist, fast aus wie ein elektrischer Stuhl.

Enttäuschungen und Katastrophen

Die Rede vom 20. Juni 1991 war der Beginn des zweiten Lebens von Wolfgang Schäuble. Mit der Kraft dieser Rede ist Berlin Hauptstadt geworden; aber die CDU dieser Stadt hat es ihm nicht gedankt: Als Wolfgang Schäuble genau zehn Jahre, viele Siege und noch mehr Niederlagen später CDU-Bürgermeister in dieser Hauptstadt werden wollte, hat es diese Partei vorgezogen, einen Herrn namens Frank Steffel zu nominieren, der dann nach einem jämmerlichen Wahlkampf ein jämmerliches Ergebnis erzielte. Es sind solche Enttäuschungen, die das Leben dieses Mannes prägen – Enttäuschungen und Katastrophen: Am 3. Oktober 1990 war er noch als deutscher Innenminister für die Organisation der Einheitsfeierlichkeiten zuständig. Neun Tage später lag er nahezu tot im Krankenhaus. Seitdem weiß er, „dass es eben manchmal so im Leben ist, dass himmelhoch jauchzend und zu Tode betrübt oft sehr nahe beieinander liegen", dass man „nach Sinn und Gerechtigkeit nicht in allen Situationen fragen darf".

Solche Erfahrungen, behauptet er heute, „geben einem ein Stück weit Gelassenheit". Vor ein paar Jahren noch hätte man ihm einen solchen Satz nicht geglaubt. Der Mann, der nach Kohl Kanzler werden wollte, war nicht gelassen. Er war, auch im Rollstuhl neben dem Alten, immer der ehrgeizige Meisterschüler, der er schon bei den Koalitionsverhandlungen von 1983 gewesen war. Damals, schließlich ist er nicht umsonst Sohn eines Steuerberaters und gelernter Finanzjurist, kramte er zur allgemeinen Verblüffung auf einmal die Formeln für Zins- und Zinseszins aus dem Gedächtnis und rechnete den Frei- und Christdemokraten, die über Steuer- und Investitionsplänen brüteten, behände das Abzinsen vor. Den damaligen CDU-Generalsekretär Heiner Geißler hat das so beeindruckt, dass er die Abzinsformel bis heute im Kopf behalten hat.

Die Uraufgabe einer konservativen Partei

Schäuble war auch nicht gelassen, als er 1997 bekannte, dass er der Versuchung einer Kanzlerschaft nicht widerstehen würde und damit die bundesweite Diskussion darüber auslöste, ob ein Krüppel Kanzler werden könne. Auf dem Parteitag von Leipzig versuchte er, die Trübsal der späten Kohlära wegzublasen, siebzigmal wurde seine Tour d'Horizon von den Delegierten mit Beifall unterbrochen, er erklärte der Partei in einer fulminanten Rede, warum der Schutz der Natur die Uraufgabe einer konservativen Partei sei. Und auf einmal gab es zwei Kanzler, einen offiziellen, zuständig für die Vergangenheit und deren Verklärung, und einen Nebenkanzler, zuständig für die Zukunft und ihre Realisierung.

Er war überhaupt nicht gelassen, als er damals hin- und hergerissen war zwischen der Loyalität zu Kohl und der Erkenntnis, dass man mit ihm die Wahl verlieren wird. Seine

Reden im Bundestag hatten wenig vom staatsmännischen Ton, den sie in den vergangenen drei Jahren gewannen, sie waren von der ätzenden Schärfe eines protestantischen Savonarola. Hart und böse sei er im Rollstuhl geworden, warf ihm Hans-Jochen Vogel damals vor. Und Außenstehenden mochte das tatsächlich so erscheinen. Es war sein Panzer, es war der Schutzmechanismus eines Menschen, der nach außen so scharf war wie zu sich hart; die Mitglieder des Fraktionsvorstandes erlebten ihn schon damals anders, eisern diszipliniert zwar, aber viel toleranter und verständnisvoller als früher.

Besonders gelassen wirkte Schäuble auch dann nicht, als er seine Partei geordnet in die Opposition führte, als er seine Fraktion so disziplinierte wie früher Herbert Wehner die der SPD. Es war ein neues verbissenes Aufbäumen gegen das persönliche und das politische Schicksal. Dies ist die Zeit, aus der die Verwundungen in der Fraktion rühren, von denen heute, wenn es um die Wahlchancen eines Präsidentenkandidaten Schäuble geht, viel die Rede ist. Es war dies eine Zeit, in der Fraktionssitzungen für Abweichler wie den Abgeordneten Willy Wimmer aus Neuss, der im Jugoslawienkrieg den Kurs seiner Partei scharf kritisierte, nicht vergnügungssteuerpflichtig waren; der Fraktionschef bürstete sie ab wie die Schulbuben. Wer jeden Tag die eigene körperliche Schwäche besiegen muss, erträgt die vermeintlichen Schwächen seiner Kollegen noch weniger.

Eine einmalige Dummheit

Gelassenheit? Eher eine ausgebuffte Zielstrebigkeit kennzeichnete Schäuble in den Jahren 1999 und 2000, als er seine Partei zu sensationellen Erfolgen bei den Landtagswahlen führte, unter anderem mit einer primitiv geführten Anti-Ausländer-Kampagne, die als Kampagne gegen ein neues Staatsbürgerschaftsgesetz getarnt war. Damals sah Schäuble die

Kanzlerschaft noch einmal vor sich, bis dann der Skandal um Kohl solche Hoffnungen jäh zerstörte und ihn schließlich mit hineinzog in die Strudel der Parteispendenaffäre.

Sicherlich: Schäuble war nicht Kohl, er hat keine schwarzen Kassen geführt, kein schwarzes Geld gehortet, keine Rechenschaftsberichte frisiert wie Hessens Ministerpräsident Roland Koch. Er hat auch nicht gegen das Parteispendengesetz verstoßen. Zwar hat er eine saftige Barspende des ominösen Waffenhändlers Karlheinz Schreiber entgegengenommen und war dabei so bedenkenlos, wie man es als seriöser Politiker nicht sein darf, hatte sich offenbar das Gebaren Kohls beim Spendensammeln zu eigen gemacht. Er hat aber dann das Geld, im Gegensatz zu Kohl, ordentlich bei der Parteikasse abgeliefert. Seine einmalige Dummheit bestand darin, dass er diesen zwar anrüchigen, aber legalen Vorgang wochenlang verschwiegen hat. Diese Dummheit verfolgt ihn jetzt seit vier Jahren in Gestalt der Ex-Schatzmeisterin der CDU Brigitte Baumeister. Sie wird in diesen Tagen mit ihren Memoiren auf den Markt kommen, in denen sie noch einmal die bekannten, aber eher nichtigen Details und Widersprüche über die Spendenübergabe aufzählt.

Roosevelt und Schäuble

Ein anderes Buch steht am Beginn des neuen Lebens von Wolfgang Schäuble. Helmut Kohl hat es ihm nach dem Attentat, von dem Schäuble fast immer als „Unfall" spricht, ins Krankenhaus gebracht: eine Biografie über den gelähmten 32. US-Präsidenten Franklin Roosevelt (1882 bis 1945), der 13 Jahre lang im Amt war, länger als jeder Präsident vorher oder nachher. Sein Motto: Glaub an dich, dann kannst du alles schaffen.

Schäuble ließ das Buch damals liegen. Erst später hat er es gelesen – um festzustellen, dass er nicht so viel daraus lernen kann. Roosevelt, der die Amerikaner mit intellektueller

Kraft, politischer Fortune und volkstümlichem Charisma durch die große Depression und den Zweiten Weltkrieg führte, hatte nämlich seine Behinderung vor der Öffentlichkeit vertuscht – aus Furcht, der Rollstuhl könne mit Schwäche gleichgesetzt werden. Das ging damals noch sehr gut: Die Fotografen der *White House Press* gaben sich alle erdenkliche Mühe, Roosevelt ohne Handikap abzubilden, und der Geheimdienst wachte über den richtigen Bildschnitt. Wenn ein zufällig hinzukommender Bildjournalist absichtlich oder versehentlich gegen die Regeln verstieß, hatten die Beamten des Secret Service keine Hemmungen, den Film aus der Kamera zu ziehen. So beschützt, war Roosevelt vor unliebsamer Enttarnung sicher. Darüber, wie es einem Roosevelt im Medienzeitalter ergangen wäre, kann man nur spekulieren.

Abgeklärte Selbstgewissheit

Wie es Schäuble ergeht, weiß man: Wer im Rollstuhl sitzt, muss sich, so hat er einmal bekannt, „unter unglaublichen äußeren Umständen durchkämpfen" – dabei wird fotografiert und gefilmt, zum Beispiel, wenn er eine schräge Ebene selbstständig und aus eigener Kraft mit dem Rollstuhl hochfährt. „Und anschließend schreibt irgendein Idiot darunter: ‚Er wirkt sehr angestrengt durch die politische Krise!' "

Über so etwas konnte Schäuble lange nicht reden. Seit drei Jahren tut er es. Die Loslösung vom Partei- und Fraktionsvorsitz im Zuge der Kohl-Wirren hat ihn verändert. Es ist, als ob eine Behinderung von ihm abgefallen wäre – die des Ehrgeizes. Vor Jahren hat er im Gespräch erzählt, dass er sich den Satz aus dem alten Don-Camillo-Film zum Motto gemacht habe. Da sagt der Herrgott zum Priester: „Camillo, nimm dich nicht so wichtig." Damals klang das bei Schäuble wie eine gequälte Koketterie. Heute glaubt man ihm diese Gelassenheit, und es ist nicht Resignation, sondern abgeklärte Selbstgewissheit.

Er ist nicht Bundespräsident, noch nicht vielleicht, aber er hat in den drei, fast vier Jahren der Selbstbescheidung etwas Präsidentielles gewonnen. Wenn er im Bundestag spricht, dann steht er nicht mehr im Sand der Arena der Tagespolitik. Seine Reden, seine Bücher sind immer grundsätzlicher geworden. Und aus einem eher neoliberalen Finanzpolitiker ist ein profunder Außen-, Innen- und Wirtschaftspolitiker geworden, der weiß: „Ich darf nicht nur die wirtschaftlichen Kräfte entfesseln, ich muss den sozialen Ausgleich im Auge behalten." Bundespräsident ist kein Ausbildungsberuf, keiner, für den man Prüfungen ablegt. Trotzdem: Schäuble hat die längste und anstrengendste Prüfung dafür abgelegt, die man sich vorstellen kann.

Bundespräsident Schäuble

Wolfgang Schäuble ist sich im Klaren darüber, was er nicht, was er nicht mehr kann: Er kann nicht auf Stehempfänge gehen. Er kann kein Bad in der Menge nehmen, keinen Stadtbummel, keine Fabrikbesichtigung machen. Manche halten ihn deswegen für inkommunikativ. Aber er kann reden, nachdenken und reden. Die Rede ist die Macht eines Bundespräsidenten.

Angela Merkel Dreißig Jahre nachdem die Vereinten Nationen das internationale Jahr der Frau ausgerufen hatten, begann es auch in Deutschland: Mit der Wahl von Angela Merkel zur Bundeskanzlerin am 22. November 2005 wurde das letzte große Kapitel im Buch der Gleichberechtigung aufgeschlagen – in dem Buch, das 1946 im Parlamentarischen Rat angelegt worden ist, als die Mütter des Grundgesetzes die widerstrebenden Väter des Grundgesetzes dazu gebracht hatten, den revolutionärsten Satz des Grundgesetzes zu akzeptieren: „Männer und Frauen sind gleichberechtigt."

Erschienen in der Süddeutschen Zeitung am 23. November 2005,
am 27. März 2006, am 20. November 2015 und am 7. März 2016

Frau Staatsmann

Sie hat das Land so geführt, wie es die meisten Menschen wollten: ruhig, sachlich und moderierend – bis die Flüchtlingskrise kam.

November 2005: Nun hat Angela Merkel all die widerstrebenden und konkurrierenden Männer, die Rivalen in der Union und die Gegner in der SPD dazu gebracht, zu akzeptieren, dass Bundeskanzler im Sinn des Artikels 63 Grundgesetz auch eine Bundeskanzlerin ist. Natürlich war die Wahl von Angela Merkel keine Rechts-, sondern eine Machtfrage. Aber die Durchsetzung dieser Macht und ihre künftige Ausübung wird dem Gleichheitssatz mehr Kraft verleihen, als ein paar neue Paragrafen es könnten. Es gibt Symbole, die Rechtskraft haben. Die Tatsache, dass eine Frau zur Kanzlerin gewählt wurde, ist ein solches Symbol.

Angela Merkel hat die Macht mit aller Macht gewollt und gewonnen; und nun fragt man sich, wofür sie diese gebrauchen will. Das ist schwer vorherzusagen. Die Erinnerung an ihr Verhalten in der Irakkrise macht noch immer beklommen; sie hätte Deutschland damals, wäre es nach ihr gegangen, in die Koalition der Kriegswilligen geführt. In den Koalitionsverhandlungen ist Merkel eher blass geblieben, im Koalitionsvertrag finden sich kaum Spuren Merkel'schen Willens. Es handelt sich hier um ein sagenhaft detailversessenes Papier, das gleichwohl sehr vieles offen lässt. Man legt es nach der Lektüre der ersten zwanzig kauderwelschenden Seiten entnervt zur Seite und hofft darauf, dass die Regierungserklärung der neuen Kanzlerin inspirierter ausfällt. Schon der Umfang des Dokuments, knapp zweihundert Seiten, ist Ausdruck des Misstrauens zwischen Union und SPD. Das Vertrauen der Bevölkerung in die große Koalition ist derzeit größer als das Vertrauen, das diese Koalition zu sich selbst hat.

Fehler über Fehler

Angesichts dessen ist das Ergebnis bei der Wahl Merkels gar nicht schlecht. Alle Versuche, darauf eine Prognose über ein gutes oder böses Schicksal der Koalition zu stützen, sind Kaffeesatzleserei. Wichtiger als dieses Wahlergebnis ist das Kabinett, dem Merkel vorsteht; dem kann man Respekt nicht versagen. Dort ist Angela Merkel von starken Kräften wundersam umwoben. Dafür hat sie auch selbst gesorgt: Die Ernennung der Professorin Maria Böhmer zur Ausländerbeauftragen im Rang einer Staatsministerin im Kanzleramt beispielsweise ist eine kluge und vielversprechende Entscheidung. Sie lässt darauf hoffen, dass Ausländerpolitik kein Haudrauf-Thema wird und dass Integrationspolitik einen hohen Rang erhält.

Macht ist, wenn es einem nichts ausmacht, dass man Fehler gemacht hat. Merkel hat gezeigt, dass sie die Kraft hat, ihre Partei auf einen falschen Weg zu zwingen und dann, wenn der sich als Irrweg herausstellt, Diskussionen darüber zu unterbinden. Angela Merkel hat den bislang nicht sehr redestarken Bundespräsidenten Horst Köhler installiert, der ihr die Ernennungsurkunde überreichte; sie hat den Kandidaten Wolfgang Schäuble damit düpiert, der gleichwohl jetzt die große Stütze ihres Kabinetts bildet; sie hat Stoiber, Koch und Merz in die Knie gezwungen, sie hat fast alles auf eine Karte gesetzt, nämlich auf eine Koalition mit der Westerwelle-FDP – und verloren; sie hat Fehler über Fehler gemacht und sich trotzdem eisern

Respekt verschafft. Diesen Respekt hat sie nun politisch kapitalisieren können, im Gegensatz zu Edmund Stoiber, der neben Angela Merkel immer kleiner wird. Stoibers Fehler waren höchstpersönliche, ihm individuell zurechenbare Fehler; die Fehler Merkels (falscher Wahlkampf, falsche Themen) waren politische Fehler, die der Vorstand und das Präsidium ihrer Partei quasi in Kollektivschuld mitzutragen haben.

Die mächtigste Frau seit Maria Theresia

Merkel hat nun das Kanzleramt, aber noch nicht die Zukunft gewonnen. Sie hat bisher kein christdemokratisches Wohlgefühl erzeugen können, wie das Helmut Kohl so lange so gut gekonnt hat. Mit Allerweltssätzen über Reform, Religion, Familie, Gott und Abendland wird ihr das nicht gelingen. Von ihrer großangelegten Parteitagsrede, die sie vor einem Jahr in Düsseldorf gehalten hat, ist vor allem das Versprechen in Erinnerung, dass bei Antritt einer Regierung Merkel alle Minister ihren Eid wieder auf Gott schwören werden. Das ist ihr nicht geglückt, aber das macht nichts. Ein Mann wie Jürgen Schmude, immerhin Präses der Synode der Evangelischen Kirche, hat in seiner Ministerzeit den Eid nie mit religiöser Formel abgelegt: Ein Staat, der den Menschen bei seinem Glauben packt, instrumentalisiert diese Glaubensbeziehung für seine Zwecke. Die Einteilung der Politiker in Mit- und Ohne-Gott-Schwörer ist Unsinn. Mit welcher Formel Angela Merkel ihre Amtspflichten beschworen hat, ist unwichtig. Wichtig ist, wie sie sie erfüllt.

März 2006: Sie ist nun die mächtigste Frau seit Maria Theresia. Seit der Wiener Kaiserin des 18. Jahrhunderts hat es im deutschen Sprachraum keine Frau mehr so weit gebracht wie Angela Merkel. Was man von Maria Theresia zu halten hat, steht in den Geschichtsbüchern: Sie hat die Schulpflicht eingeführt und die innere Verwaltung ebenso vorsichtig wie maßvoll reformiert; sie hat viel Krieg geführt, um ihre Herrschaft gegen Friedrich den Großen zu verteidigen; und der mit ihrem Bild geprägte Maria-Theresien-Taler galt als Handelsmünze von Ostafrika bis Zentralasien. Was von Angela Merkel zu halten ist, weiß man noch nicht genau. Man weiß nur, dass die erste deutsche Kanzlerin sehr machtbewusst ist und dass sie, wenn die große Koalition aus CDU/CSU und SPD nicht vorher zerbricht, jetzt vier Jahre lang Deutschland regieren wird.

Zur richtigen Zeit am richtigen Ort

Man weiß aber nicht, was sie mit ihrer Macht machen will. Man weiß seltsamerweise auch kaum, wer sie ist, obwohl die Frau nun seit 15 Jahren auf der politischen Bühne steht. Das Land ist bisher nicht richtig mit ihr warm geworden. Sie ist Protestantin, ist in einem evangelischen Pfarrerhaushalt groß geworden. Zu einem barocken Menschen wird man da nicht. Wer Angela Merkels Aufstieg verfolgt, der stellt allerdings fest: Sie war stets zur richtigen Zeit am richtigen Ort und hat dort das Richtige gemacht. Das ist kein Zufall, das ist Begabung. Oft war das Richtige auch nur: Ruhe bewahren, bis sich die Konkurrenten in ihrem mitunter zappelnden Ehrgeiz verfangen und aufgehängt haben.

Die Nüchternheit ihres Politikstils

Sie war Umweltministerin, sie war Generalsekretärin ihrer Partei, sie ist seit April 2000 Parteivorsitzende und hat auf dem CDU-Parteitag in Leipzig 2003 ein sehr neoliberales Programm verkünden lassen. Aber auch dieses Programm verbindet sich nicht mit ihr. Es war und ist, als ob die Politik, die sie propagiert, nicht an ihr haften bleibt. Das liegt wohl auch daran, dass sie die Positionen, die sie bisher eingenommen hat, vor allem danach beurteilte, ob und wie sie ihre Macht-position befördern. Man glaubt ihr nicht, dass das, was sie inhaltlich sagt, von innen kommt; das liegt wohl an ihrer floskelhaften Sprache. Mit Innerlichkeiten hat sie es aber ohnehin nicht, mit Visionen schon gar nicht. Der Satz „wer Visionen hat, sollte zum Arzt gehen" könnte von ihr stammen. Oft wird darauf hingewiesen, dass sie eben Naturwissenschaftlerin sei, genauer gesagt Physikerin – als ob allein das die Nüchternheit ihres Politikstils erklärte. Oskar Lafontaine, der frühere Chef der SPD und jetzige Frontmann der Linkspartei, ist auch Physiker, aber ein völlig anderer Politikertypus als Angela Merkel: Er kann emotionalisieren und agitieren wie kaum ein anderer. Würde Angela Merkel das versuchen – man käme sich vor wie bei einer Schüleraufführung von „Hamlet".

Moderation statt Ambition

Agitation ist von der Kanzlerin einer großen Koalition nicht gefragt, Emotion auch nicht – sondern Moderation. Und es wäre eher schädlich für eine große Koalition, wenn Ambition und Vision sich in der Person der Regierungschefin verbänden. Wenn sie selbst nämlich zu klare, zu scharfe Positionen hätte, könnten sich die Koalitionäre, zumal die von der SPD, daran schneiden. Insofern kann es gut sein, dass Angela Merkel die richtige Kanzlerin für diese Koalition aus CDU/CSU und SPD ist, die keiner gewollt hat außer den Wählern: Angela Merkel ist nicht festgelegt. Es ist so wie bei einer Litfaßsäule: Es gilt das, was zuletzt draufgeklebt wurde. Also wird sie die sozial- und wirtschaftspolitischen Reformen, die Gerhard Schröder begonnen hat, weiter vertreten. Also wird sie die Linien der Schröder'schen Außenpolitik fortsetzen. Maria Theresia hatte für ihre Arbeit vierzig Jahre lang Zeit. Angela Merkel muss die ihre in vorerst vier Jahren erledigen. Angela-Merkel-Taler werden nicht geprägt werden.

N ovember 2015: Seit zehn Jahren hat diese Frau nun das, was 2005 so viele Konkurrenten wollten, aber nicht kriegten: die Macht. Die angeblich starken Figuren der CDU neben ihr sind mittlerweile zerbröselt – Ole von Beust, Roland Koch, Stefan Mappus, Christian Wulff, Peter Müller, Friedrich Merz. Es wird gesagt, dass Merkel ihre echten und potenziellen Gegner weggemobbt habe; dazu gehört aber auch der, der das mit sich machen lässt. Angela Merkel hat vor zehn Jahren mit der SPD und dem Vizekanzler Franz Müntefering zu regieren begonnen und mit ihm, Steinmeier und Steinbrück die ersten Kanzlerjahre koaliert; sie hat dann nach der Bundestagswahl von 2009 mit der FDP und dem Vizekanzler Guido Westerwelle weiterregiert; und sie regiert nun, seit zwei Jahren, zum zweiten Mal mit der SPD, diesmal mit dem Vizekanzler Sigmar Gabriel. Es gibt nun politische Propheten, die voraussagen, dass Merkel nach der Wahl 2017 mit den Grünen regieren wird; diese Auguren sehen im Merkel'schen Atomausstieg von 2011 den Einstieg in ein solches schwarz-grünes Bündnis. Zu guter Letzt also auch noch mit den Grünen? Das würde passen – zu ihrer behänden, schmiegsamen Ausübung von Macht.

Belohnt wurde nur Merkel

Macht ist, wenn es einem nichts ausmacht, dass man Fehler gemacht hat. Merkel hat in diesen zehn Jahren immer wieder gezeigt, dass sie diese Kraft hat. Das war schon ganz am Anfang so. Damals, im Wahlkampf von 2005, hat sie fast alles auf eine Karte gesetzt, nämlich auf ein neoliberales Programm und eine Koalition mit der Westerwelle-FDP – und verloren. Sie wurde trotzdem Kanzlerin, aber die einer großen Koalition. Schon vor ihrer Kanzlerschaft hatte sie Wolfgang Schäuble düpiert und ihn vom Amt des Bundespräsidenten ferngehalten; Schäuble wurde trotzdem die große Stütze all ihrer Kabinette. Merkel hat es auch geschafft, dass stets sie von den Regierungsbündnissen profitierte und ihr jeweiliger Koalitionspartner vom Wähler abgestraft wurde.

2005 bis 2009, die erste große Koalition: Die Sozialdemokraten sahen sich prozentual auf Augenhöhe mit der Union und glaubten, sie könnten, angeführt von Franz Müntefering, mit einer Liste von bekannten Ministern und vermeintlich prickelnden Ministerien die Union und Merkel politisch an die Wand spielen. Es kam ganz anders. Die mit der Agenda Schröders und mit sich selbst hadernde SPD wurde von Merkel an die Wand gespielt. Die größte Leistung dieser großen Koalition war es wohl, dass die Deutschen trotz der globalen Finanzkrise nicht in Krisenstimmung gerieten. Am guten Krisenmanagement hatte der SPD-Finanzminister Peer Steinbrück wesentlichen Anteil. Aber vom Wähler belohnt wurde nur Merkel.

Den Konservativismus modernisieren

2009 bis 2013, Schwarz-Gelb: Es war eine Koalition von Parteien, die sich entfremdet hatten. Beim langen Warten auf diese Liaison war eingetreten, was vielen Paaren auch passiert: Sie haben sich auseinanderentwickelt, bemerken dies aber erst, wenn sie endgültig zusammenkommen. Unter Merkels Vorsitz hatte und hat sich die CDU gewandelt, sie war in der Koalition mit der SPD ein wenig sozialer geworden – die FDP war aber noch so wie ehedem: eine Partei, die auf einer Art Kapitaldemokratie beharrte. Entsprechend groß war der Streit in dieser Koalition. Diese Koalition trug die DNA aus der Zeit vor der großen Finanzkrise in sich; und sie ging mit den alten Rezepten hausieren: Steuersenkung, Steuersenkung, Steuersenkung. Sie beschloss Sparpakete: die nahmen vor allem den Eltern und den Hartz-IV-Empfängern Geld weg, aber nicht den Vermögenden. Wem hat das alles geschadet? Der FDP. Die flog 2013 aus dem Bundestag. Merkel triumphierte bei der Wahl.

Macht ist es, wenn es einem nichts ausmacht, dass man Fehler gemacht hat. Merkel verlängerte 2010 in einer dubiosen Entscheidung die Laufzeit für die Atomkraftwerke. Sie nahm dann die Reaktorkatastrophe von Fukushima zum Anlass, diesen Fehler zu korrigieren; sie setzte den Atomausstieg durch. Die Wähler applaudierten. Sechs, sieben, acht Regierungsjahre zerschleißen auch einen starken Regierungschef. Helmut Kohl war nach dieser Zeit mit seinem Latein am Ende, nur die deutsche Einheit hat ihn gerettet und ihm die ewigen Kanzlerjahre beschert. Merkel gelang das Wunder des großen Wahlsiegs von 2013 ohne ein solches Wunder. Das Grundgefühl, das die meisten Deutschen mit Merkel hatten und haben, übertrug sich bei der Bundestagswahl auf ihre Partei: dass man es eigentlich ganz gut mir ihr habe. Diese Übertragung hätte nicht so gut funktioniert, wenn Merkel die CDU nicht verändert hätte. Sie hat deren Frauen- und Familienpolitik entstaubt, sie hat den Konservativismus der Partei abgefeudelt und die Altväterlichkeit der CDU beendet. So hat sie die Partei für Sympathisanten der SPD und der Grünen wählbar gemacht.

Merkels Zeitgeistpartei

Merkel ist die Personifizierung des Wechselwählers und deshalb für diese so anziehend. Man hat sie oft dafür gescholten, dass sie überzeugungslos sei. Das stimmt so nicht; sie war und ist davon überzeugt, dass die CDU gesellschaftspolitische Strömungen mitvollziehen muss und eine Volkspartei nur noch dann Volkspartei bleibt, wenn sie auch Zeitgeistpartei ist. Hat Merkel Charisma? Ihr Charisma besteht darin, dass sie keines hat. Deshalb gelangen ihr die spektakulären Kurswechsel in der Energiepolitik und in der Wehrpolitik ziemlich unspektakulär. Merkel entspektakelt das Spektakuläre. Das ist ihre Stärke. Sie beherrscht die Kunst, ihre Macht zu erhalten noch besser als ihr Vorgänger Gerhard Schröder; der ist an der Agenda 2010 gescheitert. Immer wieder wurde gesagt, ihre Macht habe nun den Zenit überschritten, die goldenen Zeiten seien vorbei. Als Menetekel galt es, als 2010 Christian Wulff, der Kandidat von Merkel und Westerwelle für das Amt des Bundespräsidenten, von der Bundesversammlung erst im dritten Wahlgang gewählt wurde. So schnell ist selten ein Menetekel verblasst. Merkel ließ nach dem Rücktritt Wulffs den von ihr zuvor abgelehnten Joachim Gauck zum Präsidenten wählen.

Stimmung gekippt

Was ist ihr Geheimnis? Sie hascht nach dem Zeitgeist wie Spitzwegs Schmetterlingsfänger nach den Schmetterlingen. Manchmal ist sie damit ein wenig spät dran, meist kriegt sie ihn aber noch. Dem Publikum gefällt das, weil sie dabei so bescheiden wirkt, nicht viel Gewese aus sich macht und gleichwohl mächtiges Selbstbewusstsein ausstrahlt. Das hilft ihr auch in den heikelsten Zeiten, zum Beispiel in der Eurokrise. Hier hatte Altkanzler Helmut Kohl bemerkt, was der Regierung Merkel fehle: Seiner Meinung nach war es der Kompass. Da hatte er recht, zumal in der ersten Phase der Krise, die eine Phase der Merkel'schen Irrungen und Wirrungen war. Aber Merkel hat stets so getan, als wisse sie genau, wo es langgeht – auch wenn der Preis für ihren Satz „Es gibt keine Alternative" hoch war: Der Preis war die AfD, die Alternative für Deutschland.

Mit der Macht ist es wie mit der Gesundheit: man spürt sie dann, wenn sie verloren geht. Merkel hat am 4./5. September 2015 entschieden, die in Ungarn malträtierten Flüchtlinge in Deutschland aufzunehmen – sie befand sich im Einklang mit einer damals flüchtlingsfreundlichen Grundstimmung. Die Stimmung ist seitdem gekippt. Nun heißt es, Merkel habe die Macht nicht mehr, ihre Flüchtlingspolitik durchzusetzen, die Machterosion habe begonnen.

März 2016: Zehn Jahre lang galt Angela Merkel als die Kanzlerin der Beliebigkeit. Zehn Jahre lang wurde ihr nachgesagt, sie stünde für nichts und sie habe keine Überzeugungen; ihre Haltung bestünde darin, keine Haltung zu haben, und das sei ihr Erfolgsrezept. Das war boshaft, aber nicht falsch. Die Überzeugungen, welche die Kanzlerin hatte (bei der Energiewende zum Beispiel), waren Überzeugungen auf Bestellung; geliefert wurden sie *just in time*, nach demoskopischer Notwendigkeit. Merkels große Gabe bestand darin, Irritationen über die Zeitläufe und Verwunderung über die Politik ihrer Regierung auf wundersame Weise zu absorbieren; sie war eine Kanzlerin, bei der sich ein Großteil der Deutschen aufgehoben fühlte.

Das Flüchtlingsproblem

In der Flüchtlingskrise ist nun fast alles anders, die Kanzlerin hat sich gewandelt. Wie das kam, darüber wird noch viel geschrieben werden, wenn die Kanzlerin nicht mehr Kanzlerin ist. Vielleicht war da einiges an Zufall dabei, auch Emotion und die deutsche Wirtschaft, die ihr in den Ohren lag. Dazu die wachsende Einsicht: Das Flüchtlingsproblem ist das Großproblem des frühen 21. Jahrhunderts, dem man nicht mit Scheinlösungen (wie etwa Obergrenzen) begegnen kann, die zwar von den heimischen Wählern goutiert werden, aber katastrophale Nebenwirkungen haben. Die Deutschen und die Europäer erleben daher eine Regierungschefin, die den Opportunismus abgelegt hat, die (bisher) der rasenden Kritik standhält – und die Haltung zeigt: im Bundestag und in der Fernseh-Talkshow; auf der Bühne der CSU ebenso wie auf der Bühne der EU. Merkel wächst über die Alltagspolitikerin hinaus. Sie wirkt staatsmännisch; sie wird zur Frau Staatsmann, sie wird die erste deutsche Staatsfrau.

Der CSU-Chef Horst Seehofer versucht seit einem halben Jahr vergeblich, ihr den Schneid abzukaufen; weil ihm das nicht gelingt, behauptet er nun, es sei eingetreten, was er fordere: die Wende in Merkels Flüchtlingspolitik. Das stimmt nicht. Es ist zwar so, dass Merkel die schärfsten Asylgesetze seit zwanzig Jahren mit zu verantworten hat; das aber ist keine echte Wende, sondern die Forcierung der langjährigen legislativen Tendenz. Und die Flüchtlingssituation heute in Griechenland ist, anders als von Seehofer behauptet, mit der in Ungarn vor einem halben Jahr nicht gleichzusetzen; der griechische Regierungschef Tsipras hat, anders als Orbán damals, nicht jegliche Hilfe für Flüchtlinge aufgekündigt, im Gegenteil: Er bittet die EU verzweifelt um Hilfe. Mit Orbáns Aufkündigung der Dublin-Regeln hatte im Juli 2015 die Eskalation begonnen.

Abgesänge

Angela Merkel spürt die Unruhe und Panik in ihrer eigenen Partei; sie erlebt, wie andere europäische Regierungen von einer solidarischen Flüchtlingspolitik nichts wissen wollen und ihr neues Heil im alten Nationalismus suchen. Aber Merkel beharrt bisher, sie will sich nicht für billige Lösungen hergeben. Sie sucht die Zusammenarbeit mit Griechenland und der Türkei in der Ägäis. Sie verhandelt darüber nicht in Wolkenkuckucksheim, sondern mit der immer repressiver regierten Türkei, die mit der Pressefreiheit umgeht wie mit einem Putzlumpen. Die EU muss bei aller notwendigen Kritik aber anerkennen, dass diese Türkei dreimal so viel Flüchtlinge aufgenommen hat wie die gesamte, dreizehnmal größere EU. Europa muss die Grundrechtsverletzungen in der Türkei anprangern; Europa muss aber auch Flüchtlinge aus der Türkei aufnehmen.

Man hört schon viele Abgesänge auf Merkels Kanzlerschaft und allerlei Spekulationen zur Nachfolge. Das ist zu früh. Noch ist Merkel nicht verloren. Und wenn die Kanzlerin wirklich verlöre, dann verlöre auch Europa. Gewiss: Die Kanzlerin hat, schon vor der Flüchtlingskrise, Fehler gemacht im Umgang mit den südlichen EU-Staaten, sie hat sie beschämt und vorgeführt. Das sind Fehler, die sich jetzt rächen. Sie hat dann, am Beginn der Flüchtlingskrise, zu wenig um andere EU-Staaten geworben, sie hat sie in ihr „Wir schaffen das" nicht einbezogen. Im gut gemeinten „Wir" hörten die EU-Nachbarn einen deutschen Pluralis Majestatis. Das waren Merkels Profi-Fehler.

Gleichwohl war und bleibt Merkels Grundlinie richtig: Europa muss gemeinsam handeln und dabei die Menschenrechte achten. Eine EU, die in der Flüchtlingskrise nicht gemeinsam handelt, wird bald gar nicht mehr handeln. Ein Europa, das Stacheldraht ausrollt und seine nationalen Parzellen wieder einzäunt, so wie dies erst Ungarn und dann auch Österreich getan haben, zerlegt sich selbst. Europa muss nach innen offen bleiben und darf sich nach außen nicht völlig abriegeln. Je mehr sich eine Zivilisation einmauert, umso weniger hat sie am Ende zu verteidigen. Das Lob der Grenzen, das neuerdings wie eine Erlösungshymne gesungen wird, ist das Requiem für Europa.

PARTEIGENOSSEN

Hans-Jochen Vogel Wenn alle Papiere, die er zur Besprechung mitgebracht hat, schon wieder weggepackt und auch die Bratwürste verzehrt sind, dann lässt Hans-Jochen Vogel zwei doppelte Grappa bringen. Das ist dann, beim Mittagessen mit ihm im „Elysium" des Münchner Ratskellers, der Tagesordnungspunkt Verschiedenes. Geboren ist Vogel nicht in Bayern, sondern in Göttingen. Als seine Gegner ihm das 1960 im Wahlkampf um das Amt des Münchner Oberbürgermeisters entgegenhielten, konterte er mit der bayerischen Herkunft seiner Ahnen und dem Satz: „Wenn ein Pferd im Kuhstall geboren wird, ist es dennoch ein Pferd und kein Ochse." Das half.

Laudatio zum 90. Geburtstag von Hans-Jochen Vogel,
erschienen in der Süddeutschen Zeitung am 3. Februar 2016

Der Kardinal der SPD

Warum Hans-Jochen Vogel, wenn es um die Sozialdemokraten geht, ein „Herrgott-noch-mal" herausrutscht

Das erste Geburtstagsständchen für Hans-Jochen Vogel wurde eine Woche zu früh gesungen; es war ein ganzer Saal voller Menschen, der da sang. Aber wenn man neunzig wird, kommt es vielleicht auf eine Woche hin oder her auch nicht mehr an, selbst nicht bei einem, der bekannt dafür ist, dass er es sehr genau nimmt. Der Verleger Manuel Herder, ein schlaksiger Herr, stand also auf der Bühne des Festsaals des Münchner Künstlerhauses am Lenbachplatz und hatte soeben ein paar rühmende Worte gesagt über das neue Buch Vogels, das an dem Abend vorgestellt wurde; und nun teilte er das Buchpremierenpublikum, zum Zwecke eines vorweggenommenen Geburtstagskanons, flugs in drei Gruppen ein – „Viel Glück und viel Segen auf all deinen Wegen".

Den Gehstock fest gepackt

Der weißhaarige Jubilar in der ersten Reihe ließ „Gesundheit und Frohsinn" angerührt über sich ergehen, neigte den Kopf und dachte womöglich an seine Anfangsjahre als Münchner Oberbürgermeister – als er, es war 1961, das kriegszerstörte, nun wieder renovierte Künstlerhaus eröffnet hatte, in dem er jetzt, 55 Jahre später, sein Buch vorstellte. Das Buch heißt „Es gilt das gesprochene Wort", es vereint eine kleine Auswahl aus den sechstausend Reden, die der Jubilar als Politiker gehalten und nun jeweils mit einer Einleitung aus heutiger Perspektive versehen hat.

Hans-Jochen Vogel im Prachtsaal des Künstlerhauses. Er sitzt in der ersten Reihe wie in einem Chorgestühl, ein alter Kardinal im Kreise seiner Mitbrüder, ein wenig in sich zusammengesunken. Aber dann ein Ruck, den Gehstock fest gepackt. Wenn Vogel sich aufrichtet, wenn er auf die Bühne steigt, dann ist er nicht einfach rüstig, wie man das von einem alten Herrn so gefällig zu sagen pflegt, dann ist er stattlich, und seine Rede ist kraftvoll und hat etwas von einer brausenden Orgel: „Herrgott noch mal" – ruft er ins Publikum, als er gefragt wird, warum die SPD denn heute in der Wählergunst so bescheiden dastehe.

Ein wohltemperierter Vulkan

Dieses „Herrgott noch mal" ist ein klagender, fast anklagender Ausruf über den „sonderbaren Widerspruch" zwischen den mickrigen SPD-Prozenten in den Umfragen und dem Faktum, dass die SPD „so viel von ihrem Wahlprogramm durchgesetzt" habe. Die SPD, sagt er, müsse mehr von ihren Erfolgen reden und mehr von ihrer Geschichte. Hans-Jochen Vogel tut es: Er redet vom 23. März 1933, als die Sozialdemokraten Hitlers Ermächtigungsgesetz ablehnten, er redet von der 150-jährigen Geschichte der SPD, er redet in wohldosierter Rage. Vogel sei wie ein Vulkan, haben seine Mitarbeiter einst in seinen Wahlkampfzeiten gesagt. Man hört warum; er ist nicht erloschen. Mit neunzig ist er ein wohltemperierter Vulkan.

Erinnerungsselig? Im kleinen Kreis kann Vogel das sein. Auf der Bühne denkt er mindestens so gern nach vorn wie zurück.

Ob es nicht endlich Zeit sei für eine Koalition der SPD mit der Linken? Der Ehrenvorsitzende der SPD darauf: „Wer ist die Linke? Welche Linke?" Wenn sie so wäre wie Bodo Ramelow in Thüringen – dann hätte er kein Problem mit einer rot-roten Koalition. Aber solange die Linke „mit der Unterstützung eines von mir nicht genannten Herrn" agiert ... den Namen Lafontaine mag er nicht in den Mund nehmen. In der Festschrift zu Vogels 70. Geburtstag hatte Oskar Lafontaine als damaliger SPD-Vorsitzender und Nach-Nachfolger von Vogel einen Beitrag geschrieben. Diese Festschrift trägt den Titel „Gestalten und Dienen". Vogel wirft seinem einstigen Nach-Nachfolger und jetzigen Politiker der Linken vor, dass er das Dienen verachte.

Auf die Kür folgt die Pflicht

Gestalten und Dienen. Ein Buchmotto, ein Lebensmotto. Die meisten Politiker absolvieren in ihrem politischen Leben erst die Ochserei und die Pflicht, dann die Kür. Bei Vogel war es umgekehrt: Er begann mit der Kür, dann kam die Pflicht.

Er begann sein politisches Leben mit der Kür in München, dann kamen die Jahre der Pflicht in Bonn und Berlin. Mit 34 Jahren wurde er 1962 zum Münchner Oberbürgermeister gewählt, er baute die U- und S-Bahn, raufte mit den Jungsozialisten, bescherte der Stadt die Fußgängerzone, holte die Olympischen Spiele in die Stadt. Nach seinen zwölf fetten Jahren als unglaublich beliebter OB (4444 Tage waren es, hat jemand ausgerechnet, wahrscheinlich er selbst) kamen 22 bisweilen recht dürre Jahre – als Landes- und Bundespolitiker: als Chef der ewig schwächelnden bayerischen SPD, als Bundeswohnungs- und Bundesjustizminister, als kurzzeitiger Regierender Bürgermeister Berlins, als erfolgloser Kanzlerkandidat gegen Helmut Kohl 1983, als langjähriger Oppositionschef im Bundestag und als SPD-Vorsitzender, Nachfolger von Willy Brandt.

Was war seine schwerste Entscheidung? Vogel wird sehr ernst, wenn diese Frage kommt; sie führt in den sogenannten Deutschen Herbst: Die Schutzfähigkeit des Staats war 1977 in ungeheurer Weise herausgefordert, als der Arbeitgeberpräsident Hanns Martin Schleyer von der RAF entführt worden war. Der Große Krisenstab trat zusammen und musste sich Gedanken darüber machen, ob man den Erpressungen der RAF nachgeben kann, nachgeben soll, nachgeben muss, nachgeben darf – um so das Leben Schleyers zu retten. Vogel war damals Bundesjustizminister. Er hat die Entscheidung mitgetragen, den Erpressern nicht nachzugeben und damit den Tod Schleyers in Kauf zu nehmen. Diese Entscheidung geht ihm nach, er steht dazu; sie quält ihn trotzdem.

Bürokratische Genialität, elitärer Anspruch

Horst Herold, der damalige Chef des Bundeskriminalamts, hat einmal bekannt, ihm sitze in vielen Nächten der tote Schleyer auf der Brust. Vogel ist ein gläubiger Katholik, er glaubt an „die Vorstellung von einem allmächtigen, aber auch barmherzigen und gnädigen Gott" – er nennt das den archimedischen Punkt in seinem Leben. „Man erfährt in einer solchen Situation wie damals die Einsicht in die eigene Begrenztheit, die eigene Endlichkeit", sagt er, „man erlebt aber auch das stärkende Gefühl, das sich einstellt, wenn man glaubt, das Äußerste getan zu haben und dann die weitere Entwicklung in die Hand des Herrgotts legen zu können." In dem Maß, in dem sich Vogel aus den politischen und gesellschaftlichen Gremien zurückgezogen hat (die letzten waren die Ethik-Kommission, und die Stiftung „Erinnerung. Verantwortung. Zukunft" sowie die Vereinigung „Gegen Vergessen – für Demokratie"), wurden ihm die allerletzten Dinge wichtig. Auch deshalb redet er gern vom Herrgott.

Immer wenn es schwierig wurde für die Sozialdemokratie, immer wenn sie sich in aussichtsloser Lage respektabel schlagen musste, immer dann rief sie nach Vogel. Und der schlug sich immer respektabel, unter Aufbietung seiner altväterlichen Tugenden, über die und unter denen die Genossen oft auch ein wenig stöhnten. „Trotz alledem. Weiterarbeiten und nicht verzweifeln!" – den Zettel, den Herbert Wehner ihm 1981 zugesteckt hatte, trug er viele Jahre in der Brieftasche mit sich herum. Eine Kopie davon hat er bisweilen an Genossen verschenkt, die es gerade schwer hatten.

Vogel arbeitete mit ungeheurem Fleiß, mit pedantischer Lust, mit bürokratischer Genialität und elitärem Anspruch. Er brachte manchmal gestandene Abteilungsleiter und Staatssekretäre zum Weinen, weil sie seinem Tempo, seiner Arbeitswut und seinem Wissensdurst nicht gewachsen waren. Seine Referenten rief er auch mitten in der Nacht an, um sie zu fragen, wo er ein bestimmtes Papier finden könne. Vogel wäre, so heißt es mit Recht, ein guter Kanzler geworden. Er musste anderes tun; er hat seine Partei nach der Kanzlerschaft von Helmut Schmidt in die Opposition führen und dort regenerieren müssen.

Der Lehrer Lämpel unter den deutschen Politikern

Der Jurist Vogel galt sein politisches Leben lang als Oberlehrer, als der Lehrer Lämpel unter den deutschen Politikern, als einer, der gern mit dem Zeigefinger spricht. Wenn er heute spricht, tut er es nicht mehr mit gestrecktem Finger. Der Finger ist milder geworden, gerundet, aber nicht geknickt. Und mit diesem Gestus spricht er über die Beziehungen zu Russland, über Entspannungspolitik: „Mit Putin muss geredet werden", mahnt er, weil es Sicherheit „nur miteinander gibt, nicht gegeneinander".

Je älter Vogel wurde, umso aufgeschlossener, liberaler und offener wurde er. Auf die Grünen blickte er bisweilen so, wie ein Großvater auf seine Enkel blickt. Der ältere Vogel hätte es mit den Grünen in der rot-grünen Koalition wohl besser gekonnt als Gerhard Schröder, der Kanzler der rot-grünen Koalition. Aber da war Vogel schon längst aus dem Bundestag ausgeschieden und mit öffentlichem Rat sehr zurückhaltend. „Das gehört sich nicht", sagt er. Das sagt er oft, wenn es um Stilfragen geht. Es gehört sich aber, darauf achtet Vogel sehr, dass ihm jeder Spitzengenosse und SPD-Vorsitzende, der nach München kommt, seine Aufwartung macht. Dann, beim intimen Gespräch, hält Vogel mit Ratschlägen nicht hinter dem Berg; öffentlich hält er sich zurück.

Selbstgefälligkeit in der Bescheidenheit

Vogels Akkuratesse galt und gilt nicht nur den Akten. Genauso akribisch war und ist sein Verzicht auch auf die kleinste Vorteilsnahme. Sein Leben lang ist er nie in der Businessklasse geflogen, sondern immer, wie normale Menschen eben, in der Economy-Holzklasse. Wenn er dann im Flugzeug an seinen Bundestagskollegen im vorderen Teil des Flugzeugs vorbeiging, wünschte er ihnen jovial und betont laut einen guten Flug. Er genoss das so, wie er es als Münchner Oberbürgermeister genossen hat, mit der Straßenbahn zum Rathaus zu fahren.

Und als er 1981 als Notkandidat für das Amt des Regierenden Bürgermeisters nach Berlin gerufen wurde, ignorierte er am Flughafen den Dienstwagen, marschierte an den verblüfften Genossen vorbei mit einem ruppigen „Entschuldigung! Das steht mir noch nicht zu!" – und winkte einem Taxi. „Selbstgefälligkeit in der Bescheidenheit" hat ihm die *Frankfurter Allgemeine Zeitung* deswegen einmal attestiert. Man sieht: Politiker können es den Leuten kaum recht machen. Aber mehr von dieser Vogel'schen Art der Selbstgefälligkeit hätte der deutschen Politik auch nicht gerade geschadet.

Sein Leben hatte und hat Struktur – und die Lebensordnung beginnt mit der Tagesordnung; das ist auch noch so, seitdem er vor zehn Jahren, seiner Frau Liselotte zuliebe, mit ihr ins Altenheim, ins Augustinum im Münchner Südwesten gezogen ist, weil sie die Treppen zu ihrer gemeinsamen schönen Altstadtwohnung nicht mehr hinaufsteigen konnte. Die Stadtwohnung und das geliebte Haus in Niederbayern haben die beiden aufgegeben. Drei Zimmer, komfortabel. Dort sitzt der Hausherr immer noch täglich am Schreibtisch, oft im Dreiteiler, schreibt Briefe. Jetzt frühstückt er allerdings nicht mehr zu nachtschlafender Zeit, sondern viel später – gegen sieben Uhr. Das ist für ihn der Luxus des Alters.

Das immer neue, unermüdliche Bemühen

Seine Abschiedsrede im Bundestag hielt er am 30. Juni 1994, und der letzte Satz war wie ein kleines Testament: „Allen, die ihre Arbeit fortsetzen, wünsche ich, dass sie dem gerecht werden, was Adolf Arndt, einer der großen Parlamentarier der Nachkriegszeit, so ausgedrückt hat: ‚Die Wahrheit seiner Antwort kann kein Politiker verbürgen, wohl aber die Wahrhaftigkeit des Fragens und des immer neuen, unermüdlichen Bemühens.'"

Es ist bezeichnend für Hans-Jochen Vogel, dass er an den Schluss seines Parlamentarierlebens sich nicht selbst, sondern ein Zitat eines anderen Sozialdemokraten gesetzt hat. Das Protokoll verzeichnet lang anhaltenden Beifall.

Gerhard Schröder Er war das Nachkriegskind, so wie sein Vorgänger Kohl das Kriegskind gewesen war. Er hat die Irrungen und Wirrungen seiner Generation mitgemacht: die Exaltationen der Achtundsechziger und ihre Rückkehr in die neue Mitte. Kanzler Schröder begann als Kanzler der Beliebtheit, wurde Kanzler der Beliebigkeit, dann der Unbeliebtheit, dann der Unbeirrbarkeit. Er hat seine Partei, die SPD, mit der Agenda 2010 vergewaltigt und sie dann später wieder umworben wie ein Liebhaber. Die Reportage stammt aus den ersten Tagen der Agenda 2010.

Erschienen in der Süddeutschen Zeitung am 17. Oktober 2003

Agenda-Kanzler

Was Gerhard Schröder mit dem römischen Kaiser Diokletian und dem Fußballer Helmut Rahn verbindet

Man muss die Vita der christlichen Märtyrer kennen, um zu verstehen, wie sich ein Sozi-Mensch namens Ludwig Stiegler fühlt, wenn er Gerhard Schröders Politik zu verteidigen hat. Als der SPD-Fraktionsvize Stiegler in Berlin am vergangenen Wochenende nach Hause in seinen Unterbezirk fuhr, erging es ihm dort „wie dem Heiligen Sebastian". Der war im dritten nachchristlichen Jahrhundert Hauptmann der Prätorianergarde des römischen Kaisers Diokletian und wurde, so die Legende, seines Glaubens wegen durch Pfeilschüsse gemartert und mit Keulen erschlagen. Dem Keulentod ist Ludwig Stiegler in der Tennishalle von Sulzbach-Rosenberg beim SPD-Bezirksparteitag entgangen. Aber ansonsten sei er sich, so sagt er anschließend auf der Rückfahrt nach Berlin, bei der Verteidigung der Schröder'schen „Agenda 2010" wie der Heilige Sebastian vorgekommen: Er sei mit bitteren und scharfen Vorwürfen förmlich gespickt worden.

Sohn armer Leute und eiskalter Hund

Die Blasphemie soll hier nicht fortgeführt werden, aber es ist festzuhalten, dass Kaiser Diokletian, dem der Märtyrer Sebastian diente, als Sohn armer Leute geboren wurde, später den Ehrentitel „Germanicus Maximus" erhielt und durch ebenso energische wie umsichtige Wirtschafts- und Verwaltungsreformen in die Geschichte einging. Im übrigen soll er, was den Umgang mit Weggefährten betrifft, ein eiskalter Hund gewesen sein. Über den Heiligen Sebastian wiederum ist bekannt, dass er an eine Säule gebunden und nur mit einem Lendenschurz bekleidet war. Stiegler dagegen sitzt nun geschützt im Audi der SPD-Bundestagsfraktion. Und er trägt keinen Lendenschurz, sondern seinen roten Pullover, den er mit beiden Händen streichelnd betastet, als wollte er feststellen, ob darunter noch ein abgebrochener Pfeil steckt.

In den folgenden Tagen bemüht sich Stiegler zusammen mit Fraktionschef Franz Müntefering erfolgreich, die so genannten Abweichler in der Fraktion doch noch für ein Ja bei der Abstimmung an diesem Freitag im Bundestag zu gewinnen. Hilfe bekommen die beiden von CDU-Chefin Angela Merkel, deren kategorisches Eintreten für die neoliberalen Radikal-Vorschläge der Herzog-Kommission wie eine Schiene funktioniert, auf der das Gewissen von Ottmar Schreiner und Genossen zurückgleitet zur Fraktionsmehrheit – garniert mit Zugeständnissen, über die sich Stiegler „zusammen mit der ganzen Fraktion freut".

Das Raubtierlachen

Es hat also schon schlechter ausgesehen für den Kanzler. Wir besuchen ihn an einem Mittwoch, zwei Tage vor der Abstimmung, und seine Mehrheit scheint zu stehen. „Stetigkeit in der Verfolgung seiner Zwecke, Biegsamkeit in der Anwendung der Mittel" hat der britische Historiker Edward Gibbon dem römischen Diokletian attestiert. So ein Satz gefällt dem Kanzler. Er lacht sein schönstes Raubtierlachen und sieht dabei aus, als habe er soeben die sieben Geißlein verspeist.

Schröder hat sich ein Ziel gesetzt, das die Runderneuerung Deutschlands heißt, und er ist bei der Verfolgung dieses Ziels von der Rigorosität des Spätberufenen. „Repressive Macht", so doziert der US-Professor John Kenneth Galbraith, „erzielt Unterordnung durch die Fähigkeit, die individuellen oder kollektiven Präferenzen eines Einzelnen oder einer Gruppe mit derart unangemessenen oder schmerzhaften Gegenmaßnahmen zu belegen, dass die Betroffenen ihre Präferenzen aufgeben." So schön könnte es Schröder nicht sagen, aber exekutieren kann er das umso besser.

Ohne Schnörkel, ohne Schmonzes

In aufgeräumter Stimmung hat er am Mittag den peruanischen Staatchef Alejandro Toledo empfangen, der nach eineinhalbstündigem Gespräch strahlend und überwältigt vom Schröder'schen Charme verkündet, dass er „einen neuen Freund gefunden" habe, und diesen dann so herzhaft umarmt, als habe der ihm die Aufnahme seines Landes in die EU versprochen. Bei dieser Umarmung wirkt Schröder, obwohl nicht hochgewachsen, wie ein großer Mann, weil der Professor aus Peru so klein ist. „Das ist einer, der hat es noch viel schwerer gehabt als ich", sinniert Schröder anschließend über den neuen Freund, der in einer Mestizenfamilie mit zwölf Kindern aufgewachsen ist und in Stanford studiert hat.

Es ist Mittwochnachmittag, der Kanzler sitzt im Flugzeug nach Hannover, zum Gewerkschaftstag der IG Metall; man wird ihn sehr kühl empfangen dort und auspfeifen, darauf ist er eingestellt. Man wird ihn auf Plakaten einen „Sozialraubkanzler" nennen und auf Hunderten von schwarzen Schildern, die die Metaller vor sich auf den Tischen aufgebaut haben, wird stehen: „Diese Politik verdient keinen Beifall." Er fahre ja auch nicht da hin, sagt er, um sich Beifall abzuholen, sondern seine

Politik zu vertreten und dafür zu werben, dass „die sich auf die neuen Realitäten einlassen".

Schröder blättert durch das Manuskript, das man ihm vorbereitet hat, hält nichts „von dem ganzen Schmonzes bis Seite sechs", aber auch den Text ab Seite sieben braucht er nicht. Günther Horzetzky, der Leiter der Abteilung drei im Kanzleramt, packt die Rede wieder ein. Schröder weiß schon, was er heute sagen will und was er sagen muss und was, bei allen Details, die er vorzubringen gedenkt, bei den Leuten hängen bleiben muss, nämlich dies: Dass er, der Kanzler, weiß, was er will, und dass er sich davon nicht abbringen lässt – und dass er von den Gewerkschaften erwartet, sie sollten nicht nur sagen, was sie nicht wollen.

Vom Kanzler der Beliebigkeit, wie man ihn vor ein paar Jahren genannt hat, ist nichts mehr übrig geblieben. Gerhard Schröder ist sich offenkundig seiner selbst gewiss. Er lässt sich nicht irritieren von dem Mann mit Schröder-Maske, der ihm auf dem Weg in den Saal entgegenkommt und ein Schild hochhält, auf dem das Kürzel SPD als „Sozialpolitische Demontage Partei" ausbuchstabiert wird. Der Kanzler beginnt seine Rede ohne Schnörkel und Schmonzes, er verbeugt sich nicht nach dort und da, er gratuliert nicht erst lange dem neu gewählten IG-Metall-Vorstand, er beschwört nicht vorweg gemeinsame Werte und Überzeugungen, er vermeidet alles, was nach Anbiederung ausschauen könnte, schmiert keinem Honig um den Mund.

Hund Holly und die IG Metall

Er redet die Gewerkschafter als „Kolleginnen und Kollegen" an, und nur wenn er, die linke Hand in der Hosentasche, die Zwischenrufe kontert, greift er kokett-kumpelhaft zum Du. „Was hast du denn erwartet? Meinst du, ich komme hierher und sage, ich bin nicht von der Richtigkeit der Agenda überzeugt?", blafft er schnoddrig in die dritte Reihe. Die Versammlungsleiterin dankt ihm am Schluss „für die klaren Worte", es gibt zaghaften Beifall, der Kanzler redet noch eine halbe Stunde lang mit 25 Jugendlichen aus der IG Metall. Dann ein kurzer Abstecher nach Hause, ins Reihenhaus zur Familie, wo der Hund Holly sich erheblich mehr über das Herrchen freut als zuvor die IG-Metaller.

Wenn der Papst protestantisch wird

Soll er sich nachsagen lassen, dass er feige sei? Soll er es nur seinen Schildknappen zumuten, sich auspfeifen zu lassen? Die Schröderianer müssen viel aushalten, sobald sie in diesen Tagen und Wochen die Reformbunker in Berlin verlassen, um das, was sie dort beschlossen haben, an der Basis zu erklären. Doch erklären hilft nichts, wenn viele Sozialdemokraten im Land das fatale Gefühl haben, ihre Parteispitze sei einer Irrlehre, dem Neoliberalismus, erlegen. Es ergeht – um in Ludwig Stieglers Assoziationswelt zu bleiben – gerade den treuen und aktiven Genossen wie braven Katholiken, die auf einmal feststellen, dass der Vatikan samt Papst protestantisch geworden ist. Da hilft es nichts, wenn in den Brüsseler *Brain Trusts* mit Respekt über die Schröder'schen Häresie-Pakete gesprochen wird. Die Fachleute in Brüssel haben ja keine Gefühle, sozialdemokratische schon gleich gar nicht, und sie müssen sich auch nicht wählen lassen

Die Genossen an der Basis, die ihre Pfeile auf Schröders Schildknappen abschießen, tun es auch aus verletzter Ehre – weil Schröder die Geduld nicht hat, die er bräuchte, um die Partei zu gewinnen, weil er sie vermutlich gar nicht mehr haben will. Der Kanzler hat keine Zeit für Geduld, er hat fünf Jahre vertan und er hat offenkundig das Gefühl, dass er jetzt nicht auch noch darauf warten kann, dass die Partei dort ankommt, wo er selbst schon steht. „Der Gerd" sagen sie zwar in den Ortsvereinen, wenn sie von ihrem Parteivorsitzenden reden. Aber nicht wenige zweifeln, ob er noch einer von ihnen ist. Sie suchen in ihm den authentischen Sozialdemokraten, den Bebel-Schumacher-Ollenhauer-Brandt – und finden ihn nicht. Sie halten ihn für einen Kuckuck im Nest der Sozialdemokratie, verdrängende Kraft hat er ja: Die Zahl der Mitglieder sinkt und sinkt. Die hessische Landeschefin Andrea Ypsilanti klagt, dass es gerade die treuesten und aktivsten Mitglieder seien, welche die Partei verlassen. Bei 661 278 (Stand 31. August 2003) ist die SPD jetzt angelangt. In den guten Zeiten, lange vor Schröder freilich, war es eine Million.

Schröders Stahlgewitter

Die Parteibasis sucht den roten Faden in Schröders Innenpolitik – und findet nicht nur keinen roten, sondern gar keinen. In der Tat: Fast fünf Jahre lang hat Schröders Wirtschafts- und Sozialpolitik ausgesehen wie der Schnittmusterbogen eines verwirrten Couturiers, fast fünf Jahre hat Schröder nur situativ entschieden. Die ersten Jahre saß der Autokanzler im Kanzleramt wie in einem luxuriösen Leihwagen, und er fuhr alle paar Kilometer an die Zapfsäule, um Umfragen zu tanken.

„Jetzt bist du ein richtiger Bundeskanzler." – Es war während der Irak-Krise, als Sigrid Krampitz, Schröders Büroleiterin, die ihn seit seinen Urzeiten kennt, die Verwandlung bemerkte. Das war, als hierzulande noch viele für Bush und Rumsfeld das Rauchfass schwangen, Deutschland in hysterischen Kommentaren an die Seite Kubas gestellt und Schröder die Isolation angedichtet wurde. Dass der Kanzler, erst stolpernd, dann immer sicherer, das irakische Stahlgewitter mied, das war sein Stahlgewitter. Damals ist der Luftikus in ihm verschieden.

Vielleicht ist es ja mit einem Bundeskanzler so ähnlich wie mit Kohlenstoff: Der braucht ungeheuer viel Druck und sehr hohe Temperaturen, dann kann, unter günstigen Bedingungen, ein Diamant daraus werden. Die günstigen Bedingungen gibt es nicht. Schröder aber hat jedenfalls den Druck ausgehalten und später erlebt, wie ihm die irakischen Ereignisse recht gaben. Er hat wider alle Prognosen und höchstpersönlich das Blatt gewendet und die verloren geglaubte Bundestagswahl 2002 doch noch gewonnen. Das hat ihn verändert. Es gibt ihm die Souveränität, sich als Parteichef über die Partei zu erheben. Er schaue auch nicht mehr so süchtig auf seine aktuellen Popularitätswerte, heißt es in seiner Umgebung. Er hat die Droge gewechselt.

Seine Reputation außerhalb Deutschlands ist heute weit höher als im Lande selbst. Im Gefolge des Irakkrieges hätte er Deutschland, wenn er so rücksichtslos wäre wie Chirac, zum Sprachrohr des globalen Antiimperialismus machen können – was er glücklicherweise vermieden hat. Ein wenig ergeht es ihm nun wie dem Propheten, der bekanntlich im eigenen Land nichts gilt. Auf der internationalen Bühne bewegt er sich so dominant und souverän wie zu Hause, in den EU-Räten kennt er jeden. Er labert nicht wie so viele andere, sondern redet zum Punkt, ein EU-Kommissar attestiert es ihm voller Respekt.

Wie leicht man es jubeln lassen kann

Die große Liebe zur internationalen Politik hat er noch nicht entwickelt, aber er lernt die große Bühne nicht zuletzt deswegen zu schätzen, weil er dort viel stärker unter Kontrolle hat, was passiert, als zu Hause. Dort ist Glanz, zu Hause Gewusel. Und offenbar substituiert die internationale Achtung, die der Bundeskanzler verspürt, eine Zeit lang die Belobigung durch die *Bild*-Zeitung. Mag sein, dass es ihm dabei auch oft wie dem Fuchs ergeht, dem die Trauben zu hoch hängen.

Wieder im Flugzeug. Ein merkwürdiges Krächzen kommt aus dem Kanzlersessel: „Aus! Aus! Das Spiel ist aus!" Schröder hält sich eine Einladungskarte ans Ohr und lauscht, als höre er das Orakel von Delphi. Beifall ist zu vernehmen, wie aus weiter Ferne. Und jetzt deklamiert Schröder, was da auf der Karte zu lesen steht: „Jedes Kind braucht einen Vater. Jeder Mensch braucht einen Traum. Jedes Land braucht eine Legende". Es ist ein Pathos, wie es der Kanzler eigentlich nicht mag, aber dieser Satz gefällt ihm. Er steht auf der Einladung zur Premierenfeier des Films in Essen: „Das Wunder von Bern". Wenn man die Karte aufklappt, hört man den Beifall aus dem Jahr 1954 und den heiseren Jubel des Reporters Herbert Zimmermann, und der Kanzler klappt die Karte immer wieder auf und zu, mit kindlicher Freude darüber, wie leicht man es jubeln lassen kann.

Dreimal geheult

Noch wirkt er keineswegs verzweifelt darüber, dass er selber so wenig Jubel und so viel wütenden Widerstand gegen seine Reformen erfährt. Der große Test kommt aus seiner Sicht erst 2005, bei der Landtagswahl in Nordrhein-Westfalen. Bis dahin müssen die Reformen, sagt er, „nicht nur durch sein, sondern auch wirken" – und die Leute überzeugt haben. Schröder weiß gut, was passiert, wenn nicht: Dann wirken die Landtagswahlen auf die SPD wie ein Feuer in einem Theater, dann bricht Panik aus.

An diesem Abend in der Essener Lichtburg geht es nicht primär um das Wunder, auf das Schröder hofft. Die Rohfassung des Films über das „Wunder von Bern", eine Hymne auf Helmut Rahn, hat der Kanzler schon gesehen. Zehn Jahre war er alt 1954, und er erzählt vom Film fast so, als wäre es ein Werk über seine eigene Jugend, als er, der Mittelstürmer „Acker", im Turn- und Sportverein Talle spielte. Er kennt die Welt der traurigen Väter und der resoluten Mütter der Nachkriegszeit, es ist die Welt, in der er groß geworden ist und „in

der die Menschen in diesem Deutschland angepackt und zu-
sammengehalten haben".

Doch will er „keine vordergründigen Parallelen ziehen".
Aber wenn sie sich doch aufdrängen, weil die beiden so ähnlich
sind, der aufstrebende SPD-Politiker Schröder und der Fuß-
ballheld Rahn von 1954, der ja auch vor Tatendrang krachte,
der sich ja auch schwertat mit der Mannschaftsdisziplin, der
aber das Tor schoss, das eine ganze Nation aus der Depression
riss – wenn man ihm das suggeriert, und sei es nur im Scherz,
dann schaut Gerd Schröder so selig wie zuletzt am Abend der
Bundestagswahl von 2002.

An diesem Mittwochabend hat Schröder keine Zeit für das
ganze Wunder. Er muss nach Brüssel, will aber die Premiere
wenigstens eröffnen und vor den 1500 Gästen, die ihm gewo-
gener sind als zuvor die Gewerkschafter, demonstrieren, dass
er die Mannschaft von 1954 auswendig aufsagen kann. Und
er bekennt, er habe bei der Vorführung der Rohfassung „geheult", dreimal – und „so ein bisschen Gefühligkeit" sei „ doch
auch schön".

Auf dieses „bisschen Gefühligkeit" wartet die sozialdemokratische Partei des Parteichefs Gerhard Schröder ebenfalls.
Aber, wie sagt er am Ende seines Premieren-Grußworts und
vor dem Abflug nach Brüssel? „Dienst ist Dienst."

Der Kaiser Diokletian hat übrigens am Ende freiwillig der
Macht entsagt. So etwas imponiert dem Kanzler Schröder,
„weil es ja noch ein Leben nachher gibt". Und er könnte sich,
sagt er, schon vorstellen, die Sache an einen Nachfolger zu übergeben. Aber es sei ja noch keiner da.

Oskar Lafontaine Die Journalisten haben ihn schon den „Napoleon von der Saar" genannt, als er noch junger SPD-Oberbürgermeister von Saarbrücken war. Er war saarländischer Ministerpräsident von 1995 bis 1998, Kanzlerkandidat der SPD kurz vor der deutschen Wiedervereinigung, als SPD-Chef seit 1995 machte er Gerhard Schröder zum Bundeskanzler. Er wurde dessen Finanzminister, im Streit mit Schröder und dessen Politik trat er aus der SPD aus, gründete zusammen mit Gregor Gysi „Die Linke". Wegen einer Krebserkrankung zog er sich Ende 2009 von seinen Ämtern im Bund zurück. Aus dieser Zeit stammt das Porträt.

Erschienen in der Süddeutschen Zeitung am 30. Januar 2010

Die Geschichte kann kommen

Keine langen Reden, gerne aber ein Bordeaux im „Le Noir" – ein Abend mit Oskar Lafontaine in Saarbrücken

E s gibt Tage, da kommt einem am Morgen eine Melodie in den Kopf, und man wird sie bis zum Bettgehen nicht mehr los. Manchmal stammt sie vom heroischen Beethoven, manchmal ist es das lächerliche Lied von den Schlümpfen. Man kann sich das nicht aussuchen, die Melodie ist auf einmal da; und wenn es das Lied von den Schlümpfen ist, geniert man sich vor sich selbst und ist froh, dass die innere Stimme nicht so laut tönt, wie Guido Westerwelle redet.

Diesmal, an diesem grauen Wintertag auf dem Weg nach Saarbrücken, handelt es sich weder um Beethoven noch um die Schlümpfe. Eigentlich wäre wohl „Die Internationale" angebracht auf der Fahrt zu Oskar Lafontaine, also das Lied vom letzten Gefecht, aber so billig funktioniert das Unterbewusstsein nicht. Es ist ein ziemlich merkwürdiger Ohrwurm, der sich da kringelt, während ich die 123 Artikel sichte, die ich in 22 Journalistenjahren über Lafontaine geschrieben habe. Es ist kein Lied, sondern eine etwas schwülstige Ballade von August von Platen. Sie legt dar, wie die Goten ihren toten Führer Alarich in einem Fluss namens Busento begraben.

Die eingängigen Reime schildern eine Szene aus der Zeit, in der die Goten das römische Weltreich sekkierten. Ähnlichkeiten mit der Politik der Linken herzustellen, erscheint eher gequält. Die Ballade beginnt mit den berühmten Zeilen: „Nächtlich am Busento lispeln, bei Cosenza dumpfe Lieder / Aus den Wassern schallt es Antwort und in Wirbeln klingt es wider."

Ein anständiger Weißwein

Die Saar hat mit dem Busento und Saarbrücken mit Cosenza ziemlich wenig zu tun. Und: Lafontaine sitzt an diesem späten Donnerstagnachmittag sehr lebendig, fast aufgekratzt vor mir in einem kargen Landtags-Büro und wir trinken einen sehr anständigen Weißwein von der Obermosel, einen Auxerrois vom Weingut Schmitt Weber. Der Auxerrois ist eine natürliche Kreuzung von Pinot und Gouais Blanc. Lafontaine sieht eigentlich nicht krank aus, und doch ist es so: Der Krebs beendet die Karriere eines Mannes, der bundesdeutsche Geschichte, einen Kanzler, zwei Parteien und einmal die Fliege gemacht hat. Am kommenden Montag, am 1. Februar, scheidet Lafontaine aus dem Deutschen Bundestag aus. Er legt den Parteivorsitz der Linken nieder, er verabschiedet sich aus der Bundespolitik – diesmal wohl für immer.

Winkel- und Rückzüge

„Das ‚wohl' bitte streichen", sagt er, und räkelt sich. Er sagt das nicht zerquält und grüblerisch, sondern auf fast heitere Weise. Der Mann hat eine schwere Operation hinter sich, eine radikale Prostatektomie, das ist die komplette Entfernung der Vorsteherdrüse. Er hat das nicht freiwillig so offen bekannt, über so etwas redet man nicht gern. Aber er tut es, weil er keine Spekulationen mehr aufkommen lassen will, diesmal nicht. Über echte und angebliche Winkel- und Rückzüge Oskar Lafontaines ist immer schon viel gemutmaßt worden.

„Lafontaine, warum", heißt einer der früheren Leitartikel, den ich über ihn geschrieben habe.

Warum und zu welchem Ende hat er Scharping gestürzt, nachdem er ein paar Jahre vorher den SPD-Vorsitz abgelehnt hatte, den Hans-Jochen Vogel ihm auf Knien anbot? Warum hat er den Bundesrat blockiert, warum Gerhard Schröder und sich nicht selbst zum Kanzler gemacht, warum hat er nicht nur das Amt des Finanzministers, sondern auch noch das des SPD-Parteivorsitzenden hingeworfen, warum die SPD verlassen, warum die Linke gegründet? Warum?

Der Da-Vinci-Code der deutschen Politik

Alle Antworten darauf sind hundertmal gehört, gedreht und gewendet worden: das machtvolle Ego, das missionarische Ego, das beleidigte Ego, das von Schröder brüskierte Ego, das von der Attentäterin Adelheid Streidel schwer verletzte Ego. Der Messerstich in den Hals des Kanzlerkandidaten. Die Lafontainologie, die Interpretation der oskarischen Psyche, gehört zu den roten Fäden von vierzig Jahren deutscher Politik. Wie aus dem Retter der SPD von 1995 ihr Zermalmer im Jahr 2005 und der Gründer der Linkspartei wurde – das ist der Da-Vinci-Code der deutschen Politik.

Beim langen Reden an diesem Donnerstagnachmittag und -abend fügt Oskar Lafontaine zu den schon bekannten Versionen über die Entstehungsgeschichte der Linken noch eine neue, bisher ungehörte hinzu: Der deutsche Journalismus habe seinen Anteil daran gehabt. Es sei nämlich auch die öffentliche Verachtung gewesen, die Maßlosigkeit der Kritik an ihm in den Jahren 1999 ff., den Jahren nach dem Rücktritt vom SPD-Parteivorsitz, die ihn getrieben habe, es doch noch einmal allen zu zeigen: nicht nur Schröder, Genossen und Konsorten, sondern auch einer kläglichen Journaille. Heute freut er sich über die Journalisten, die sich in Zeiten der Bankenkrise der kurzen Amtszeit des Finanzministers Lafontaine erinnern, der damals alleine das wollte, was heute fast alle wollen: Die Finanzmärkte regulieren. Er sei damit zehn Jahre zu früh dran gewesen.

Lafontaine registriert, wer Abbitte geleistet hat. Arno Widmann zum Beispiel, der Feuilletonchef der *Frankfurter Rundschau*. Der habe schon zu Beginn der Bankenkrise geschrieben, Oskar Lafontaine sei ihm als Finanzminister vorgekommen wie der kleine Mann, der seine Fäuste ballte und sie gegen Leute erhob, die mit dem Bruchteil ihres Jahreseinkommens die ganze SPD hätten kaufen können: „Sein Fäusterecken hatte etwas Lächerliches. Doch Lafontaine hatte recht." Er hatte recht – das ist das Gefühl, das Lafontaine die Rückkehr ins Saarland erleichtert. Er hatte recht, sagt er sich, auch mit seiner Kritik an Hartz IV, und er hadert noch immer mit den Gewerkschaften, die damals, wie er meint, einen Generalstreik gegen Schröders Agenda hätten wagen sollen.

Lebenshunger

Macht er jetzt das Saarland zum Hort des Widerstands gegen Berlin? Das muss keiner fürchten, nicht einmal der Landtag von Saarbrücken. Der ist für ihn eher ein politisches Austragshäusl, da ist für das Wichtigste gesorgt. Da zieht der Bauer ein, wenn er den Hof an den Erben übergeben hat.

Prostatakrebs: Man muss kein Arzt sein, um zu wissen, was das bedeutet. Urologen sagen, dass so eine Operation einen jeden Mann psychisch schwer dätscht. Lafontaine sieht man das nicht an. Er greift zum Weinglas und das Klingen der Gläser ersetzt den Trinkspruch „Gesundheit". Er darf trinken, das heißt: er kriegt keine Chemotherapie. Die Ärzte sind sich ziemlich sicher, dass der Krebs nicht gestreut hat, dass es keine Metastasen gibt, auch keine Mikrometastasen. Und es ist, als ersetze Lafontaine seinen unbändigen Machtwillen durch einen unbändigen persönlichen Lebenswillen: „lebensverbunden" sei er, bekennt er, ja „lebenshungrig"; und wenn der Schnee wieder geschmolzen sei, müsse er unbedingt wieder viel laufen, er habe drei Kilo zugelegt in den vergangen Monaten.

Man kann sich nicht vorstellen, dass ihn künftig seine Pfunde wirklich mehr kümmern als die Prozente der Linkspartei. Aber er hat sich einige Aphorismen zurechtgelegt, um das zu bekräftigen: von Somerset Maugham, von Camus und von Oscar Wilde. Letzterer habe, behauptet er, über den Sozialismus gesagt, der sei eine schöne Sache, „aber es gehen zu viele Abende dabei drauf". Lafontaine sagt dann plötzlich sehr klar: „Ich will leben. Und zwar am liebsten 325 Jahre." Gerade weil er die „Endlichkeit des Daseins" zweimal sehr intensiv gespürt habe. Er spricht von der „vita contemplativa", auf die er sich freut. Und er muss nicht lachen dabei. Das Leben in der Politik habe er restlos ausgekostet – die Lust am Reden, Agitieren, Polemisieren, Überzeugen, die Lust daran, Machtstrategien zu entwickeln und erfolgreich durchzusetzen; die Lust, über Jürgen Habermas und Antonio Negri nachzudenken und diese Gedanken dann bierzelttauglich zu übersetzen; die Lust auch, es Verächtern zu zeigen – und deren Verachtung wieder in Achtung und Respekt zu verwandeln. Er hat es geschafft. Lafontaine ist noch nicht richtig weg aus der Bundespolitik, und schon wird sein Fehlen selbst von den Konservativen bedauert.

Irgendwann ist jetzt

Wir sitzen in dem nüchternen Büro des Fraktionschefs der Linken im Landtag des Saarlandes. Kein Schmuck, keine Bilder, keine Blumen, keine Erinnerungen. Es sieht unbehaust aus in diesem Büro. Grauer Teppichboden. Nicht der kleinste Klimbim auf dem schwarzen Schreibtisch. Lafontaine hat bei der Landtagswahl Ende August sensationelle 21,3 Prozent für die Linke errungen, er hat die CDU auf 34,5 Prozent

gedrückt. Sein Büro aber sieht so aus, als sei es selbst überrascht vom Entschluss Lafontaines, hier seinen politischen
Lebensabend zu verbringen. Nicht einmal seine Bürochefin
Katja Groeber, die seit 2002 für ihn arbeitet, hat es gewusst.
Der Mann ist nun in ein Büro eingezogen, das aussieht, als
gehöre es dem Gebietsleiter der AXA-Versicherung. Aber er
sitzt da, als säße er im Bundeskanzleramt. Er sagt, er sei mit
sich im Reinen. Er sagt, er habe sich den Rückzug lange und
genau überlegt. Er sagt, dass irgendwann Schluss sein müsse mit der Bundespolitik. Dieses Irgendwann sei genau jetzt.
Lafontaine hat die Bitte des Kollegen Gysi abgelehnt, noch eine letzte große Rede im Bundestag zu halten, eine Rede zur
Weltlage, zu Afghanistan. Aber Lafontaine wollte nicht, dass
ihm der Bundestagspräsident noch ein paar warme Worte
nachruft. Keine Sentimentalitäten.

Man ist immer viele Menschen

Der Krebs hat entschieden. Oskar Lafontaine ist seinem
Körper nicht böse, im Gegenteil. Fast scheint er ihm dankbar zu sein. Lafontaine klagt mit keinem Wort über körperliche Hinfälligkeit, er fühle sich auch nicht hinfällig. Fällig
sei nur sein Rückzug, und der aus seinem Körper herausge-
schnittene Krebs sei nun mal der richtige Anlass zum Aufhören. Vor 44 Jahren sei er in die SPD eingetreten, Vorsitzender
der Jungsozialisten geworden, seit 44 Jahren habe er nun Politik gemacht. Die Journalisten haben den Mann schon den
„Napoleon von der Saar" genannt, als er noch junger SPD-
Oberbürgermeister von Saarbrücken war und dem SPD-
Kanzler Helmut Schmidt mit Verve widersprach, als der sich
stark machte für eine Nachrüstung mit atomaren Mittelstreckenraketen.

   „Männer machen Geschichte", hat Heinrich von Treitschke
vor 130 Jahren gesagt. Der Spruch ist etwas simpel, weil er die

gesellschaftlichen und politischen Umstände, weil er die politischen und sozialen Rahmenbedingungen außer Acht lässt. Gegen diese Bedingungen können Personen nicht auf Dauer agieren, sehr wohl aber mit ihnen. Wäre der Krebs fünf Jahre früher gekommen, gäbe es keine Linkspartei und keine Fünf-Parteienlandschaft in Deutschland. Der Politiker Lafontaine hat Deutschland verändert. Hat nun der Krebs ihn verändert? Lafontaine glaubt: Nein. „Man ist immer viele Menschen", sagt er und meint damit, dass man viele verschiedene Seiten habe. Der Krebs hat demnach den Oskar Lafontaine in ihm stark gemacht, der schon so lange über das Aufhören nachgedacht hatte.

Wenn der Krebs nicht gekommen wäre, dann hätte er wohl noch zwei Jahre lang als Parteichef der Linken weitergewerkelt. Und in zwei Jahren hätte man ihm dann, so weiß er, in der Partei gesagt: „Jetzt steht die Bundestagswahl vor der Tür, jetzt kannst Du keinesfalls gehen!" Hätte er dann noch einmal als Spitzenkandidat antreten sollen? Bei der nächsten Bundestagswahl wird Lafontaine siebzig Jahre alt sein. Hätte er altersmäßig in die Fußstapfen Adenauers treten sollen? Man hat den Physiker Lafontaine einmal mit einer Dampfmaschine verglichen. Er selber hat schon länger gemerkt, dass ihm der Dampf ausgeht, er hat gespürt, wie er sich immer stärker programmieren und konditionieren muss. Sollte er warten, bis man ihm Abnutzungserscheinungen anmerkt?

Schwarzweißmalerei und Leidenschaft

Jetzt, nach dem Krebs, „kann mir keiner mehr Egoismus vorwerfen, wenn ich gehe". Aber die Linke steht doch, halte ich ihm vor, noch lange nicht stabil da, und die Nachfolger, seien die nicht eigentlich sehr schwach? Auf solche Fragen will sich Lafontaine nicht einlassen: „Wenn man Angst hat, dass es schiefgehen könnte, dann lässt man nie los." Und so sieht sich

Lafontaine mit achtzig am Fernsehschirm sitzen und seiner Partei aus der Ferne mit dem Stock drohen – „denn das Temperament wird mich nie verlassen". Wann kommt die rot-rot-grüne Koalition? Oskar Lafontaine zieht die Schultern hoch. Er kennt keinen in der SPD, der das strategisch vorbereiten könnte und zu diesem Zweck den Linken Forderungen auf den Tisch knallen würde.

Nichts ist so stark wie eine Idee, deren Zeit gekommen ist – der Satz steht in Victor Hugos „Die Elenden" aus dem Jahr 1862; der Roman handelt davon, wie ein entlassener Sträfling durch viele Opfer den Weg innerer Läuterung und Heilung geht. Das Buch ist ein rechter Schmachtfetzen – volkstümlich, eingängig, voller Schauermotive und simpler Symbolik, voller Rührseligkeit, Schwarzweißmalerei und Leidenschaft, ein Roman, der eine tiefgreifende Reform der Gesellschaft fordert. Dieses Buch sei, so erklärte Lafontaine gern seinem Publikum, das Lieblingsbuch seiner Jugend gewesen (die er als Bub einer katholischen Arbeiterfamilie im bischöflichen Konvikt in Prüm in der Eifel zugebracht hat). Seine Wahlkampfreden – natürlich wird er sie noch weiter halten, im nordrhein-westfälischen Landtagswahlkampf zum Beispiel – sind so wie das Buch von Victor Hugo. Und fast hat man den Eindruck, er fühlt sich nach seinem Rücktritt wie der geläuterte Häftling.

Der genialste aller Enkel

Lafontaine ist nicht Kanzler geworden, obwohl er wie nur wenige andere das Zeug dazu gehabt hätte. Ihm spielt nicht das Musikcorps der Bundeswehr den Zapfenstreich zum Abschied aus Berlin. Es ist ein stiller Abschied ohne Trara. Aber in die Stille lispelt der Fluss der Geschichte: Mehr als dreißig Jahre nachdem Willy Brandt zum Kanzler gewählt wurde, und elf Jahre nach dessen Tod geht nun mit dem Rückzug Lafontaines die Ära Brandt endgültig zu Ende. Lafontaine war der Letzte der politischen Enkel Brandts, der noch große Politik gemacht hat. Alle anderen sind schon im Jahre 2005 zusammen mit Schröder abgetreten: Die Eichels, die Wieczorek-Zeuls und Clements, die ganze Truppe also, die von Willy Brandt politisch erweckt, von Helmut Schmidt gebeutelt, von Hans-Jochen Vogel belehrt und von Johannes Rau befriedet worden ist. Lafontaine war der genialste von ihnen, Schröder der brutalste. Machiavellistisch waren sie beide. Scharping war der unglücklichste. „Vergesst mir den Pfälzer nicht", soll Willy Brandt über ihn gesagt haben; aber Scharping ist längst vergessen. So endet die Ära Brandt. Das Pathos der Ballade vom Busento und vom toten Alarich ist also doch nicht so falsch.

It's all over now

Bald wird die Heldenverehrung beginnen. Und wird sie nicht eher Lafontaine gelten als Schröder? Oskar Lafontaine wird dann im Le Noir sitzen, einem ganz vorzüglichen französischen Lokal in Saarbrücken, das sich gerade einen Michelin-Stern erkocht hat; dort haben wir soeben unser Gespräch abgeschlossen. Er wird Bouillabaisse löffeln und Bresse-Poularde essen, einen Bordeaux dazu trinken, und er wird von seinen Ausflügen nach Lothringen erzählen.

Er ist stolz darauf, dass man so gut essen kann in seiner Heimat. Der Maître des Le Noir steht nun vor dem Restaurant, um uns zu verabschieden. Lafontaine fährt in sein großes Haus, das Spötter den „Palast der Gerechtigkeit" nennen. Er fährt nach Hause zu Frau, Kind, Schwiegermutter, Hund und Katze. Es ist noch nicht so spät. Vielleicht spielt er noch Canasta heute abend. It's all over now.

Peer Steinbrück Er war sozialdemokratischer Ministerpräsident in Nordrhein-Westfalen, Bundesfinanz-minister der großen Koalition unter der Kanzlerin Angela Merkel von 2005 bis 2009. Bei der Bundestagswahl von 2013 unterlag er als Kanzlerkandidat der Amtsinhaberin Angela Merkel. Er hat ein Lieblingstier: das Rhinozeros. Davon handelt die Laudatio aus dem Jahr 2011.

Auszug aus der Laudatio zur Verleihung des Cicero-Redner-Preises an Peer Steinbrück am 20. Mai 2011 in Bonn

Harte Schale, weicher Kern

Er ist ein Sprachfetischist mit britischem Humor: „Wer sich nicht einmischt, muss sich nicht wundern, wenn er von Dümmeren regiert wird als er selbst".

Nashörner, lateinisch Rhinocerotidae, sind keine Kuscheltiere. Es sind eigentümlich ungeschlachte Tiere, groß und massig, mit kurzen Beinen. Es dürfte schwer fallen, unter den Säugern einen zu finden, der, wie das Nashorn, einen Zehn-Zentner-Leib auf Dackelfüßen spazieren führt, wie der Dichter und Verleger Michael Krüger schwärmt. Schön im eigentlichen Sinn wird man die Nashörner nicht nennen können, aber eindrucksvoll.

Selbst der Elefant fürchtet sich

Das Rhinozeros ist eine der imposantesten Kreaturen überhaupt. Selbst der Elefant fürchtet sich vor ihm und seinem gewaltigen Horn. Dabei ist das gewaltige Tier kein Jäger, es ist kein Tier, das andere hetzt; es frisst Grünzeug – Gras, Blätter und Wurzeln. Es ist also ein höchst friedliches, gutmütiges Tier, das man allerdings nicht reizen sollte. Dann verwandelt sich das Nashorn in eine rasende Kampfmaschine, in einen galoppierenden Panzer, der alles niedertrampelt, was ihm in den Weg kommt. Fünfzig Stundenkilometer schnell ist das Tier, schneller als der schnellste Mensch laufen kann –

und kurz vor dem Ziel bremst das gewaltige Tier abrupt ab. Es macht zunächst nur einen Scheinangriff. Ist das Taktik? Wahrscheinlich ist es die Folge eines gewissen Gebrechens: Ein Rhinozeros sieht unglaublich schlecht. Die Bullen jagen zwar mit Vollgas aufeinander zu, bleiben aber kurz vor dem Zusammenprall stehen um zu sehen, mit wem sie es überhaupt zu tun haben.

Warum mag Steinbrück Rhinozerosse?

Warum wählt sich Peer Steinbrück so ein Tier zum Lieblingstier? Warum mag Steinbrück Rhinozerosse? Warum stellt er sich nicht einfach, wie es Hans Eichel getan hat, Sparschweine ins Büro? Warum sagt er nicht einfach, in seiner knarzigen Bissigkeit und angesichts des guten Appetits, der ihm eigen ist: Mein Lieblingstier ist ein Steak? Warum hat Steinbrück keinen Wellensittich, wie sein Vorbild und Held Winston Churchill? Churchill hat sein Tier vorausfliegen lassen, wenn er an der Riviera Urlaub machte. Warum wählt sich Steinbrück nicht einfach, wie die meisten unserer Landsleute, einen Labrador, einen Golden Retriever, eine Perserkatze oder wenigstens ein Meerschweinchen als Haus- oder Lieblingstier? Fast alle amerikanischen Präsidenten haben sich Hunde gehalten und sich mit ihren Hunden fotografieren lassen. Ein Hund erhöht die Sympathiewerte seines Herrchens: Wer einen Hund krault und streichelt, kann kein schlechter Mensch sein – auf diese Botschaft kommt es an.

Wieso verfällt Steinbrück nicht wenigstens, naheliegend für einen historisch denkenden Menschen wie ihn, auf den Löwen? So oft haben die großen Künstler, als Zeichen mächtiger Herrschaft, einen Löwen neben den Herrscher gemalt! Wann aber hat sich ein Maler dem Nashorn gewidmet? Mir fällt da nur das Nashornbild des venezianischen Rokokomalers Pietro Longhi ein und der Holzschnitt von Albrecht Dürer aus dem Jahr

1515 – welcher ein wunderliches, sagenhaftes Tier zeigt, ein Tier, das der große Meister selbst niemals gesehen hat, und das aussieht, als sei es mit Schabracken bekleidet.

Was fasziniert Peer Steinbrück am Rhinozeros? Suchen wir Hilfe bei Alfred Brehm, studieren wir eine der schönen alten Ausgaben von Brehms Tierleben: „Das Wesen der Nashörner", so steht da, „hat wenig Anziehendes. Sie fressen entweder oder schlafen; um die übrige Welt bekümmern sie sich kaum. Im Gegensatz zu den Elefanten leben sie nicht in Herden, sondern meist einzeln". Hmm! Das Einzelgängerische ist also eines der Merkmale des Nashorn. Und das Urige auch: „Das Wälzen im Schlamm tut ihnen so wohl, dass sie dabei knurren und grunzen und sich von dem behaglichen Bade sogar hinreißen lassen, die ihnen sonst eigene Wachsamkeit zu vernachlässigen." Aha. Und dazu kommt das Überraschende, das, was man ihnen ganz und gar nicht ansieht: Nicht nur die Geschwindigkeit, die sie entwickeln können, sondern auch die unvermutete, weil verborgene Sensibilität, vielleicht eine weiche Seele, ein Seelchen hinter dem Panzer: „Alle Bewegungen sehen unbeholfener aus, als sie tatsächlich sind", sagt der Brehm, und das Tier vernehme „das leiseste Geräusch noch auf weite Entfernungen". „Ihre Störrischkeit und Eigenwilligkeit", so fasst der Brehm zusammen, „übersteigt alle Begriffe". Kurzum: Das Nashorn ist das Tier der ganz harten Schale und des eher weichen Kerns.

Nicht in der Herde trotten

Dieses Tier macht Eindruck, es ist kraftvoll, durchsetzungsstark und ein wenig unberechenbar. Es trottet nicht in der Herde, es sucht keinen Anschluss, sondern seinen Weg, geradlinig. Es schlägt keine Haken, es kriecht nicht durchs Dickicht, es schleicht sich nicht an, für solche Sachen eignet es sich nicht. Und es kümmert sich wenig darum, was andere von ihm halten. Es vertraut sich und seiner großen Kraft. Vor welchem anderen Tier sollte sich die globalisierte Finanzwelt fürchten? Welchem anderen Tier würden die internationalen Großbanker, um es zu beruhigen, die Transaktionssteuer vor das breite Maul legen? Wer wie Steinbrück dafür bekannt ist, dass er klar und deutlich redet, dass er kein Blatt vor den Mund nimmt und schon mal sehr laut wird – dem imponiert es sehr wahrscheinlich, was man sich vom Nashorn erzählt: Das Nashorn ist sogar dann noch laut, wenn es schläft. „Das dröhnende Schnarchen des schlafenden Nashorns vernimmt man", sagt der Brehm, „auf eine gute Strecke hin." So etwas mag Steinbrück auch: wenn man sein Organ hört.

Grünzeug und Bücher

Und – was sagt uns Steinbrücks Lieblingstier nun politisch? Ist ein Rhinozeros rechts oder ist es links? Nun – vor allem ist es schwer. Das Rhinozeros entzieht sich den gewohnten Einteilungen. Man braucht wohl heute dessen Massigkeit, um den Schwächeren einen Weg zu bahnen, wie es sich die SPD seit jeher als Aufgabe gestellt hat. Ist das Nashorn grün – oder ist es des Grünen Feind? Im Brehm ist aufgelistet, welche Mengen an Grünzeug es frisst (pro Tag 20 Kilo Heu, drei Kilo Hafer, 15 Kilo Rüben und sonstiges Blattzeug). In seiner Zeit als Ministerpräsident von Nordrhein-Westfalen hat sich Steinbrück jedenfalls als Grünenfresser erwiesen und er hätte ums Haar, wären da nicht Franz Müntefering und die Bundes-SPD vorstellig geworden, die damalige rot-grüne Koalition in Düsseldorf gekündigt, um stattdessen mit der FDP zu koalieren.

Aber noch lieber als Grünzeug frisst Steinbrück Bücher, philosophische und ökonomische, komische auch, er mag nämlich Comics. Und er mag vor allem die Krimis des hierzulande sehr unterschätzten US-amerikanischen Autors von Politthrillern Thomas Ross, der sich durch geistreiche Entlarvungen des amerikanischen Politikbetriebs auszeichnet. Die Helden von Ross sinnieren nicht viel, sie sind aber hin- und hergerissen zwischen persönlicher Integrität und politischer Loyalität. Peer Steinbrück könnte gewiss der Held in einem Roman von Thomas Ross sein: „Was er nicht weiß, macht ihn nicht kalt."

Wer sich ein Rhinozeros als Lieblingstier erwählt, der ist ein anderer Typ von Politiker als die meisten anderen. So einer scharwenzelt nicht, so einer blödelt im Wahlkampf nicht mit Kindern, so einer kuschelt nicht mit Omas, so einer streichelt keine Koalabären. Das kann Steinbrück nicht, das kann er jedenfalls nicht so gut wie andere. Für das Gefühlige fühlt er sich nicht zuständig. Steinbrück will nicht von jedem gemocht werden und er mag auch nicht jeden. Er will vor allem recht haben. Und er hat eine Freude an Kraftausdrücken, an handfest kernigen Formulierungen. Da erinnert er mich, wenn ich Stimmfärbung und Timbre außer Acht lasse, an meinen bayerischen Landsmann Franz Josef Strauß, der ja auch einmal, wie Peer Steinbrück, in einer großen Koalition ein angesehener Finanzminister war und der, wie Steinbrück, wenn auch ganz anders gefärbt, ein politischer Großgeneralist war mit Spezialgebiet Ökonomie.

Das Jammertal als Ausflugsort

Strauß sagte gern, er sei Mitglied im Verein für deutliche Aussprache. In diesem Verein ist heute Steinbrück der Schatzmeister. Ein paar Beispiele: Die parteiinternen Kritiker der Agenda-Politik von Kanzler Gerhard Schröder nannte er „Heulsusen"; den Deutschen attestierte er, ihr beliebtester Ausflugsort sei das Jammertal; dem Steuerparadies Schweiz drohte er mit der „Kavallerie", und er stellte die Schweiz, Österreich und Luxemburg in eine Reihe mit Ouagadougou, der Hauptstadt von Burkina Faso. Gern und oft sagt Stein-

brück, dass er nicht in jede Hose springt, die man ihm hin-
hält. Steinbrücks erste Sorge ist nicht die, ob sein Stil der richtige ist. Wenn er von der Sache, für die er streitet, überzeugt
ist, dann streitet er mit all seinen Mitteln für die Sache. Er ist
nicht ein Guttenberg, nicht ein Schröder, nicht ein Gabriel, am
ehesten noch hat er etwas von der Knarzigkeit und von der
ökonomischen Finesse eines Helmut Schmidt. Steinbrücks
Politikverständnis lehnt sich an das von Helmut Schmidt
an: „Pragmatisches Handeln zu sittlichen Zwecken." Steinbrück spielt nicht nur Schach mit dem Altkanzler, er lässt sich
auch von ihm belehren: Teile aus Steinbrücks dickem Buch
„Unterm Strich", insbesondere zur Bedeutung Chinas, sind
schmidtianisch.

Er ist kein Lächler

Peer Steinbrück ist nicht „michad", wie man in Altbayern sagt.
„Michad" ist einer, den man auf Anhieb mag, weil er so nett, so
herzig und so leutselig ist. Das ist Steinbrück nicht. Er ist kein
Lächler. Er ist eher einer, der die Lippen entschlossen zusam-
menpresst, auf unzähligen Fotos sieht man ihn so. Wenn er
einmal lacht, dann ist es eher ein Blecken. Steinbrück gehört
nicht zu denen, die einfach drauflosreden, die einfach labern,
wenn sie nicht wissen, was sie von einer Sache halten sollen.
Vielleicht hat das mit einer der Spruchweisheiten zu tun, die
er gern sagt: „Es ist besser, Unwissenheit durch Schweigen
vermuten zu lassen, als sie durch Reden unter Beweis zu stellen." Steinbrück ist keiner, der – wie sein politischer Lehrvater
Johannes Rau – mit ein paar liebenswürdig zugeneigten Be-
merkungen im Handumdrehen Leute für sich gewinnen kann.
Er will und er muss sie manchmal erst erschrecken mit seinem Spott und seinem pointierten Witz – und dann überzeugen mit seiner gedanklichen Schärfe, mit seinem Sach- und
Fachverstand. Aber das schafft er meistens.

Man mag ihn auf den zweiten und dritten Blick – und vor allem dann, wenn es ernst wird. Ob die Deutschen in der Welt-
finanzkrise, kurz vor dem globalen Abgrund, so ruhig geblieben wären, wenn nur Angela Merkel aufgetreten wäre, wenn
sie allein garantiert hätte, dass die Spareinlagen sicher sind?
Hätte man es ihr geglaubt? Neben ihr aber stand Steinbrück
und machte seinem Vornamen Ehre: Peer kommt von Peter und Peter von Petrus und Petrus heißt Fels. Innerhalb der
SPD, bei den linkeren Sozialdemokraten, gilt er immer noch
als der, der mit Schröder zusammen Hartz IV erfunden und
die SPD so entsozialdemokratisiert habe. Bei der Bevölkerung
ist der Schröder-Steinbrück vergessen. Sie hat Steinbrück
als den Krisen-Steinbrück im Kopf, als den, der das Land gut
durch die Krise gesteuert hat.

Ein elitärer Mensch

Steinbrück will nicht gemocht werden, weil er die Probleme
verpacken und einwickeln, sondern deswegen, weil er sie aus-
packen und lösen kann. Und er ist davon überzeugt, dass er
das hinkriegt. Er ist ein elitärer Mensch, der das Elitäre auf
seine Weise zelebriert: Er ist ein bissiger Exzentriker, ein pho-
netischer Grenzgänger, ein Sprachfetischist mit britischem
Humor. „Wer sich nicht einmischt", sagt er, „muss sich nicht
wundern, wenn er von Dümmeren regiert wird als er selbst".
Also hat er sich, wenn auch vielleicht noch zur Unzeit, in die
Kanzlerkandidatendiskussion eingemischt. Die Eliten, so hat
er 2009 in einem Beitrag für das Magazin *Cicero* geschrieben,
„müssen jetzt dazu beitragen, dass das schwindende Vertrau-
en der Bevölkerung in die soziale Marktwirtschaft und die
parlamentarische Demokratie zurückkehrt". Die Eliten – wer
ist das? Die Spitzenmanager? Denen hat Steinbrück vor ein
paar Monaten im *Manager-Magazin* „soziale Deformation"
vorgeworfen. Elite – wer ist das? Was ist das eigentlich? Sind

diejenigen Elite, die der Katze die Schelle anhängen? Diejenigen, die Wahrheiten aussprechen, die sich nicht viele zu sagen trauen? Wer ist Elite?

Idioten, gleichmäßig verteilt

Die deutschen Milchbauern, die arm dran sind, weil sie nicht mehr wissen, wie sie von ihren Kühen leben sollen, haben eine Verbandszeitschrift, die *Elite* heißt. Das ist anrührend anachronistisch, weil kein Mensch beim Wort „Elite" an Gras, an Kühe und an die Mühen der Herstellung von guten und gesunden Grundnahrungsmitteln denkt. Elite ist landläufig das Wort für „die da oben", und der Bauer gehört eher zu „denen da unten". Im Titel des *Magazin für Milcherzeuger* steckt also einerseits ein liebenswerter Anspruch, andererseits vielleicht ein bescheidener Protest – Protest dagegen, dass die Elite auf der anderen Seite der Gesellschaft verortet wird: dort, wo die Großmanager sitzen und die Eigner der Großhandelsketten, die den Bauern Hungerpreise diktieren. Und so gibt das Milchbauern-Magazin nicht nur Auskünfte über die Fütterung der Kühe, sondern führt zu einer fundamentalen Frage: Was macht eine Elite überhaupt aus? Geldfülle, Machtfülle, Genussfülle?

Die Eliten der Gesellschaft – es sind in Wahrheit die Kümmerer, diejenigen also, die sich in Wohlfahrtsverbänden, Feuerwehren, Sportvereinen und Bürgerinitiativen um das Gemeinwohl kümmern. Sie sichern die Zukunft der Demokratie.

Nun hat ja auch die Presse für den Zustand der Gesellschaft eine gewisse Verantwortung. Unsereins sollte also den Mund nicht zu voll nehmen bei der Klage über Elitedefizite. Vor einiger Zeit begab es sich, dass der Spitzenmann einer größeren Zeitung in einer sehr großen deutschen Stadt (die Zeitung gehörte damals noch einem Finanzinvestor) einen Brief an seine „Leserinnen und Leser" schreiben wollte. Bei der Abfassung kam dem Spitzenmann (der eigentlich keiner hätte sein dürfen) das Wort von der Presse als „Vierter Gewalt" in den Sinn – und er wandte sich an seine Redakteure, um sich bestätigen zu lassen, dass man das so sagen könne. Er schrieb es zufrieden nieder, wandte sich dann noch einmal um und fragte ganz ernst: „Und wer sind eigentlich die anderen drei Gewalten?" Ein Milchbauer hätte es gewusst.

Auch dazu, auch zu dieser Realsatire, passt nun einer der Sprüche aus dem Weisheitsschatz von Peer Steinbrück. Dieser Steinbrück-Spruch lautet: „ Idioten sind in der Gesellschaft gleichmäßig verteilt – ob unter den Ärzten, Lehrern oder Politikern." Die Journalisten und Publizisten muss man da natürlich auch einbeziehen. Winston Churchill, der Jahrhundertpolitiker, der von Steinbrück verehrt wird, wie kein anderer, hat dazu auch seine Erklärung geliefert: „Wir alle sind Würmer", soll der Staatsmann einmal gesagt haben, „aber ich bin ein Glühwurm". Das erzählt Peer Steinbrück ganz gern und das dürfte er durchaus auch auf sich beziehen.

Sanftes Leuchten, lautes Trampeln

Und so haben wir mit diesen beiden Tieren die ganze Dimension des Menschen Peer Steinbrück vermessen – er ist das Große und das Kleine, er ist das sanfte Leuchten und das laute Trampeln, er ist Glühwürmchen und Nashorn. Kommen wir ganz zum Schluss noch einmal zu diesem Rhinozeros. Das herrliche Nashorn hat keine Feinde außer dem Menschen, so weiß es der Brehm. Keine Feinde außer dem Menschen! Da feixt einer wie Steinbrück. Ihm geht es auch so wie dem Nashorn. Es geht seinen Weg.

PARTEIKAMERADEN

Franz Josef Strauß Kein anderer Nachkriegspolitiker wurde so verherrlicht und so verdammt, kein anderer hatte ein so breites Kreuz. Strauß hat Bayern gescheit gemacht – so gescheit, dass es sich ihm zuletzt, als es um die atomare Wiederaufbereitungsanlage Wackersdorf ging, erfolgreich widersetzte. Zum hundertsten Geburtstag im Jahr 2015 hätte eigentliche eine Büste von Strauß im bayerischen Ruhmestempel Walhalla aufgestellt werden müssen.

Laudatio zum 100. Geburtstag von Franz Josef Strauß, erschienen in der Süddeutschen Zeitung am 5. September 2015. Er starb mit 73 Jahren am 3. Oktober 1988.

Das Kreuz des Südens

Franz Josef Strauß hat Bayern grundlegend modernisiert, er hat die Bundesrepublik beschäftigt und ihr die schwärzesten Skandale beschert.

Zum hundertsten Geburtstag von Franz Josef Strauß ist es nicht unangemessen, die Würdigung mit den „Weltgeschichtlichen Betrachtungen" des Historikers Jacob Burckhardt zu beginnen. Solche Betrachtungen „über die wirkliche Lage der Dinge und der möglichen Machtmittel" hat Strauß nämlich in seinen langen und feurigen Reden selbst gern angestellt. Er würzte diese Reden mit maliziösen, gepfefferten, manchmal auch bösartigen Pointen, die zum Teil das Einzige sind, was von diesen Reden übrig geblieben ist. Zu den schönsten dieser Pointen zählt jene über den Irrtum: „Irren ist menschlich; immer irren ist sozialdemokratisch."

In den weltgeschichtlichen Betrachtungen des großen Basler Gelehrten Burckhardt kommt nun Strauß zwar nicht namentlich vor; das darf aber nicht weiter verwundern, weil das Werk ja aus dem 19. Jahrhundert stammt. Manche Passagen dort sind gleichwohl auf den Jubilar regelrecht zugeschnitten. Burckhardts Abhandlung über „Die Historische Größe" beginnt jedenfalls mit einer Feststellung über das „Knirpstum", die das Ewige-Anbetungs-Verhältnis der Christsozialen zu ihrem ewigen Vorsitzenden gut beschreibt: „Größe ist, was wir nicht sind."

Und wenig später heißt es da, quasi über Strauß: „Der große Mann ist ein solcher, ohne welchen die Welt uns unvollständig schiene, weil bestimmte historische Leistungen nur durch ihn und innerhalb seiner Zeit und Umgebung möglich waren und sonst undenkbar sind." Das ist die Umschreibung des Historikers für Einzigkeit und Unersetzlichkeit.

Für die weiß-blaue Welt gilt diese Sentenz ganz gewiss. Für die schwarz-rot-goldene Welt gilt sie auch, denn die Nachkriegsgeschichte wäre ohne Strauß anders verlaufen. Er gehört zu den prägenden Persönlichkeiten der bundesdeutschen Geschichte. Er hat Bayern gestaltet, er hat die Bundesrepublik beschäftigt, er hat ihr die schwärzesten Skandale und die gewaltigsten politischen Unverschämtheiten beschert, er hat die Diktatoren dieser Welt besucht und mit ihnen kokettiert. Über keinen anderen Politiker seiner Zeit wurde so viel gestritten, keiner wurde so verherrlicht, keiner so verdammt. Kein anderer hatte so ein breites Kreuz und war zugleich so dünnhäutig und so hinterfotzig. Strauß war Unikum und Unikat. Er war einer, der erfolgreiche Wirtschaftspolitik machte nach dem Motto „Der Fortschritt spricht bayrisch" und: „Konservativ sein heißt, an der Spitze des Fortschritts marschieren."

Als alles anfing, war Strauß, nach damaligen CSU-Maßstäben, gar nicht konservativ, sondern liberal. Strauß, ein vom katholischen Elternhaus geprägter Anti-Nazi, gehörte, aus dem Krieg heimgekehrt, zu den jungen Leuten um Josef Müller, genannt „Ochsensepp". Das war ein von den Nazis verfolgter Gründervater der CSU und deren erster Vorsitzender. Trotz seiner ländlich-katholischen Herkunft umgab ihn etwas Weltläufig-Liberales; das gefiel dem Metzgerssohn Strauß aus Schwabing besser als die Klerikal-CSU des erzkonservativen, tiefgläubigen und bayerisch-partikularen Alois Hundhammer, der den Ochsensepp als „Kryptomarxist" beschimpfte.

Dieser Kryptomarxist also führte den jungen Franz Josef in die Politik; und Strauß machte, geprägt von seinem Ziehvater, aus der Honoratioren-Partei CSU eine überkonfessionelle Volkspartei. Der junge Strauß wurde zum Kometen am Nachkriegshimmel – Bundestagsabgeordneter, Sonderminister, Atomminister, Verteidigungsminister in den Regierungen von Konrad Adenauer. Dann passierte etwas Spektakuläres: Der bayerische Komet verglühte in der *Spiegel*-Affäre, die eigentlich Strauß-Affäre heißen müsste. Aber wenige Jahre später leuchtete er schon wieder und setzte seine Laufbahn fort als Finanzminister der Großen Koalition unter Kanzler Kurt Georg Kiesinger. Der ökonomische Autodidakt Strauß bildete mit dem SPD-Wirtschaftsminister Karl Schiller das berühmte „Plisch und Plum"-Paar, das sich einiges Ansehen erwarb.

Ätzende Schärfe

Nicht alle glaubten an die rechtsstaatliche Resozialisierung des FJS. Karl Gerold, Herausgeber, Chefredakteur und Mitgesellschafter der *Frankfurter Rundschau*, schrieb 1969 einen ätzend scharfen Leitartikel gegen Strauß, der die Auseinandersetzungen des Wahlkampfes von 1980 schon vorwegnahm, als Strauß erfolgloser Kanzlerkandidat der Union war: Strauß sei, schrieb Gerold, „Symbolfigur des autoritären und nationalistischen Potenzials in unserem Land geworden"; „ungemein gefährlich" habe sich der „Lügen-Strauß" „zum richtigen Neofaschisten zurückentwickelt". Das war die Tonlage der Wahlkämpfe damals. „Freiheit oder Sozialismus" ließ Strauß 1976 plakatieren, was irgendwie anachronistisch war, weil der damalige SPD-Kanzler Helmut Schmidt alles andere war als ein Sozialist.

Strauß ging rhetorisch immer wieder an den äußersten rechten Rand. Auf diese Weise gelang das Vorhaben, dass es „rechts von der CSU keine demokratisch legitimierte Partei geben" dürfe. Weder die NPD noch die Republikaner schafften es in den Bundestag, weil Strauß und seine CSU ihnen das Wasser abgruben – um den Preis der Selbstvergiftung allerdings. Strauß vergiftete sich so, dass er für eine Mehrheit in Deutschland als Kanzler nicht mehr infrage kam.

Da halfen ihm auch die Glanzleistungen beim Umbau des Freistaats und sein inniges Bekenntnis zu Europa nichts – „Bayern ist unsere Heimat, Deutschland unser Vaterland, Europa unsere Zukunft". Er war mit dem Herzen Europäer und mit der Seele Bayer. Er hat, erst als CSU-Chef, dann auch als Ministerpräsident, dazu beigetragen, dass aus dem rückständigen Bauernland Bayern ein Industriestaat wurde. Gewiss: Da waren auch noch andere am Werk, der ewige Ministerpräsident Alfons Goppel zum Beispiel. Aber vor allem Strauß hat den Bayern das Gefühl gegeben, dass die *axis mundi*, die Weltachse, durch ihr Land führt.

Bayern wurde gescheit

Seine Methoden waren staatskapitalistisch, die Erfolge verblüffend. Beim Aufstieg der bayerischen Auto- und Luftfahrtindustrie half er kräftig nach; Autobahnen wurden gebaut, Universitäten gegründet. Bayern wurde gescheit – so gescheit, dass sich das Land der Strauß'schen Atomwirtschaft, deren Symbol die Wiederaufbereitungsanlage Wackersdorf wurde, erfolgreich widersetzte.

Als 2008 in Berlin eine Ausstellung der Wachsfiguren von Madame Tussauds eröffnet wurde, war die Aufregung groß: Strauß stand in der Abteilung der „Bösewichte". Die CSU war natürlich empört. Einer hingegen sah Strauß in die richtige Ecke gestellt: Das war der ehemalige bayerische Ministerial- und Finanzbeamte Wilhelm Schlötterer, der ein Buch über Strauß mit dem Titel „Macht und Missbrauch" geschrieben hat. Darin schildert er, wie Strauß gezielt auf Steuerermittlungen Einfluss genommen hat, um befreundete Unternehmer zu begünstigen. Wenn das altbayerische Wesen so ist, wie es der frühere CSU-

Landtagspräsident Franz Heubl, der kein Strauß-Freund war, einmal beschrieben hat, dann verkörperte Strauß dieses Wesen auf die vollkommenste Weise: vital, brutal, sentimental.

Ein Mensch mit seinem Widerspruch

Großen geschichtlichen Gestalten gesteht der eingangs zitierte Historiker Jacob Burckhardt eine „Dispensation von dem gewöhnlichen Sittengesetze" zu. Davon hat Strauß reichlich Gebrauch gemacht, um seinen ausgeprägten Erwerbssinn zu befriedigen. Er dehnte, wie die *Spiegel-* und andere Affären zeigen, die Dispensation bis hin zum Grundgesetz aus. Von der Gewaltenteilung hat er sich in seiner Machtpolitik nicht behindern lassen wollen. Er ließ sich aber auch von den eigenen antikommunistischen Phobien nicht unbedingt behindern: Der Milliardenkredit an die DDR, den er 1983 einfädelte, ist ein Beispiel, das Geschichte schrieb.

Über keinen anderen Nachkriegspolitiker wurden so viele Bücher geschrieben. Aber das Rätsel Strauß hat er selbst gelöst, er zitierte einen Vers des Dichters Conrad Ferdinand Meyer: „Ich bin kein ausgeklügelt Buch. Ich bin ein Mensch mit seinem Widerspruch." Der Reim findet sich im Epos „Huttens letzte Tage" über den sterbenskranken Ritter, Reformator und Humanisten Ulrich von Hutten.

Dessen Büste steht, neben 130 anderen, seit ein paar Jahren in der Walhalla, dem Ruhmestempel der Deutschen bei Regensburg. Es gehört sich, dass dort zum 100. Geburtstag auch Franz Josef Strauß aufgestellt wird. Die Bayern-SPD sollte ihre kleinkarierten Bedenken zurückstellen; es handelt sich ja nicht um eine Heiligsprechung. Auch Willy Brandt wird eines Tages in die Walhalla kommen und der Genosse Wilhelm Högner, der Schöpfer der grandiosen Bayerischen Verfassung. Die Auflehnung gegen so eine Ehrung ist geistiges Knirpstum.

Peter Gauweiler Er war Meisterschüler, Knappe und Kronprinz von Franz Josef Strauß. Als Strauß 1988 überraschend starb, war Gauweiler 39 Jahre alt und der Star der CSU. Hätte Strauß sein politisches Testament noch machen können, er hätte den „schwarzen Peter" als seinen Erben eingesetzt.

Erschienen in der Zeitschrift Cicero am 22. August 2011

Olifant auf Juristisch

In Peter Gauweiler steckt mehr Strauß als in jedem anderen CSU-Politiker. Seine Verfassungsklagen in Karlsruhe sind selbst Parteifreunden nicht geheuer.

I m bayerischen Politiktheater der vergangenen sechs Jahrzehnte gab es Dichter, Denker und Deppen, liberale und reaktionäre Urviecher, bauernschlaue Politikbrüder, Gefühlssozialisten, Schnürlhanswurste, Könige und Kurfürsten. Es gab Bayern und Unbayern, Helden und Heilige, Goppel und Stoiber und, natürlich, Franz Josef Strauß. Strauß, der virile Weltpolitiker, war der Mann, der Wirtschaftspolitik nach dem Motto „Der Fortschritt spricht bayrisch" gemacht hat. In der Enge des Plenarsaals im Münchner Maximilianeum fühlte er sich höchst unwohl, sodass ihm, wie es heißt, bei seiner Vereidigung als Ministerpräsident der Schweiß schier aus den Manschetten tropfte. Strauß war ein bayerischer Pate, einer, über den man sich bis heute so viele Geschichten erzählt wie sonst nur über Ludwig, den Märchenkönig.

Intellektueller in Lederhosen

Am besten kann sie Peter Gauweiler erzählen. Er war Straußens Meisterschüler, sein Knappe und Kronprinz. In Gauweiler steckt so viel Strauß wie in sonst keinem Politiker. In Gauweiler steckt aber noch mehr, in ihm steckt der gesamte genetische Fundus der bayerischen Politik. In ihm steckt ein Erzkonservativer und ein Liberaler, er ist ein Ludwig Thoma und ein Oskar Maria Graf. Wie einst dieser wohnt er in Berg am Starnberger See. Gauweiler ist ein kluger Populist, ein stolzer Patriot, ein Intellektueller in Lederhosen, ein begnadeter Grübler, Grantler und Redner. Er kann Bierzelte zum Toben bringen mit Reden, die weitab liegen von dem, was CSU oder CDU gerade vertreten. In mancherlei Hinsicht ist er der Geißler der CSU – aber gut zwanzig Jahre jünger.

Ein Mann mit zu vielen Gaben

Er ist ein Mann mit vielen Gaben, zu vielen Gaben, zu vielen Talenten, zu vielen Eigenschaften. Auch deswegen ist er nicht Ministerpräsident in Bayern, nicht CSU-Vorsitzender – sondern Rechtsanwalt in München und Kläger in Karlsruhe. Politik macht er eher dort denn als CSU-Bundestagsabgeordneter in Berlin (Anmerkung: 2015 gab er sein Mandat auf). Dort ist er ein bunter Außenseiter, seinen Parteifreunden ist er als Kriegs- und Eurogegner nicht geheuer, den EU-Europäern in Brüssel ist er unheimlich: Er hat das Lissabon-Urteil erstritten, das wohl grundsätzlichste Grundsatzurteil, das Karlsruhe je gefällt hat. Es nimmt den Bundestag in die Pflicht, der die EU-Gesetze jetzt nicht mehr einfach durchwinken kann.

Wer seine Klageschriften und Gutachten studiert, mit denen er den „unantastbaren Kern" des Grundgesetzes verteidigt, fühlt sich erinnert an die deutschen Heldensagen und den tapferen Helden Roland, der im Tal von Roncevall als einsamer Kämpfer gegen die Übermacht steht. Roland besaß ein gewaltiges Horn namens Olifant, um damit die Seinen zu warnen. Gauweilers Verfassungsklagen in Karlsruhe sind Olifant auf Juristisch.

Als Zwanzigjähriger war Gauweiler in den Ring Christlich Demokratischer Studenten und in die CSU gegangen, in einer

Zeit, als seine Altersgenossen von dort flohen. Unter seinem Mentor Strauß war er erfolgreicher Organisator von Wahlkämpfen, furioser und rabiater Leiter des Münchner Kreisverwaltungsreferats, der mit dem „Saustall Fußgängerzone" und der „Oktoberfest-Mafia" aufräumte. Als Strauß 1988 überraschend starb, war Gauweiler 39 Jahre alt und der Star der CSU. Hätte Strauß sein politisches Testament noch machen können, er hätte den „schwarzen Peter" als seinen Erben eingesetzt. Edmund Stoiber hat die vorgezeichnete Erbfolge verhindert. Stoiber hat mit Geschick und Machtbewusstsein die Strauß-Ära beendet und, öffentliche Vorwürfe gegen Gauweiler geschickt nutzend, diesen aus dem Kabinett gedrängt.

Verzehr von Neidvernichtungspillen

Gauweiler hatte sich mächtig aufgebäumt damals. Seine Hohn- und Spottrede im Münchner Pschorr-Keller am Aschermittwoch 1993 gegen Stoiber und seine „Polit-Zwerge" ist noch heute legendär. Er warf sich ersatzweise auf die Juristerei, wurde ein höchst erfolgreicher Rechtsanwalt mit Sitz am Münchner Promenadeplatz, wo er zunächst einmal Neidvernichtungspillen verzehrte und dann beginnt, mit dem Geld, das er als Advokat verdient (unter anderem vertrat er Leo Kirch gegen die Deutsche Bank), beim Bundesverfassungsgericht gegen den Afghanistaneinsatz der Bundeswehr und gegen den Euro zu streiten. Er tut das mit einem Furor, der ihn selbst den Linken sympathisch macht. Einst hatte er Linken und Liberalen als die Inkarnation des politisch Bösen gegolten.

Das Bierzelt besoffen reden

Damals war Gauweiler Staatssekretär im bayerischen Innenministerium und eine Art Polizeigeneral, er verfocht eine strikte Ausländer- und eine fast brutale Aidspolitik, wollte die Aidskranken in Lager sperren. Den eifernden Rigorismus hat er sich selbst ausgetrieben, seit er nichts mehr werden will in seiner Partei, die ihn nichts mehr werden ließ. Aus dem Law-and-Order-Politiker von einst wurde einer der wenigen politischen Intellektuellen, die das konservative Lager zu bieten hat. Von Kreis- und Bezirksverbänden der CSU lässt er sich gerne rufen, wenn die einen brauchen, der Saal und Bierzelt besoffen reden kann. Der Mann ist ein Lustpolitiker, einer, der ein glänzendes finanzielles Auskommen hat und vielleicht auch deswegen keine Angst – nicht vor den Zuchtmeistern der Partei, nicht vor der öffentlichen Meinung oder dem Zeitgeist. Er kostet die Freiheit des freien Abgeordneten aus: als Gegner des amerikanischen Irakkriegs und des Afghanistaneinsatzes, als Mahner vor Allmachtsansprüchen und als Kritiker der EU-Politik. Er ist ein Großkopferter, den viele kleine Leute mögen.

Edmund Stoiber In Bayern denkt man, wenn vom „großen Vorsitzenden" die Rede ist, noch immer an Franz Josef Strauß. Ihm hat Edmund Stober einst als junger Mann die Aktentasche getragen. 1993, fünf Jahre nach dem Tod von Strauß, wurde er bayerischer Ministerpräsident und blieb es 14 Jahre lang, bis 2007. Im September 2002 war er Kanzlerkandidat der Union; er verlor knapp gegen Gerhard Schröder, den SPD-Kanzler. Aus dem damaligen Wahlkampf stammt das Porträt eines exzessiven Juristen.

Erschienen in der Süddeutschen Zeitung am 17. September 2002

Der Kunstschmied seiner selbst

Er dreht und biegt und schindet sich und scheut die Emotionen. Wie Edmund Stoiber sich auf Menschen und Probleme einlässt

Kein Mensch umarmt so wie Edmund Stoiber. Er hat der schluchzenden Frau zugehört, die mit ihm in ihrem zerstörten Laden steht. Er hat ihr ein paar ungelenk-tröstende Sätze gesagt, so gut er konnte: „Es wird schon wieder, glaubn's ma dös." Was jetzt noch? Seine Leute haben ihn hierher geschickt nach Dresden, ins Hochwasser. Er muss dorthin, haben sie gesagt, „weil die Leut' drauf warten und weil der Schröder auch da ist". Jetzt ist er hier und es herrscht ein wenig Verlegenheit. Er ist der Ministerpräsident von Bayern und der Kanzlerkandidat der Union. Aber offenbar muss er jetzt, in den Fluten, auch noch der heilige Christophorus sein. Ein kleines Wunder – ja, das wär's!

Die heulende Apothekerin

Und da geschieht es. Edmund Stoiber breitet ganz unvermittelt die Arme aus. Er fasst mit der rechten Hand den Kopf der heulenden Apothekerin, zieht sie an sich, und mit der linken umfängt er ihren Rücken, er tätschelt und rubbelt den roten Pulli. Ganz kurz ist diese Geste, ganz scheu – und noch in der zuwendenden Bewegung ist es so, als erschräke Stoiber über sich selbst. Er schaut sogleich weg, als suche er nach jemandem, mit dem er jetzt sofort über Netto-Neuverschuldung und über den Erblastentilgungsfonds reden könne. Und dann flieht er vom Ort der Tat. Noch Stunden und Tage später aber redet er vom „Leid der Menschen", die er getroffen hat. Doch ihm fehlt der Mut zum Gefühl. Für einen Altbayern ist dies eine Art von Albinismus, der Ausfall eines landestypischen Enzyms.

Lehrer Lämpel, Schneider Böck

Wenn Gerhard Polt, der Kabarettist aus Schliersee, sich einen Stoiber zusammenbastelt, dann braucht er dazu gleich drei Figuren von Wilhelm Busch: den Lehrer Lämpel, den Schneider Böck und den Pater Filucius – linkische, spitznasige Figuren jenseits der weißblauen Welt. Man kann sich Stoiber im bayerischen Welttheater noch am ehesten als Inspizienten vorstellen, der im Büro für die Verwaltungsabläufe zuständig ist. Er selbst sieht sich als den Intendanten, als den großen Macher, der ebenso kompetent wie aufopferungsvoll dafür sorgt, dass der Laden läuft. Und weil er das in Bayern schon gezeigt hat, will er jetzt das Berliner Ensemble übernehmen.

Bienenfleißig, diszipliniert, entschlossen

Edmund Stoiber hat klein angefangen. Die Lehr- und Lakaienjahre bei Franz Josef Strauß waren keine Herrenjahre. Er hat dem Strauß die Unterschriftenmappen ins Wirtshaus getragen und dem großen Vorsitzenden „den Rücken freigehalten" – und das ist exakt die Formulierung, die Stoiber heute gebraucht, wenn er über seine Ehefrau Karin redet. Später hat er gelernt, dass man der Chef von Leuten sein kann, die besser schauspielern können, die gewandter, gebildeter und weltläufiger sind – wenn man nur, wie er, bienenfleißig, diszipliniert und entschlossen ist. Gelächelt haben sie in der Fraktion über ihn: Wenn der so viel tut, brauchen wir selber nicht so viel zu arbeiten. Aber aus dem Schmunzeln ist Bewunderung geworden. Und Stoiber hat an sich selbst erlebt, wie aus Beflissenheit, wenn man sie lang genug praktiziert, etwas wird, was er für Souveränität hält.

Er hat gelernt, Risiken einzugehen und sie zu bestehen. Er ist nicht in die Fallgruben der Nach-Strauß-Ära gefallen wie andere, er hat das Duell mit Theo Waigel gewonnen, und bei sich anbahnenden Skandalen ist er stets entschlossen in die Offensive gegangen. Er traut sich was. Und er hält auch Pfiffe aus, auch die seiner eigenen Klientel, der Sudetendeutschen zum Beispiel. Bei deren Pfingsttreffen 1997 in Nürnberg verteidigte er die deutsch-tschechische Erklärung so lange, bis die Buhrufe aufhörten.

Respekt, Hochachtung, aber keine Zuneigung

Er hat in Bayern alles gewonnen, was er gewinnen konnte: die CSU, die Wahlen, die Anerkennung von Arbeitgebern ebenso wie von Gewerkschaften. Freilich gibt es Misserfolge auch im weiß-blauen Paradies: die LWS-Katastrophe, die Pleiten bei Kirch, Dornier und der Maxhütte, das Arbeitslosendesaster in Oberfranken – wenn dem Vorgänger Streibl das alles passiert wäre, dann hätte es geheißen: Der kann es halt nicht. Bei Stoiber heißt es: Wenn selbst der es nicht kann, dann kann es keiner. Stoiber genießt Respekt, ja Hochachtung – aber keine Zuneigung, wie viele seiner Vorgänger sie hatten. Das hat mit der Stoiber'schen Steifheit zu tun. Die Zuschauer bei Sabine Christiansen haben es erlebt und die der Fernsehduelle auch, obwohl Stoiber in dem halben Jahr dazwischen viel gelernt hat. Er ist nämlich ungeheuer lernfähig, aber der Körper folgt nicht immer dem Kopf, und so reicht es auch am Schluss des Wahlkampfes nur zu einer lockeren Steifheit.

Kein Altbayer, sondern ein Unbayer

Stoiber ist seinem Wesen nach kein Alt-, sondern ein Unbayer. Der Altbayer ist nämlich, so hat Franz Heubl, der frühere bayerische Landtagspräsident, einmal gesagt, „vital, brutal und sentimental". Stoiber ist unter dieser Trias nicht zu subsumieren, auch nicht mit den juristischen Tricks, die einem guten Juristen wie ihm zu Gebote stehen. Aber wohl gerade das hat ihm die Möglichkeit eröffnet, Bundeskanzler zu werden. Wäre das Vital-Brutal-Sentimental-Kriterium entscheidend, dann hieße heute der Unions-Kanzlerkandidat aus Bayern nicht Edmund Stoiber, sondern Peter Gauweiler. Doch der schwarze Peter, an dem einst Strauß einen Narren gefressen hatte und der am Sarg seines Herrn und Meisters militärisch salutierte, ist von Stoiber alsbald als Gefahr erkannt und eiskalt ausmanövriert worden. Gauweiler verzehrt heute Neidvernichtungspillen in seiner Anwaltskanzlei am Münchner Promenadeplatz und kandidiert, in der Hoffnung auf eine neue große politische Bühne, als Abgeordneter für den Bundestag.

Der Trinkt-und-raucht-nicht-Typus

Der Unbayer: Man muss lange, sehr lange suchen in der bayerischen Landesgeschichte, bis man einen Spitzenpolitiker wie Stoiber findet. Im 19. Jahrhundert wird man fündig. In der Zeit des Reformers Graf Montgelas, den die Bayern Monteglas nennen, gab es einen Ministerpräsidenten namens Johann von Lutz, ein Trinkt-und-raucht-nicht-Typus: aufgeklärt, wenn auch mit einer gelegentlich eifernden Attitüde, effizient, diszipliniert. Dieser Stoiber-Vorfahr stammte wie Stoiber aus bescheidenen Verhältnissen, war begabt und ehrgeizig und hatte sich als junger Jurist vorangearbeitet: „Durchdrungen von Staatsstolz und Pflichtgefühl" gehörte er, wie Benno Hubensteiner in seiner bayerischen Geschichte schreibt, zu der Münchner Delegation in Versailles, die Bayern im Jahr 1871 ins Deutsche Reich hineinverhandelte. Obwohl von den bayerischen Königen gefördert, stellte sich Lutz mehr und mehr auf die Seite Berlins, auf die Kaiser-und-Bismarck-Seite also. Stoiber kann deshalb, so die Wähler wollen, das Werk des Johann von Lutz vollenden: Die erste Kanzlerschaft eines CSU-Politikers wäre die letzte Station auf dem bayerischen Weg nach Deutschland.

Man sagt Stoiber eine distanzierte Beziehung zu den Menschen nach, auch zu denen, die ihn lange politisch begleitet haben. „Das gibt ihm", so sagt ein Beobachter aus der CSU-Führungsriege, „ein Stück innerer Unabhängigkeit, das erleichtert ihm die Trennung von Weggefährten, wenn er es für politisch geboten hält." Das haben nicht wenige bayerische Minister und Staatssekretäre spüren müssen: Gauweiler ohnehin, aber auch der Justizministerfreund Alfred Sauter, den er für die gewaltigen Fehlinvestitionen der Landeswohnungsbaugesellschaft als Sündenbock brauchte. „Abstand zum Fall wahren", das gehört zum überlieferten Erfahrungsschatz der Jurisprudenz – Abstand zum Fall, welchen Namen er auch immer trägt.

Die Juristenrobe überm Jackett

Stoibers Ahnherr Johann von Lutz hat diese Distanz zu Personen auch halten können, über noch viel größere Loyalitäten hinweg: Lutz hat nämlich seinerzeit, aus Sorge um den Staatshaushalt, seinen König, den ihm verbundenen Ludwig II., den Märchenkönig, entmachten und entmündigen lassen. Was Stoiber mit dem Angedenken an Franz Josef Strauß in den Jahren der nachlaufenden Skandale machte, die Distanz, die er zum Strauß-Clan einlegte, gilt Peter Gauweiler als ein vergleichbares Sakrileg. Aber ein juristischer Administrator hängt eben weder an Märchen noch an Legenden.

Abstand symbolisiert ja schon Justitias Augenbinde, die ihr ein Handeln „ohne Ansehung der Person erlaubt". Ein guter Jurist ist nicht ergriffen, ein guter Jurist ist nicht gerührt, er zeigt es jedenfalls nicht. Stoiber ist ein guter Jurist, wenn auch kein Einserjurist, wie immer wieder kolportiert wird. Abstand und auch die Scheu vor Emotionen – das gehört zum Juristen in Stoiber. Er will es sich nicht anmerken lassen, wenn ihn etwas bewegt, er drückt es weg, ungelenk oft, er schützt sich mit Phrasen, so wie in New York, als er vor den Trümmern des World Trade Centers stand. Nie würde er auf die Knie sinken wie Willy Brandt in Warschau. Im kleinen Kreis, in nicht öffentlicher Sitzung sozusagen, kann er sich öffnen, wird aus dem hölzernen Mann ein warmherziger Mensch, hat er einen in seiner Naivität bewegenden Charme. In seiner Umgebung erzählt man sich einen Vorfall aus seiner Zeit als Innenminister: Er bat eine Polizistin zu sich, die Opfer eines brutalen Verbrechens geworden war, und redete mit ihr so einfühlsam, wie es ein guter Psychologe nicht besser gekonnt hätte. Bei öffentlichen Auftritten aber ist es so, als trüge er überm Jackett eine schwarze Juristenrobe. Damit schützt er sich selbst.

Zwei Rosen, drei Nelken

Der junge Jurist Edmund Stoiber, Korrekturassistent an der Uni, dann Ministerialjurist, muss so ähnlich gewesen sein, wie der königliche Amtsrichter und Einserjurist Josef Ametsreiter in der Erzählung von Ludwig Thoma. Zu dem ins Amtszimmer kommt eine junge Witwe mit einem siebenjährigen Kind, sie will es adoptieren, beantwortet geduldig die gestelzten Fragen, „die dieser lange Mensch mit den vorquellenden Augen" stellt. Als das Kind anschließend dem Herrn Juristen ein Blumensträußchen überreicht, brachte ihn diese Tathandlung in einige Verlegenheit und nach reichlicher Überlegung diktierte er dem Schreiber einen Nachtrag zum

Protokoll: „Erstens: ... fünf Blumen, Komma, welche diesge-
richtlich als zwei Rosen und drei Nelken bezeichnet werden.
Zweitens: Der unterfertigte Richter nahm die obengenannten
Blumen an in der Erwägung, dass die Annahmeverweigerung
das natürliche Gefühl der Dankbarkeit in dem Wahlkinde
zu ersticken geeignet war. Drittens: Fünf Blumen mit Akt an
den Herrn Gerichtsvorstand mit dem Ersuchen um geneigte
Rückäußerung, ob gegen Annahme Bedenken bestehen." Der
Schreiber wickelt um die Rosen und Nelken einen blauweißen
Faden und legt sie zwischen den Aktendeckel, wo sie baldigst
ersticken, wie alles Leben, das zwischen Aktendeckel gelangt.
Josef Ametsreiter aber ist in gehobener Stimmung. Er hat ge-
handelt, wie man es von einem Einser erwarten durfte.

Wer ist der echte Stoiber?

Josef Ametsreiter ist nicht der ganze Stoiber, aber ein Teil von
ihm. Wer ist der echte Stoiber? Der Ametsreiter? Der Griffel-
spitzer? Der Strauß-Stoiber? Derjenige, der mitten im *SZ*-In-
terview über das Asylrecht aufspringt, und schreiend, als hätte er sich vergessen, in seinem Ministerzimmer auf und ab
rennt? Oder derjenige, der sich auf dem New Yorker Flughafen
eine Stunde lang, ohne zu murren und ohne den Dr. Wichtig
zu spielen, auf seinen Koffer hockt, weil die Botschaft und das
FBI ihn vergessen haben? Es gibt den Stoiber, der in der Stra-
tegiekommission der Union, mit Schaum vor dem Mund Heiner Geißlers Warnung vor einem Rechtsruck zurückweist. Es
gibt den Grundrechts-Zertrümmerer, der aus dem Asylgrundrecht schon 1991 ein Gnadenrecht machen wollte. Es gibt den
Law-and-Order-Mann, denjenigen, der das Militär gegen Demonstranten und Asylanten einsetzen will. Es gibt aber auch
den Herz-Jesu-Marxisten Stoiber, den CSU-Savonarola, der
den Unternehmern ins Gewissen redet und ihnen vorhält, sie
könnten nicht einerseits die Vorteile Bayerns und Deutsch-

lands genießen, aber zugleich die Arbeitsplätze ins Ausland verlagern. Es gibt den Kleine-Leute-Stoiber, der wettert, weil sein Finanzminister kein Geld mehr für die Trachtenvereine und das Essen auf Rädern hat. Es gibt den Staatsmanager und den Bauernanwalt. Und es gibt schließlich den sansoweichen Kanzlerkandidaten, der bei den Wählern mit Zahlen und Statistiken so anrückt, wie das im Werbefernsehen der Großvater bei seinen Enkeln mit „Werthers Echten" macht.

Wer ist der echte Stoiber? Ist dieser Mann ein Opportunist, „ein mittelmäßig begabter Streber", wie Kurt Scheel, der Mitherausgeber des *Merkur,* geschrieben hat? Das wird ihm nicht ganz gerecht. Stoiber ist nicht nur begabt, er ist hochbegabt – er ist ein Exzessivjurist. Kein anderer Politiker redet so juristisch wie er, kein anderer ist in der Lage, alle Verästelungen eines Sachverhaltes mit einem einzigen Satz zu umschlingen, und kein anderer ist in der Lage, als so schlechter Redner so leidenschaftlich zu sein. Die Leidenschaft, die Stoiber dem einzelnen Menschen nicht zeigen kann, die kann er vor der Masse zeigen, vor der er schreit und schwitzt und sich verausgabt. Und die Leidenschaft, die er einer Person nicht zeigen kann, legt er auch in die Durchdringung ihres Falles, ihrer Akte, ihres Problems – erst recht wenn es darum geht, ein populäres „gastronomisches Außengeschehen" namens Biergarten mittels einer Biergärten-Nutzungsverordnung zu verteidigen.

Kuli oder Kanzler

Es ist die Profession der Juristen, Paragrafen so lange zu drehen und zu biegen, bis sie passen. Der Paragraf, so heißt es in der juristischen Anfängervorlesung, sei ja auch deshalb so eigenartig geformt, damit man besser dran drehen kann. Ein guter Jurist macht das wie ein Kunstschmied. Und das, was ein normaler, guter Jurist mit den Paragrafen macht, das macht Stoiber auch mit sich selber. Er ist ein Kunstschmied seiner selbst, ein Exzessivjurist eben. Das ist die Erklärung für die vielen Stoibers in Edmund Stoiber: Er dreht, biegt, windet und schindet sich, bis er für das, was er gerade zu tun hat, passt: Kuli oder Kanzler.

Manchmal dauert das. Dann steht der Kandidat bei seinem großen Auftritt ein wenig verloren und verlegen herum. Und dann zitiert hernach im Auto einer seiner bayerischen Begleiter den Spruch seines Großvaters: „Bei einem Preußen dauert es eine Stunde, bis man weiß, dass er gar nichts kann. Bei einem Bayern dauert es eine Stunde, bis man weiß, dass er was kann." Und dann ist wieder klargestellt, was Stoiber von Schröder unterscheidet.

Stoibers größte Nummer

Stoibers bisher größte Nummer war nicht die als Kanzlerkandidat der Union. Diese Kandidatur ist ihm in den Schoß gefallen, und der Wahlkampf lief über Monate wie von selbst. Stoibers größte Leistung war die Wiederbelebung der CSU, die in der Nach-Strauß-und-Streibl-Ära in den Umfragen auf 39 Prozent gefallen war. Die Partei war verbraucht, ihr Nimbus bröckelte, mit Löwe, Raute und Gemütlichkeit war das nicht mehr umzudrehen. Stoiber, der Anti-Typ zu Strauß und Streibl, war in dieser Situation die richtige Antwort. Nach einem halben Jahr hatte er der CSU das Selbstvertrauen wiedergegeben. Aber diese Aufgabe war, das wissen die Strategen der Partei, noch einfach im Vergleich zu der, die der CSU bevorsteht, wenn er Kanzler würde.

Der Riese Antäus

Wilfried Scharnagl, dem alten Strauß-Intimus und Ex-Chefredakteur des *Bayernkurier,* fällt dazu der Riese Antäus aus der griechischen Mythologie ein: Der brauchte die Berührung mit der Heimaterde, weil er mit jeder Berührung neue Kraft schöpfte. Die CSU als Kanzlerpartei muss um ihre Identität bangen. Die Situation ist so ähnlich, wie sie der Partei bei den Diskussionen über eine deutschlandweite Ausdehnung vor Augen stand.

Und so fürchten die Parteistrategen, dass es der CSU mit einem CSU-Kanzler in Berlin, der Bundeskanzler sein muss und nicht Bayernkanzler sein darf, so ergehen könnte wie dem griechischen Riesen Antäus: Herakles bezwang ihn, indem er ihn vom Boden hochhob und in der Luft erwürgte. Wäre also ein Sieg Stoibers der Tod der alten CSU? „Es wäre leichter für uns, wenn wir verlieren", sagt einer der CSU-Spitzenleute melancholisch.

Günther Beckstein Hinter der Schale des Ausländerfressers, einem Ruf, den er sich als bayerischer Innenminister von 1993 bis 2007 erworben hatte, verbirgt sich
ein anderer Beckstein: ein skrupulöser, ein an sich und
seiner Politik zweifelnder, evangelischer Christenmensch,
der gute Kontakte zu den türkischen Gemeinden in Bayern
hat und dort gern gesehen wird, weil er so ein netter
Mensch ist. Aber: ihm fehlt die Ausstrahlung. Deswegen
ist der Franke 2008 nach nur einem Jahr als bayerischer
Ministerpräsident gescheitert.

Erschienen im Süddeutsche Zeitung Magazin am 28. September 2007

Die Großkopferten

Ein evangelischer Franke als bayerischer
Ministerpräsident – warum im bayerischen Himmel
fast nichts fehlt, nur die Gerechtigkeit

D ie Historie des bayerischen Landes zeigt immer
wieder, dass der Mittelmeerraum kulturell bis zur
Donau reicht und die Donau dem Po viel näher liegt
als der Elbe. Das erklärt das Unvermögen vieler
Menschen im deutschen Norden, sich die Vorgänge in Bayern
richtig zu erklären. Selbst die *Zeit*, eine an sich respektable Wochenzeitung, die aber in Hamburg erscheint, hat Schwierigkeiten, den bayerischen Zusammenklang von politischer und
kultureller Geschichte zu erspüren und die Beziehungen zwischen Altbayern, Franken und Schwaben wenigstens in etwa
zu erahnen.

Die Wiedergeburt des Fränkischen in Bayern

Ein ansonsten grundgescheiter Kollege der *Zeit* hat also kürzlich geschrieben, am Schluss seiner politischen Analyse über
den bayerischen Machtwechsel von der CSU zur CSU, dass
Günther Beckstein, der künftige bayerische Ministerpräsident, ein „barocker Mensch" sei. Das kann wirklich nur jemand behaupten, für den alles barock ist, was südlich des
Mains steht und liegt. Wenn man es schon kulturgeschicht-

lich fassen will, dann verkörpert Beckstein die Renaissance – die Wiedergeburt des Fränkischen in Bayern, nachdem das Land nun seit mehr als 28 Jahren von katholischen Oberbayern regiert wird. So fränkisch wie künftig, wenn Beckstein mit seiner Franken-Entourage in der Staatskanzlei antritt, war Bayern schon sehr lange nicht mehr.

So fränkisch war es zuletzt, als der Bayern-Herzog Tassilo aus dem Geschlecht der Agilolfinger sich im Jahr 787 einem Frankenkönig unterwerfen musste und dann auf dem Reichstag von Ingelheim entwaffnet und festgenommen wurde.

Er gehört zur Familie der Zwetschgenmännlein

Der Nürnberger SPD-Oberbürgermeister Ulrich Maly greift nicht ganz so weit zurück in die Geschichte, betont aber auch, was die Regierungsübernahme Becksteins historisch bedeutet: „Das wird nach 200 Jahren endlich die Vollendung der Integration Frankens in das Königreich Bayern." Zwar ist der Freistaat Bayern nach 1945 schon zweimal von Ministerpräsidenten aus Franken regiert worden: Von Hans Ehard (der vier bayerischen Kabinetten vorstand) und von Hanns Seidel (der zwei Kabinetten präsidierte). Aber diese beiden distinguierten Herren waren katholisch – und Günther Beckstein, der von sich sagt, dass er ein „nüchterner Mensch" sei, ist ein Protestant. Nun gibt es gelegentlich auch barocke Protestanten, nehmen wir Peter Gauweiler. Aber von dem glaubt eh jeder, er sei katholisch, weil er das altbayerische Wesen wie kaum ein anderer so in Reinkultur verkörpert. Dieses Wesen hat Franz Heubl, ein früherer bayerischer Landtagspräsident, einmal so beschrieben: vital, brutal, sentimental.

Beckstein – barock? Es gibt wunderbaren Barock in Franken, aber nicht im Fabrikverkauf, wo sich Beckstein seine grauen Anzüge holt: Das Kloster Banz, in dem die CSU oft ihre Klausuren abhält, ist ein Musterbeispiel für süddeutsch-böhmische

Schwelgerei; und die Basilika von Vierzehnheiligen auf der anderen Mainseite ist ein spätbarocker Traum, eine Orgie. Beckstein hat mit solch himmlisch-auftrumpfender Opulenz, mit prächtigem Stuck und geschaukelten Ellipsen nichts zu tun – nicht im Reden, nicht im Denken, nicht im Tun. Er gehört zu der Familie der fränkischen Zwetschgenmännlein, wie sie demnächst wieder in den Buden auf dem Nürnberger Christkindlesmarkt verkauft werden: Diese Männlein bestehen aus gedörrten Zwetschgen, sie sind zäh und lustig anzuschauen. Das Exemplar Beckstein ist, um es noch näher zu beschreiben, schon ein wenig angestaubt. Allenfalls dann, wenn man es neben den Hamburger Ole von Beust stellt, könnte man sagen, es sei „relativ barock". Von den 14 Nothelfern, die im fränkischen Vierzehnheiligen verehrt werden, sind übrigens drei Bischöfe, drei Märtyrerinnen, einer ist Arzt, einer Mönch, einer Diakon, einer Knabe und einer ist Christophorus als der Christkindträger. Ein Politiker ist nicht dabei, auch nicht Stoiber – der künftig eine Rolle in Brüssel und nicht in Bayern spielen wird. Wenn man den adäquaten Platz für ihn im bayerischen Himmel sucht, dann ist man bei grundstürzenden Gedanken: Wenn Stoiber dort die Intendanz übernimmt, dann droht Petrus die Entmachtung und dem Elysium ein Programm „Himmel 3000" – Privatisierung der Manna-Manufaktur, Neugliederung der himmlischen Heerscharen, Umstrukturierung des Jüngsten Gerichts.

Die orgiastische Hinterfotzigkeit der bayerischen Politik

Mit solchen Überlegungen ist man bei dem, was der Kollege von der *Zeit* eigentlich meinte, als er vom „barocken Beckstein" sprach: Er meinte nicht den Mann, sondern die bayerische Politik, deren orgiastische Hinterfotzigkeit man in den vergangenen sechzig demokratischen Jahren in allen Aggregatzuständen erleben konnte – und in der dieser Günther

Beckstein nun eine neue Rolle spielen wird. Auch Stoiber ist
in seiner Attitüde alles andere als barock: Seine Gestalt ist es
nicht, seine Reden sind es nicht, seine bürokratisch-selbst-
herrliche Politik war es auch nicht. Wenn er auf dem Podium
mit den Armen rudert, dann erinnert er eher ein wenig an einen energischen Hampelmann (den man in Bayern „Schnürl-
hanswurst" nennt). Aber alle diese Figuren gehören ins große bayerische Welttheater, sie gehören in den bayerischen
Himmel, in dem, natürlich, Franz Josef Strauß die Hauptrolle spielt, als zorniger Gottvater und gerissener Weltenlenker.

Ein Roman, viele Gedichte

Das Ensemble dieses bayerischen Welttheaters ist gewaltig.
Dutzende von Charakterdarstellern aus der Politik der vergangenen sechzig Jahre gehören dazu: schmeichlerische und
bissige, intrigante und meineidige, leutselige, biegsame und
polternde. Schon allein die Reihe der Nachkriegs-Minister-
präsidenten bildet einen Fundus, wie ihn kaum ein anderes Staatstheater aufbieten kann: Fritz Schäffer war der
erste, ein kleines, zähes, unpopuläres Männlein aus dem
Wahlkreis Passau, der dann als Adenauers Finanzminister in den frühen Fünfzigerjahren den „Juliusturm" baute, einen Geldhort von damals sehr respektablen sechs Milliarden Mark. Auf manchen Bildern sieht dieser Jurist aus
wie Mahatma Gandhi. Am 30. Januar 1933 hatte er, damals
als Vorsitzender der Volkspartei, in letzter Stunde den ver-
wegenen Plan gehabt, der braunen Diktatur die bayerische Monarchie mit einem König Rupprecht von Wittelsbach entgegenzusetzen. Da ist Wilhelm Hoegner, er war in
den sechzig Jahren Nachkriegsgeschichte der einzige Sozialdemokrat, der Bayern regierte: ein Gefühlssozialist, einer, der nicht nur die Bayerische Verfassung, sondern auch
einen Roman und viele Gedichte geschrieben hat. Getreu

seinem Motto „Bayern zuerst" ließ er sich in seinem Bay-
ernchauvinismus von keinem Konservativen übertreffen.
Es folgt Hans Ehard, der Mann mit den traurigen Augen,
katholischer Franke und Kommentator des Bürgerlichen
Gesetzbuchs, dessen spektakulärste Eigenschaft war, dass
ihm spektakuläre Eigenschaften völlig fehlten. Dann Hanns
Seidel, der auf den Bildern ausschaut wie ein Butler und dessen Namen heute die politische Stiftung der CSU trägt.

Der Königstraum

Alfons Goppel, in Regensburg als Sohn eines Bäckers geboren und zusammen mit neun Geschwistern aufgewachsen,
ist der Ministerpräsident, der am längsten regiert hat, noch
länger als Stoiber, nämlich 16 Jahre, von 1962 bis 1978. Die
Zeitungen porträtieren ihn als „gemütlichen bayerischen
Kachelofen", aber im Lauf seiner vielen Regierungsjahre war
Goppel viel mehr geworden: Er war ein demokratischer Kur-
fürst, der den Königstraum des Bayernlandes ganz wunderbar darstellen konnte – eine Rolle, die später Max Streibl
als Nachfolger von Strauß sehr glücklos spielte – den Monarchen also, der sich neben den Bauern zur Brotzeit auf die
Bank setzt und zeigt, dass man ungeachtet aller Klassenun-
terschiede zusammenrückt, die bayerische Herrlichkeit genießt und dem Himmelvater vertraut, der das Land so sichtbar gesegnet hat.

Mit einem Gamsbart-Hut

So einer war, um den größtmöglichen Kontrast zu wählen, Edmund Stoiber nicht. Wenn man ihn auf dem Weg nach oben
ab und zu mit einem Gamsbart-Hut gesehen hat, dann hatte
er sich halt, worum er sich immer bemühte, angepasst. Aber
Stoiber glänzte mit grenzenlosem Fleiß, mit Einsatz bis zum

Umfallen, mit Staatsstolz, Pflichtgefühl und hervorragenden Wahlergebnissen. Edmund Stoiber war eher ein Unbayer, er war ein Preuße – zumindest nach der Definition, die Kurt Wilhelm, der Autor von „Der Brandner Kaspar und das ewig' Leben", in diesem Stück den Petrus formulieren lässt: „Der Preuße spricht den Denkvorgang mit, der Bayer gibt nur das Ergebnis bekannt."

Und zwischen Goppel und Stoiber, natürlich, Strauß – der Mann, der Wirtschaftspolitik nach dem Motto „Der Fortschritt spricht bayrisch" gemacht hat, der sich, als viriler Weltpolitiker, in der Enge des Plenarsaals im Maximilianeum höchst unwohl fühlte. Strauß war ein bayerischer Pate, ein politischer Krösus. Der Historiker Wolfgang Benz sagte über den Mann, der sich, wie später Stoiber, vergeblich um die Kanzlerschaft bemühte, er sei gescheitert an der „mentalen Zurückhaltung gegen die alpine Urgewalt" in den außerbayerischen Landen.

Bayern für die Russen

Daneben die Urviecher, die gern Ministerpräsident geworden wären, aber es nicht geworden sind: Josef Müller, Gründervater der CSU und ihr erster Vorsitzender, ein politischer Ahnherr von Horst Seehofer, in Steinwiesen bei Kulmbach als Bauernbub geboren. Schon als Schüler hieß er „Ochsensepp". Seine oberfränkische Heimat machte ihn immun gegen überschäumenden Bayernkult; er wollte eine „offene CSU" – und deswegen diffamierte ihn sein Parteifeind, der erzkonservative Alois Hundhammer. Hundhammer, auf Bildern sieht er mit seinem weißen Knüppelbart aus wie ein Verwandter des heiligen Klosterbruders Konrad von Altötting, hatte zwar zwei Doktortitel, war aber so voller Ressentiments gegen Preußen, Vertriebene und sonstige Ausländer, dass der US-Militärgouverneur Lucius Clay einmal klagte: „Wenn der so weitermacht, tausche ich Bayern mit den Russen."

Ein Nachfahre des Ochsensepp

Günther Beckstein, der Lehrerssohn aus Nürnberg, der bundesweit einen Ruf als Scharfmacher hat, den er auch pflegt, gehört scheinbar in diese Ecke. Hinter der Schale des Ausländerfressers aber verbirgt sich ein anderer Beckstein, ein skrupulöser, ein an sich und seiner Politik zweifelnder, evangelischer Christenmensch, der gute Kontakte zu den türkischen Gemeinden in Bayern hat, dort gern gesehen wird, weil er so ein netter Mensch ist – der aber halt im Kabinett und überall dort, wo richtige Politik gemacht wird, seine konservative Pflicht getan und liberale Anwandlungen mit Aktenarbeit betäubt hat. Von ihm kann man sich gut vorstellen, dass er als Ministerpräsident auch mit Schwulenverbänden spricht. Wer tief in Beckstein hineinschaut, entdeckt den fränkisch-liberalen Bürger, den Nachfahr des Ochsensepp, der eine gesellschaftliche Öffnung der CSU betreiben könnte – obwohl oder gerade weil er oft so possierlich, linkisch und schusselig ist. Das Großstädtische, mit dem die CSU so wenig zurechtkommt, sieht ungefährlich aus, wenn er es betreibt. Genau diese Ungelenkheit aber ist Becksteins Problem: Ihm fehlt Ausstrahlung, er ist ein schlechter Redner, er kann nicht repräsentieren.

Arm, aber gescheit

Das wiederum kann Erwin Huber, der Finanzpolitiker, der einst Stoibers Wadlbeißer war, jetzt bayerischer Staatsmanager ist und künftig CSU-Chef sein wird. Arm, aber gescheit – so einen wie ihn hat früher der Dorfpfarrer zum Studieren geschickt, auf dass ein Geistlicher aus ihm werde. Der kleine Huber hat sich auf dem zweiten Bildungsweg durchgebissen und wurde ein Großer der CSU. Er muss den Bayern nicht spielen, er ist einer – allerdings keiner, von dem man bisher sagen könnte, dass er die *Liberalitas Bavariae* in sich trage. Dafür aber steht er für Effizienz und für souverän-gelassene Ruhe in kritischen Situationen. Er ist Modernisierer und knallharter Charmeur; zuletzt, bei der Reform der Staatsverwaltung, der größten seit Montgelas, lag die Betonung aber auf knallhart.

Eigentlich sind die Schwaben dran

Gustav Norgall, Redakteur der *Mittelbayerischen Zeitung* in Regensburg, hat zum bevorstehenden Amtsantritt des Ministerpräsidenten Beckstein zu den sechs Strophen des Frankenlieds, das Viktor von Scheffel 1859 gedichtet hat und das in Franken bei offiziellen Anlässen nach der National- und der Bayernhymne gesungen wird, eine neuere Strophe zitiert. Sie geht so: „Oh heil'ger Veit von Staffelstein, beschütze deine Franken, und jag die Bayern aus dem Land! Wir wollens ewig danken." So schlimm wird es nicht kommen. Aber eigentlich wären die Schwaben dran. Sie haben noch nie einen bayerischen Ministerpräsidenten gestellt. Im bayerischen Himmel fehlt also fast nichts – nur die Gerechtigkeit.

STARKE FRAUEN

Rita Süssmuth Sie hat der CDU den Feminismus beigebracht. Wahrscheinlich hätte es ohne Rita Süssmuth nie eine Kanzlerin Merkel gegeben. Süssmuth war von 1985 bis 1988 Bundesministerin für Jugend, Familie, Frauen und Gesundheit, von 1988 bis 1998 war sie Präsidentin des Deutschen Bundestags. Die Professorin machte aus diesem Amt eine politische Plattform.

Zum 75. Geburtstag von Rita Süssmuth, erschienen in der Süddeutschen Zeitung am 17. Februar 2012

Späte Mutter des Grundgesetzes

Wie aus Lovely Rita die Lonely Rita wurde

A ls einst die Menschen noch Felle trugen und in Höhlen lebten, war die Sache so: Der Mann musste, wie es Schiller später notierte, „hinaus ins feindliche Leben", den Auerochsen jagen, derweil „die züchtige Hausfrau" die Höhle kehrte und die Knochen vom Frühstück wegräumte. So wollte es Gott und so wollte es Schiller, aber seitdem Letzterer tot ist und Rita Süssmuth vor 25 Jahren Frauenministerin wurde, hat sich selbst der liebe Gott anders besonnen. Jetzt ist auch das feindliche Leben eine Frauendomäne. Und vor mächtigen Frauen, vor Angela Merkel und Friede Springer, zittern Minister und Chefredakteure.

Scheitern, weitermachen, nochmal scheitern, weitermachen

Es hat sich also etwas getan, und das ist auch deswegen so, weil Rita Süssmuth etwas getan hat – und der CDU den Feminismus beibrachte. Wahrscheinlich gäbe es ohne Süssmuth keine Kanzlerin Merkel. Süssmuth hat die CDU als erste deutsche Frauenministerin und später als Bundestagspräsidentin gelehrt, dass Frauen mehr sind als „Mädchen". Sie tat das „mit einer schwer bekämpfbaren, stillen Ernsthaftigkeit" und war dabei „ätzend konsequent", wie ihr das Peter Glotz, der Professorenkollege von der SPD, attestierte. Sie selbst hat ihre Arbeit mit einem Satz von Samuel Beckett beschrieben: „scheitern, weitermachen, nochmal scheitern, besser scheitern, weitermachen". Lustig ist das nicht. Als lustige Frau gilt sie denn auch nicht.

Erste deutsche Frauenministerin

Rita Süssmuth, geboren in Wuppertal als Tochter eines Schulrats, war Professorin für Erziehungswissenschaft an der Universität Dortmund, Direktorin des Forschungsinstituts „Frau und Gesellschaft" und Vizepräsidentin des Familienbundes der Katholiken, als Heiner Geißler, der Modernisierer der CDU, sie entdeckte. Damals war Süssmuth Mitte vierzig und erst seit ein paar Jahren Mitglied in der Partei. Geißler wurde Generalsekretär, Süssmuth übernahm von ihm das Bundesministerium für Jugend, Familie und Gesundheit. Ein Jahr später kamen in den Ministeriumstitel auch noch die „Frauen" hinein. Deutschland hatte nun ein Frauenministerium. Das ging damals in der öffentlichen Wahrnehmung ein wenig unter, weil gleichzeitig das Bundesumweltministerium gegründet wurde. Aber Süssmuth machte das, was sie immer gemacht hat: Sie arbeitete und rackerte, sie rackerte und arbeitete.

Sie beschaffte sich aus den anderen Ministerien die Kompetenzen, die sie brauchte, um kluge Frauenpolitik zu machen. Das gelang ihr, weil sie damals noch in der Gnade von Helmut Kohl stand – verheiratet, Mutter und katholisch. Das Wohlgefallen hielt aber nicht so lange an: Süssmuths Frauenpolitik trieb die Patriarchen in der CDU/CSU auf die Palme. Sie warb nämlich für Emanzipation, für Vereinbarkeit von Beruf und Erziehung. Sie propagierte eine liberale Abtreibungspolitik. Die Aids-Bekämpfungspolitik der Ministerin passte denjenigen

Unionisten gar nicht, die die Aids-Kranken mit seuchenpolizeilichen Sanktionen traktieren wollten. Süssmuth aber wollte Aufklärung, Beratung und Verhütung. In der Drogenpolitik setzte sie auf Milde für Süchtige und Härte gegen Dealer. Süssmuth war es auch, die den Kampf für die Strafbarkeit der Vergewaltigung in der Ehe begann. Es dauerte sehr lang, bis 2004, bis das endgültig durchgesetzt war; da war sie schon lange nicht mehr Frauenministerin und auch nicht mehr Bundestagspräsidentin.

Dieses Amt war eigentlich eines, auf das Kohl die Professorin, die ihm lästig und unheimlich geworden war, abschieben wollte: Sie hatte – zusammen mit Geißler, Biedenkopf und Späth – auf dem Bremer Parteitag vergeblich versucht, Kohl zu stürzen. Als Bundestagspräsident Jenninger wegen seiner Rede zur Judenverfolgung zurücktreten musste, machte Kohl sie zur Nachfolgerin. Dort war sie vermeintlich entsorgt, auf Repräsentation reduziert. Aber sie machte aus dem Amt eine politische Plattform. Von 1988 bis 1998 war sie Bundestagspräsidentin. Sie organisierte den Umzug des Parlaments nach Berlin (sorgte unter anderem dafür, dass die Sitze dort im Reichstag lila gepolstert wurden) und warb immer wieder für moderne Einwanderungspolitik.

Manchmal fürchtet sie den Rückfall hinter das Erreichte

So viel Souveränität gefiel den Seilschaften in der CDU nicht unbedingt, man versuchte, ihr eine Dienstwagenaffäre anzuhängen – an der aber nichts dran war. Als dann die Regierung Kohl von der Regierung Schröder abgelöst wurde, musste sie ihr Amt an Wolfgang Thierse abgeben. Aus der Lovely Rita wurde Lonely Rita. Sie geriet an den Rand ihrer Partei. Kräftig angefeindet aus den eigenen Reihen übernahm sie den Vorsitz in der von Rot-Grün eingerichteten Zuwanderungskommission, legte einen wunderbar klugen 300-seitigen Bericht vor mit Vorschlägen für eine gute Einwanderungs- und Integrationspolitik.

Süssmuth war und ist weiter als ihre CDU. Manchmal fürchtet sie den Rückfall hinter das Erreichte. Heute wirbt sie für die gesetzliche Frauenquote in den Spitzengremien der Wirtschaft: „Das sind wir den Frauen schuldig, die 1948/49 für Gleichberechtigung im Grundgesetz kämpften." Man nennt diese Frauen Mütter des Grundgesetzes. Man darf Süssmuth dazuzählen. Das Grundgesetz muss ja fortentwickelt werden – sie hat dafür gesorgt. Sie gehört zu den späten Müttern des Grundgesetzes.

Anni Kammerlander Bei der Arbeit für Flüchtlinge gibt
es keine Haupt- und Nebentätigkeit. Es ist eine Arbeit, die
den ganzen Menschen packt, mit Leib und Seele und Tag
und Nacht. Anni Kammerlander hat, 18 Jahre lang, Refugio
München, das Behandlungszentrum für Flüchtlinge und
Folteropfer, geleitet.

*Auszug aus der Laudatio zur Verabschiedung von Anni Kammerlander als
Geschäftsführerin von Refugio München am 24. Oktober 2012 in München*

Der kleine große Widerstand

Sie hat nicht darauf gewartet, dass der Staat sich um Flüchtlinge und Folteropfer so kümmert, wie es das Grundgesetz gebietet.

Es gibt Formeln, die man gern zur Beschwichtigung oder zur Tarnung der eigenen Bequemlichkeit benutzt. Dazu gehört der Satz: „Alleine kann man doch ohnehin nichts bewirken". So oft heißt es also „was soll man machen?", die Welt sei halt schlecht, „das war schon immer so, und das wird auch so bleiben". Es sind dies Sätze der Gleichgültigkeit, Sätze der Trägheit, der Apathie, der Resignation, manchmal auch der Feigheit. In uns allen stecken solche Sätze: „Was soll man machen? Da kann man gar nichts machen." Und: „Nach uns die Sintflut." Eine Demokratie kann man aber mit solchen Sätzen nicht bauen. Einen guten Rechtsstaat auch nicht. Und die Menschenrechte bleiben, wenn man solchen Sätzen nachgibt, papierene Rechte.

Der Mantel der Gleichgültigkeit

In den Flugblättern der Weißen Rose heißt es: „Zerreißt den Mantel der Gleichgültigkeit, den ihr um euer Herz gelegt habt", und: „Wenn jeder wartet, bis der andere anfängt, wird keiner anfangen!" Diese Worte aus dem Widerstand gegen Hitler sind keine Worte nur für das Museum des Widerstands.

Es reicht nicht, sie auf Gedenkveranstaltungen zu zitieren. Diese Worte haben ihre eigene Bedeutung in jeder Zeit, auch in der gegenwärtigen. Sie gelten in Diktaturen und Demokratien, in Rechtsstaaten und in Unrechtsstaaten. In Diktaturen und Unrechtsstaaten verlangen sie ein ungeheueres Maß an Mut. Dort ist der Mut lebensgefährlich. In Rechtsstaaten und Demokratien ist der Mut nicht so teuer, aber billig ist er auch nicht. „Zerreißt den Mantel der Gleichgültigkeit, den ihr um euer Herz gelegt habt", und: „Wenn jeder wartet, bis der andere anfängt, wird keiner anfangen!". Jeder und Jede muss für sich nachdenken, was ihm und was ihr das heute sagt und wozu es ihn und sie verpflichtet.

Mit Leib und Seele, Tag und Nacht

Anni Kammerlander hat nicht gewartet, bis andere angefangen haben. Sie hat nicht darauf gewartet, dass der Staat sich um Flüchtlinge und Folteropfer so kümmert, wie es das Grundgesetz gebietet. Sie hat nicht darauf gewartet, dass das Bundesverfassungsgericht sagt, dass Flüchtlinge aus Somalia, Irak und Afghanistan, aus Nigeria und Sierra Leone auch Menschen sind und die Unantastbarkeit der Menschenwürde nach Artikel 1 des Grundgesetzes auch für sie gilt.

Sie hat eine Aufgabe erspürt und sich einer Aufgabe gestellt, deren existentielle Dimension sie vielleicht am Anfang noch gar nicht ermessen hat. Von 1990 an war sie ehrenamtlich tätig für die „Initiative für Flüchtlinge", der Vorgängerin von Refugio München, von 1994 an hat sie dann Refugio, das Behandlungszentrum für Flüchtlinge und Folteropfer, als Geschäftsführerin geleitet. Bei Abgeordneten streitet man jüngst wieder um die Nebenverdienste. Bei Anni Kammerlander muss man sich da nicht streiten, bei ihr sind Hauptverdienste und Nebenverdienste identisch. Bei der Arbeit für Flüchtlinge gibt es keine Haupt- und Nebentätigkeit. Es ist eine Arbeit, die den ganzen

Menschen, die die ganze Anni Kammerlander gepackt und erfüllt hat, mit Haut und Haar, mit Leib und Seele und Tag und Nacht.

München leuchtet für „Refugio Kammerlander"

Als ihr 2004 die Medaille „München leuchtet" verliehen wurde, stand über der Meldung im Lokalteil der *Süddeutschen Zeitung* die Überschrift: „München leuchtet für Refugio Kammerlander". Das gefällt mir gut: „Refugio Kammerlander". Refugio – das ist der Ehren-Vorname von Kammerlander geworden, der Ehrenname für sie. Die Fürsten, Dogen und Könige von einst hießen „der Starke" oder „der Prächtige". Kein Politiker heute kriegt ein solches schmückendes und kennzeichnendes Epitheton. Anni Kammerlander hat es sich verdient: Refugio Kammerlander.

Anni Kammerlander arbeitet nun in etwa so lange für Flüchtlinge, wie ich bei der *Süddeutschen Zeitung*. Ich habe die Ausländer-, Flüchtlings- und Asylpolitik der Regierungen begleitet und beschrieben, kritisiert und gegeißelt. Anni Refugio Kammerlander hat gegen den Geist dieser Politik praktisch gearbeitet; sie hat geholfen, obwohl ihr das die deutsche und die europäische Flüchtlingspolitik nicht leicht gemacht haben. Sie hat die quälende Not der Flüchtlinge zu lindern versucht, sie hat auf schwankendem rechtlichen Boden wunderbare Arbeit geleistet. Wie soll man mit Flüchtlingen und Folteropfern gut arbeiten, wie soll man Therapien planen, beginnen und zu einem guten Abschluß bringen, wenn die Flüchtlinge im Dreimonatsrhythmus von Duldung zu Duldung leben, ständig in Angst vor der Abschiebung? Gerade Folteropfer macht das irre.

Wenn ein Asylantrag abgelehnt wird, wenn die Duldung abgelehnt wird – dann ist das etwas anderes, als wenn ein Bauantrag verweigert oder der Führerschein entzogen wird. Es geht nicht darum, ob man in ein neues Eigenheim ziehen kann oder darum, ob man im eigenen Auto oder mit der U-Bahn zur Arbeit kommt; es geht um die Existenz, es geht um das Überleben.

Der Fall eines jungen Kurden, dem das widerfahren ist – er war nach Jahren der Folter in syrischen Gefängnissen schutz-suchend in München gelandet – ist einer von unzähligen, der von Refugio betreut worden ist. 2009, zum 15. Jubiläum von Refugio München, wurde der in der *SZ* geschildert, als einer von so vielen, gar nicht spektakulär. Der Asylantrag des jungen Kurden war abgelehnt worden. Ihn erfaßt, so heißt es damals im *SZ*-Bericht, „noch heute Panik, wenn er Katzen sieht. Dann hat er wieder vor Augen, wie der Gefängniswärter einen Häft-ling mit einer Katze in einen Sack steckte – und der Mann da-nach völlig verunstaltet war. Er erträgt es auch nicht, Regen oder Wind in seinem Gesicht zu spüren. Das erinnert ihn dar-an, wie er nackt und nassgespritzt in der Zugluft des Gefäng-nistrakts stehen musste." Eine Psychotherapeutin von Refugio München attestierte ihm eine posttraumatische Belastungs-störung. Es ist ein Befund, den Behörden als letzten Einwand, ja als Ausflucht deuten, die den Flüchtlingshilfsorganisationen nach vielen abgewiesenen Asylanträgen noch bleibt. Indes: Refugio München will Flüchtlingen kein Alibi geben, sondern Hilfe. Bei den Behörden und den Gerichten ist das Vertrauen in die Arbeit des Vereins Refugio gestiegen. Das ist auch ein Erfolg der Beharrlichkeit von Anni Kammerlander.

Das halbierte Existenzminimum

Zwanzig Jahre lang ist alles teurer geworden in Deutsch-land. Nur die Leistungen, die den Flüchtlingen vom Staat in Deutschland gewährt wurden, wurden immer billiger. Es ist vielleicht ein wenig übertrieben, wenn man sagt: die Flücht-linge sollten ausgehungert werden, aber abgeschreckt wer-den sollten sie – indem man sie nicht mit dem Nötigsten, sondern nur mit der Hälfte davon ausstattete. Das ansonsten in Deutschland für Jedefrau und Jedermann geltende Existenzminimum wurde von Politik und Gesetz für die Flüchtlinge halbiert. Das Bundesverfassungsgericht hat dann im Juli 2012 eingegriffen – in einem spektakulären, aber eigentlich selbstverständlichen Urteil: Es hat aus Flüchtlingen wieder ganze Menschen gemacht.

Gestorben an der Hoffnung

Das ist in Ordnung, reicht aber nicht, um aus einer miserablen Flüchtlingspolitik eine gute Flüchtlingspolitik zu machen. Der Flüchtling in Deutschland wird behandelt, als handele es sich um eine Mischung aus Mündel und Straftäter. Er darf nicht arbeiten, er muss sich an Umzugs- und Reiseverbote halten. Er wird kontrolliert und drangsaliert. Ihm wird vorgehalten, dass er dem Staat auf der Tasche liegt, aber man verbietet ihm zugleich alles, was es ihm ermöglichen könnte, auf eigenen Beinen zu stehen. Man verweigert Flüchtlingen das normale Leben, weil es möglichst unnormal sein soll, um sie davon abzuhalten, nach Deutschland zu kommen. Als ob einer, der vor Verfolgung und Not flieht, sich davon bestimmen ließe. Auch Kinder werden so unwürdig gehalten; sie wachsen als Kinder von Flüchtlingen in Deutschland auf – und sollen hier möglichst nicht heimisch werden. Das ist erstens eines Rechts- und Sozialstaates nicht würdig. Und das ist zweitens dumm. Man zerstört so nicht nur Lebenschancen für junge Menschen, sondern auch Chancen für diese Gesellschaft.

Europa schützt die Grenzen, aber nicht die Flüchtlinge. Die toten Flüchtlinge im Mittelmeer sind ein grausames Exempel. Das Mittelmeer ist ein Massengrab geworden: Jedes Jahr ertrinken dort tausende von Flüchtlingen. Sie waren Bootsflüchtlinge auf dem Weg nach Europa; sie sind verdurstet auf dem Wasser, sie sind ertrunken auf hoher See oder vor Lampedusa,

sie sind erfroren in der Kälte der europäischen Flüchtlingspolitik. Die gezählten und die ungezählten Toten sind auch an
ihrer Hoffnung gestorben. Diese Hoffnung bestand darin, die
Not hinter sich zu lassen und in Europa Freiheit und ein besseres Leben zu finden. Europa nimmt den Tod in dem Meer,
das die Römer *Mare Nostrum* nannten, fatalistisch hin, weil
man fürchtet, dass Hilfe mehr Flüchtlinge locken könnte. Auch
der Tod der Flüchtlinge ist Teil einer Abschreckungsstrategie.

Die Pontius-Pilatus-Politiker

Die Politiker in der Europäischen Union spielen den Pontius
Pilatus und waschen ihre Hände in Unschuld. Was soll man
machen? Sollen die Leute halt nicht in die klapprigen Boote
steigen! Sollen sie bleiben wo sie sind! Sollen sie sich eben nicht
in Gefahr begeben! Wer sich aufs Meer begibt, der kommt drin
um! Was soll man machen? Die EU sichert die Grenzen mit einem Netz von Radaranlagen und Satelliten, mit Hubschraubern und Schiffen, die die Flüchtlingsboote abdrängen. Diese
Politik gilt als erfolgreich, wenn keine oder möglichst wenige
Flüchtlinge Europa erreichen.

Wer Lampedusa erreicht, wird nicht aufgenommen nach
dem Prinzip „Leistung muss sich lohnen", sondern rücktrans-
portiert nach dem Motto „Wir können uns euch nicht leisten".
Es ist eine große Leistung, nach Europa, gar nach Deutschland
zu fliehen – weil das eigentlich gar nicht mehr geht, weil davor
eine Vielzahl größter Hindernisse steht: Visasperren, scharfe
Grenzkontrollen, strengste gesetzliche Abweisungsmechanis-
men. Wer es trotzdem schafft, hat seine gesetzlich angeordne-
te Illegalisierung faktisch durchbrochen und eigentlich eine
Belohnung verdient: seine Legalisierung. Was ihr den ärmsten,
den geringsten meiner Brüder getan habt, das habt ihr mir getan – das steht zwar so in der Bibel, aber auch die christlichen
Parteien handeln ganz und gar nicht danach.

In ein paar Wochen ist Weihnachten, in ein paar Wochen wickeln wir die Krippe aus dem Weihnachtspapier des Vorjahres, die Krippe, die einschlägigen Figuren und Requisiten. Heute wäre der Stall zu Bethlehem vielleicht ein Flüchtlingskahn auf dem Mittelmeer – und die Heiligen Drei Könige kämen in Rettungsbooten. Vielleicht stünde die Krippe auch in einem Flüchtlings-Aufnahmezentrum in Griechenland, hinter dem Stacheldraht an der EU-Außengrenze.

Die Flüchtlinge gelten als Feinde des Wohlstands. Die Europäische Union schützt sich vor ihnen wie vor Terroristen: Man fürchtet sie nicht wegen ihrer Waffen, sie haben keine. Man fürchtet sie wegen ihres Triebes, sie wollen nicht krepieren, sie wollen überleben – sie werden also behandelt wie Triebtäter. Sie werden betrachtet wie Einbrecher, weil sie einbrechen wollen in das Paradies Europa. Und man fürchtet sie ob ihrer Zahl und sieht in ihnen so eine Art kriminelle Vereinigung. Deswegen wird aus dem „Raum der Freiheit, der Sicherheit und des Rechts", wie sich Europa selbst nennt, die Festung Europa. Die afrikanischen Flüchtlinge sind jung, und das Fernsehen lockt noch in den dreckigsten Ecken der Elendsviertel mit Bildern aus der Welt des Überflusses. Der Druck vor den Schaufenstern wird stärker werden. Ob uns diese Migration passt, ist nicht mehr die Frage. Die Frage ist, wie man damit umgeht, wie man sie gestaltet und bewältigt.

Wann ist ein Mensch illegal?

Man spricht von „illegaler Einwanderung". Wann ist ein Mensch illegal? Ist es illegal, wenn er sich zu retten versucht? Bleiben wir trotzdem beim eingeführten politischen Wort. Eine Politik, die das, was sie „illegale Einwanderung" nennt, zu verhindern versucht, kann ohnehin nur dann erfolgreich sein, wenn sie auch ein gewisses Maß an legaler Einwanderung akzeptiert. Wenn überhaupt keine Einwanderung zugelassen, wenn gar niemand aufgenommen wird, wenn es auch keine nachhaltigen Versuche gibt, die Verhältnisse in den Fluchtländern zu verbessern – dann wird die Politik allein von den Menschenschmugglern gemacht. Über deren Menschenverachtung kann man dann lamentieren. Sie kann gedeihen, weil es in der EU-Politik keine Achtung für die Flüchtlinge gibt. Jeder Mensch ist legal. Aber Flüchtlingsmenschen werden von der Politik so oft illegalisiert.

Widerspruch, Zivilcourage, aufrechter Gang

Kammerlander hat mit ihrer Arbeit als Geschäftsführerin Maßstäbe gesetzt. Und sie hat Widerstand geleistet. Widerstand? Widerstand – das war 1944 der Widerstand gegen das verbrecherische Naziregime. Widerstand, das waren auch die Montagsdemonstrationen in der DDR. Staatsrechtler und Rechtsphilosophen mögen diesen Widerstand gegen ein illegitimes Regime als den einzig legitimen, als den großen Widerstand bezeichnen. Das mag in der juristischen Wissenschaft so richtig sein. In der Wirklichkeit ist es anders. Widerstand ist auch in der Demokratie, auch im Rechtsstaat notwendig. Dieser Widerstand heißt nur anders: Er heißt Widerspruch, Zivilcourage, aufrechter Gang, er heißt zum Beispiel „Netzwerk für demokratische Kultur" oder „Pro Asyl" oder „bunt statt braun" – oder eben Refugio. Man mag das den „kleinen" Widerstand nennen. Für diejenigen, die ihn leisten, ist es, ganz subjektiv, ein ganz großer. Er erfasst die ganze physische und psychische Existenz.

Prima ratio

Das alles ist Widerstand – aber nicht als Ultima ratio, sondern als Prima ratio: Solcher Widerstand ist die Ratio der Demokratie, ihr Lebensnerv. Widerstand bedeutet heute: Nicht wegsehen, wenn Unrecht geschieht, wachsam bleiben, wachsam handeln, um den Rechtsextremisten nicht das Feld zu überlassen. Der Rechtsphilosoph Arthur Kaufmann hat einmal davon gesprochen, dass dieser „kleine" Widerstand beständig geleistet werden muss, damit „der große Widerstand entbehrlich bleibt". So ist es. Der kleine Widerstand ist nicht nur wichtig für andere, nicht nur für die Opfer, nicht nur für unser Land, nicht nur für die Demokratie. Im Kern ist er wichtig für jeden Einzelnen – für die eigene Selbstachtung nämlich. Die Arbeit gegen Rechtsextremismus und Intoleranz beginnt mit der Überwindung der eigenen Bequemlichkeit und Angst.

Eine Gesellschaft, die Heimat ist

Refugio, Refugium – das ist ein schöner Name. Refugium: Das bedeutet Heimat. Und wenn wir nach Heimat fragen, wenn wir Heimat suchen, dann müssen wir uns eine ganz wichtige Ausgangsfrage beantworten: In welcher Gesellschaft wollen wir eigentlich leben? In einer Gesellschaft, die in Alt- und Neubürger zerfällt, und in der die einen nichts mit den anderen zu tun haben wollen? Wie wäre es mit einer Gesellschaft, die Heimat sein kann für alle Menschen, die in ihr leben? Wie wäre es mit einer Gesellschaft, die ihre Zukunft miteinander gestaltet. Miteinander gestaltet! Miteinander! Damit verträgt es sich nicht, wenn die Arbeit ihren Wert verliert. Damit verträgt es sich nicht, wenn immer mehr Menschen ausgegrenzt werden: Arbeitslose, sozial Schwache, Ausländer, Flüchtlinge, Einwanderer. Die Bürgerinnen und Bürger einer Demokratie brauchen, um Bürgerin und Bürger sein zu können, Ausbildung und Auskommen, sie brauchen eine leidlich gesicherte Existenz, sie müssen frei sein können von Angst. Das gilt für die Alt- und für die Neubürger, das gilt für Deutsche und Zuwanderer. Ein Patriot ist der, der dafür sorgt, dass Deutschland Heimat bleibt für alle Altbürger, Heimat wird für alle Neubürger und Refugium für Menschen in bitterer Not.

Märchen beflügeln die Phantasie. Diese Laudatio auf Anni Kammerlander, dieser Lobpreis des aufrechten Gangs, der Zivilcourage und des Widerstandes soll deshalb mit einem Märchen enden. Es ist drastisch, Märchen sind ja oft so – aber es handelt davon, wie sich vermeintlich Schwache gegen eine Gefahr verteidigen und wie man das miteinander schafft. Es ist ein Märchen für Sie alle, die Sie unter oft schwierigsten Umständen soziale und humanitäre Arbeit, Flüchtingsarbeit, leisten müssen. Es ist ein ziemlich unbekanntes Märchen der Brüder Grimm. Die Gefahr, gegen die sie sich verteidigen, wird verkörpert durch einen Herrn Korbes.

Das Ei und das Handtuch

Da taten sich also Hähnchen und Hühnchen, der Mühlstein, ein Ei, eine Ente, eine Stecknadel und eine Nähnadel zusammen: „Wie sie zu dem Herrn Korbes seinem Haus kamen, war der Herr Korbes nicht da. Die Mäuschen fuhren den Wagen in die Remise, das Hähnchen flog mit dem Hühnchen auf eine Stange, die Katze setzte sich in den Kamin, die Ente in die Bornstande, die Stecknadel setzte sich auf ein Stuhlkissen, die Nähnadel ins Kopfkissen im Bett, der Mühlenstein legte sich über die Türe und das Ei wickelte sich in ein Handtuch. Da kam der Herr Korbes nach Hause, ging an den Kamin und wollte Feuer anmachen. Da warf ihm die Katze Asche ins Gesicht. Er ging geschwind in die Küche und wollte sich abwaschen. Wie er an die Bornstande kam, spritzte ihm die Ente Wasser ins Gesicht. Als er sich abtrocknen wollte, rollte ihm das Ei aus dem Handtuch entgegen, ging entzwei und klebte ihm die Augen zu. Er wollte sich ruhen und setzte sich auf den Stuhl, da stach ihn die Stecknadel. Darüber wurde er ganz verdrießlich und ging ins Bett. Und wie er den Kopf aufs Kissen legte, da stach ihn die Nähnadel. Da war es so bös und toll, dass er zum Haus hinauslaufen wollte. Wie er aber an die Tür kam, sprang der Mühlstein herunter und schlug ihn tot."

Was solidarische Aktion vermag

Das ist nun freilich ein etwas befremdliches Ende. Die Fabel soll auch nicht als Aufruf zur Gewalt für einen guten Zweck missverstanden werden. Es geht in diesem Märchen um den Wert der gemeinsamen Aktion. Der Herr Korbes, er ist die Verkörperung der Gefahren, die einer demokratischen Gesellschaft drohen. Und die Geschichte zeigt, wie man sich gemeinsam dagegen wehrt, was solidarische Aktion vermag. Schreiben wir das Ende des Grimmschen Märchens um: Der Herr Korbes soll nicht erschlagen, er soll nur vertrieben werden aus dem Haus der Demokratie. Vertreiben wir die Entsolidarisierung, vertreiben wir die Rücksichtslosigkeit, den Rassismus, den Ausländerhass, die Intoleranz und die Inhumanität.

So – und jetzt müsste jeder von uns nur noch wissen, wer mit seinen Möglichkeiten eher die Stecknadel, eher das Ei oder die Ente ist. Die eigene Rolle und die eigene Aufgabe zu finden, damit fangen der Widerstand und die gemeinsame Aktion an. Anni Kammerlander hat ihre Rolle gefunden.

Heide Pfarr Hans Eichel, damals hessischer Ministerpräsident, war, so erzählt sie gern, „wie der Teufel hinter
ihr her". Er wollte sie als Ministerin für Frauen, Arbeit und
Sozialordnung. Als er sie hatte, wurde es ihm und der SPD
zu viel. Heide Pfarr macht keine Kompromisse, wenn es
um Gleichberechtigung geht.

Laudatio zum 65. Geburtstag von Heide Pfarr im
Berliner Willy-Brandt-Haus am 3. Dezember 2009

Zielscheibe
schwacher Männer

**Heide Pfarr ist das erste
Gleichstellungsgesetz Deutschlands zu verdanken,
aber die Roten sahen da rot.**

H eide Pfarr ist schuld daran, dass ich mich zur Vorbereitung auf diese Preisverleihung eine Stunde lang mit der Verweigerung von Sex befasst habe. Das klingt jetzt ziemlich frivol und ganz und gar unpassend für den Beginn einer Laudatio. Aber ich erkläre Ihnen das gleich sittlich hochstehend, literarisch und altphilologisch, also einigermaßen unverfänglich. In einem Fragebogen, den die Zeitschrift *Frau im Spiegel* im Jahr 1990 der damaligen Berliner Senatorin für Bundesangelegenheiten Heide Pfarr vorlegte, wurde sie nicht nur nach ihrem Lieblingstier (ihre Antwort war erstaunlicherweise „Flusspferd"), sondern auch danach gefragt, bei welchem Ereignis sie gerne dabei gewesen wäre. Die Antwort darauf ist die, auf die ich anspiele. Diese Antwort ist, wenn man Heide Pfarr auch nur ein wenig kennt, plausibler als die Antwort auf die Frage nach dem Lieblingstier.

Die dicke Haut, die man braucht

Warum mag die eher grazile Heide Pfarr ausgerechnet die massigen Flusspferde – Tiere also, die praktisch den ganzen

Tag schlafend oder ruhend verbringen, und dabei oft bis auf die Augen, Ohren und Nasenlöcher im Wasser untertauchen? Das Tier und seine Eigenschaften passen so überhaupt nicht zu Heide Pfarr. In Brehms Tierleben steht, das Flusspferde im Bedarfsfall schnell laufen können, bis zu fünfzig Kilometer pro Stunde. Das ist verblüffend – und das wiederum passt zu Heide Pfarr: Es rächt sich ganz schnell, wenn man sie und die Flusspferde unterschätzt.

Aber beim Flusspferd ist es so, dass sie die genannte Geschwindigkeit nur wenige Meter durchhalten. Bei Heide Pfarr ist das ganz anders: Sie ist, wenn es um die Verteidigung ihrer Themen geht, wenn sie feministisch in die Offensive geht, wenn sie für Gleichberechtigung und Gleichstellung ficht, von einer Durchhaltekraft, von einer Energie und Ausdauer, mit der sie die Flusspferde unter ihrer männlichen Konkurrenz überholt. Das mögen die natürlich nicht, das hat Heide Pfarr in ihrer Karriere immer wieder erlebt. Das Flusspferd ist also ein Symbol für die Schwierigkeiten, denen sie auf ihrem Weg begegnete. Vielleicht ist es aber auch ein Symbol für die dicke Haut, die man braucht, wenn man sich den Themen widmet, denen sich Heide Pfarr ihr Berufsleben lang gewidmet hat – Gleichberechtigung und soziale Gerechtigkeit.

Der Aufstand der Lysistrate

Zu den Tieren, die Heide Pfarr sammelt, gehört das Flusspferd aber nicht. Sie hat stattdessen eine gewaltige Eulensammlung zu Hause. Die Eulen passen erstens besser ins Regal als die Flusspferde, zweitens passen sie in ihrer Symbolik auf Anhieb zu Heide Pfarr. Die Eule hat die Fähigkeit im Dunklen zu sehen, das ist eine Fähigkeit, ohne die eine Feministin nicht auskommt. Und sie ist natürlich das Attribut der Pallas Athene, als der Göttin der Weisheit und der Wissenschaften. Eule – Göttin der Weisheit und der Wissenschaft. Na also.

Da passt es nur zu gut, hier die Parallele zum allseits bekannten Spruch herzustellen: Wenn Heide Pfarr so viele Eulen aus
der ganzen Welt nach Kassel schleppt, dann ist das wie „Eulen nach Athen tragen". Und vor allem führt er zurück nach
Athen, wo diese Laudatio beginnt, ohne dass das schon ausdrücklich gesagt worden wäre. Sie beginnt also im antiken
Athen, an dem Ort, dem Pallas Athene ihren Namen gegeben hat. Heide Pfarr hat, und auf diese Antwort wurde eingangs angespielt, auf die Frage, bei welchem historischen
Ereignis sie gern dabei gewesen wäre, geantwortet: Beim Aufstand der Lysistrate. Und in der Geschichte von Lysistrate
geht es nun einmal um die Verweigerung von Sex zu höheren
Zwecken: nämlich um den Frieden zu erzwingen. Lysistrate –
das also ist das historische Ereignis, bei dem Heide Pfarr gern
dabei gewesen wäre. Wer die Geschichte von Aristophanes
über Lysistrate liest, bereitet sich die eingangs angesprochene
vergnügliche Stunde.

Keifendes Rückzugsgefecht der alten Männer

Lysistrate – die Komödie von Aristophanes ist trotz der unbe-
schwerten Frivolität, die ihr eigen ist, eines seiner ernstesten
Stücke. Das hat ganz wesentlich zu tun mit der Titelheldin
Lysistrate, „der fast alles Komisch-Heitere, Burlesk-Über-
steigerte oder gar Lustig-Derbe fehlt" (Egidius Schmalzriedt
in Kindlers Literaturlexikon, dem ich auch in der nachfolgen-
den Beschreibung und Bewertung folge). Lysistrate, im Jahr
411 vor Christus erstmals auf die Bühne gebracht, nimmt das
zentrale Thema der damaligen Zeit auf: die Sehnsucht des
athenischen Volkes nach Frieden und die Beendigung des
seit zwei Jahrzehnten fast ununterbrochen tobenden Krieges
mit Sparta. Lysistrate, das bedeutet „die Heeresauflöserin",
erstrebt den sofortigen Friedensschluß aller griechischen
Städte.

In der Expositionsszene wartet Lysistrate in der Nähe der Akropolis auf die Frauen aus Athen und Sparta, aus Böotien, Korinth und den anderen griechischen Gauen, um ihnen einen absolut wirksamen, genialen Plan zur Beendigung des Krieges vorzutragen: Alle Frauen Griechenlands sollen so lange in den Liebesstreik treten, bis ihre Männer sich dazu bereit finden, endlich Frieden zu machen. Die Frauen sind über solche Enthaltsamkeit alles andere als begeistert, doch Lysistrates Argumente und das verpflichtende Beispiel der Lampito aus Sparta überzeugen sie. So wird mit viel Wein – die Athenerinnen jener Zeit standen im Ruf großer Trinkfestigkeit – der Pakt beschworen. Der Chor der Männer, bestehend aus bramarbasierenden Greisen, den Veteranen von Marathon und von noch früheren Kriegen, versucht dann zwar, mit Brandfackeln die von den Frauen besetzte Akropolis zu stürmen, wird aber vom Frauenchor mit einer kalten Dusche empfangen. Nicht besser ergeht es dem unter Polizeischutz anrückenden Ratsherrn, der nach heftigen Diskussionen von Lysistrate und ihren Genossinnen in Frauenkleider gesteckt wird. Dem Chor der alten Männer bleibt schließlich nur ein keifendes Rückzugsgefecht übrig.

Heide Pfarrs Ereignis

Dann aber droht dem Unternehmen Gefahr aus den eigenen Reihen: Die Frauen halten es in ihrer selbstgewählten Isolation auf der Burg ohne Männer nicht mehr aus und wollen unter allerlei fadenscheinigen Vorwänden weglaufen. Nur mit Hilfe eines Orakelspruchs kann Lyistrate sie noch zum Durchhalten bewegen. Dass der Erfolg greifbar nahe rückt, zeigt eine vom Dichter mit Genuss und Raffinement vorgeführte Szene zwischen dem liebestollen Kinesias und der standhaft-listigen Myrrhine, die ihren Gatten mit immer keckeren Versprechungen und immer frecheren Verzögerungen aufreizt, um ihn schließlich auf dem kunstvoll improvisierten Lager sitzen zu lassen. Damit ist der Bann gebrochen: Der Unterhändler aus Sparta kommt, dort hatte Lampitos Aufruf zum Sexboykott spürbare Wirkung gezeigt. Die bisher feindlichen und streitsüchtigen Chöre der Männer und Frauen vereinen sich zu einem gemeinsamen Chor – und Lysistrate, unterstützt von der Göttin der Versöhnung, kann endlich den ersehnten Frieden stiften.

Das also ist das Ereignis, bei dem Heide Pfarr gern dabei gewesen wäre: Frieden schaffen ohne Waffen – beziehungsweise mit Waffen, die ganz anders sind als die, die man heute in Afghanistan einsetzt.

Eine Eule, eine Schlange

An Heide Pfarr haben sich, wie an Lysistrate, die Geister immer geschieden. Noch im Jahr 1961 wurde die Ausstrahlung einer Lysistrate-Bearbeitung durch Fritz Kortner vom Bayerischen Rundfunk boykottiert mit der Begründung, die Komödie verletze das sittliche Empfinden der Bevölkerung. Auch die CDU-regierten Länder Nordrhein-Westfalen, Baden-Württemberg und Saarland hatten Bedenken geäußert, strahlten die Sendung aber dann doch aus. Hintergrund war das damalige Bestreben der Regierung Adenauer, die Bundesrepublik atomar aufzurüsten, worauf der Regisseur Fritz Kortner in seiner Inszenierung angespielt hatte.

Wie gesagt, Heide Pfarr kennt so etwas. Es gab stets Menschen, die begeistert von ihr waren, die ihren Esprit beklatscht, die für sie geschwärmt, die sie bewundert und auf Händen getragen haben. Es gab auch solche, die sie voller Neid und Skepsis, ja auch Feindseligkeit betrachtet, sie nicht nur für eine Eule, sondern für eine Schlange gehalten und bekämpft haben. Zwischen diesen konträren Enthusiasmen fand fast nichts Platz. Man muss sich bei ihr entscheiden: schwarz oder weiß, alles oder nichts.

Ich glaube nicht, dass Heide Pfarr diese Reaktionen auf sich bewusst provoziert hat. Wer sie näher kennt, weiß, wie viele Selbstzweifel sie oft gehabt hat, wie sehr ihr Anerkennung, wie sehr ihr menschliche Nähe wichtig sind, wie einfühlsam sie sein kann. Dass sich an Heide Pfarr immer die Geister geschieden haben, liegt wohl an drei Dingen, die ihr eigen sind und die zu ihr und ihrer Vita gehören: da ist erstens ihre brillante Intelligenz, da sind zweitens die Themen, denen sie sich verschrieben hat, und da ist drittens ihre beharrliche, schnurgerade Geradlinigkeit. Hinter der intellektuellen Koketterie und der sprühenden Eloquenz verbirgt sich hartes inhaltliches Arbeiten, und das profunde Wissen gedeiht auf strenger Disziplin.

An der Seite der Gewerkschaften

Heide Pfarr war schon in jungen Jahren strahlender Mittelpunkt: Ihre berufliche Karriere begann an den Universitäten. Nach ihrem rechtswissenschaftlichen Studium in Berlin war sie schon mit 27 Jahren promoviert, wurde mit 32 Jahren Professorin an der Fachhochschule für Wirtschaft in Berlin, erhielt ein Jahr später einen Ruf an den Reformfachbereich „Einstufige Juristenausbildung" der Universität Hamburg für Zivil- und Arbeitsrecht, wurde 1984 zur ersten Vizepräsidentin der Hamburger Universität gewählt. Björn Engholm wie Gerhard Schröder baten sie um Unterstützung in ihren Wahlkämpfen. Und als Walter Momper dann 1989 als Regierender Bürgermeister in Berlin seinen rot-grünen Senat zusammensetzte, machte er Heide Pfarr zur Senatorin für Bundesangelegenheiten. Ihr Wissen, ihre Redegewandtheit und ihre Überzeugungskraft waren ein gutes Rüstzeug, um sich in Bonner Sitzungsrunden durchzusetzen.

Nun muss man hinzufügen, dass es nicht immer nur Applaus war, der Heide Pfarr entgegengebracht worden ist. Die Themen, denen sich Heide Pfarr verschrieben hat, polarisieren.

Das gilt für das Arbeitsrecht, das ihr seit ihrem Studium ans Herz gewachsen ist und auf das sie sich spezialisiert hat – eine Leidenschaft, die sie mit ihrer Freundin und Studienkollegin Herta Däubler-Gmelin teilt. Hier muss man sich früh entscheiden, wessen Interessen man zur Durchsetzung verhelfen will, denen der Arbeitnehmer oder denen des Kapitals. Diese Entscheidung war für Heide Pfarr eindeutig. Sie hat sich an die Seite der Gewerkschaften und abhängig Beschäftigten gestellt und sich für deren Rechte stark gemacht. Das macht einem nicht nur Freunde, das ruft Widersacher auf den Plan.

Beständiges Trommeln für den Feminismus

Vor allem aber polarisiert das Thema „Gleichberechtigung im Arbeitsleben", dem sich Heide Pfarr zeit ihres wissenschaftlichen und politischen Arbeitens gewidmet hat. Es stößt auf Widerstand, wer die Bevorzugung der Männer im öffentlichen Leben und im Arbeitsleben in Frage stellt; es kochen, weit mehr als bei fast allen anderen politischen Themen, Emotionen, ja Aggressionen hoch – bei denen, die die Forderung nach Gleichstellung nicht nur als Bedrohung männlicher Besitzstände empfinden, sondern auch als Angriff auf das männliche Selbstbewusstsein. Heide Pfarr hat diese Aggressionen auf sich gezogen, oft beinahe mit Lust. Sie war eine prominente Vorkämpferin im Streit um die rechtliche Verankerung des Gleichstellungspostulates im Arbeitsleben; und sie hat nie ein Hehl daraus gemacht, Feministin zu sein. Die Liste ihrer Veröffentlichungen zu diesem Thema ist lang, ihr Trommeln dafür beständig. Das machte sie zur Galionsfigur des Feminismus. Männer hingegen bedauerten, dass Heide Pfarr ihre Talente auf dieses Thema verschleudere oder traten ihr mit Ablehnung entgegen. Gewiss, nicht alle waren so. Und als da einer, Hans Eichel, kam und „wie der Teufel hinter ihr her war", wie sie des Öfteren zum Besten gab, um sie zu bewegen, in sein Kabinett als Ministerin für Frauen, Arbeit und Sozialordnung nach Hessen zu kommen, da sagte Heide Pfarr „Ja". Auf dieser Position konnte sie, so dachte sie es sich, all das in Politik ummünzen, worauf sie sich bestens verstand und wofür sie sich immer eingesetzt hatte. Und auch hier hatte sie sogleich ihre glänzenden Auftritte, ragte heraus aus dem üblichen Politikgeschäft, zog die Aufmerksamkeit auf sich und ihre Themen, weit über die hessischen Landesgrenzen hinaus; sie fand den Beifall der Presse. Doch sich mit einer begabten Frau zu schmücken, ist das eine. Ihr die Rückendeckung zu geben, auf dass sie ihre Ziele auch politisch durchsetzen kann, das ist das andere. Und dies versagte man ihr in Hessen, als man merkte, sie meint das ernst, was sie sagt.

Als die Roten rot sahen

Ein bisschen Gleichberechtigung, so war der Tenor in der hessischen SPD, sei ja schön – aber sie wirklich in Angriff zu nehmen und in ein Gleichstellungsgesetz für den öffentlichen Dienst des Landes zu schreiben, das war den hessischen Sozialdemokraten dann doch zu viel. Zumal Heide Pfarr ihr Gesetz nicht nur mit allgemeinen Gleichbehandlungsgeboten, sondern konkreten Zielvorgaben und gar Quoten versah. Da sahen die Roten rot, das war zu viel des Guten. Wollte Heide Pfarr zu viel? Sie wollte mit ihrem Gesetz schlicht erreichen, dass Frauen stufenweise die gleichen Chancen erhalten wie Männer. Sprich: dass es ihnen nicht zum Nachteil angerechnet wird, auch Mutter zu sein.

Erst wurde, natürlich, die Kritik der damaligen CDU-Opposition immer größer. Dann wurde das Rumoren in den Fraktionsräumen der SPD immer lauter. Heide Pfarr wurde gemahnt, nicht zu weit zu gehen, nicht zu viele Leute zu verschrecken. Aber die, die so redeten, kannten die Geradlinigkeit und Beharrlichkeit von Heide Pfarr nicht. Sie glaubte felsenfest an ihre Sache, und sie glaubte daran, mit ihrer Überzeugungskraft die Mehrheit gewinnen zu können. Sie hat es ja letztlich auch geschafft. Ihr ist das erste Gleichstellungsgesetz in Deutschland zu verdanken, das wirklich in Kraft trat, seinem Namen wirklich Ehre machte und schließlich, trotz aller Unkenrufe, auch den rechtlichen Segen des Europäischen Gerichtshofs erhalten hat. Auch 46 Landtagsabgeordneten der CDU gelang es nicht, das Gesetz mit einer Klage vor dem Gerichtshof in Luxemburg zu Fall zu bringen.

Vergiftete Pfeile

Nur Heide Pfarr ist das alles nicht gut bekommen. Sie wurde damals auf ungute Weise abserviert. Starke Frauen dienen schwachen Männern als Zielscheibe. Es wurde mit vergifteten Pfeilen auf sie gezielt. Da tauchte auf einmal die Kolportage auf, Heide Pfarr habe sich an Umzugskosten bereichert, da rief man lauthals „Skandal!", man gab ihr keine Chance und ließ sie fallen. Aufgefordert zum Rücktritt, zog sie sich von der Politik zurück. Es erwies sich später, dass sie sich nichts hatte zuschulden kommen lassen. Der wahre Grund war der: sie war zu gut, zu überlegen, zu ernsthaft an der Sache interessiert, sie war zu gefährlich, vielleicht auch zu undiplomatisch – sie hatte sich wohl auch, weil sie so fest überzeugt war von der Richtigkeit und Notwendigkeit ihrer Politik, zu wenige Bündnispartner gesucht. Es fehlte die Gladiatorentruppe der Betriebsräte. Hätte es die schützende Truppe gegeben, wäre Hans Eichel auf Knien zu Heide Pfarr gerutscht.

Das alles hat Heide Pfarr sehr getroffen, persönlich und um der Sache wegen. Sie brauchte Zeit, um damit klarzukommen, sie brauchte Zeit, sich selbst wieder zu orten und zu finden. Dabei halfen ihr Durchhaltewillen, ihr Selbstbehauptungstrieb – und ihre Kraft, die sie aus der Überzeugung zieht, sich für das Richtige zu engagieren. Und da war einer, ein Mann, der ihr in Kassel das Rückgrat stärkte: Thomas Dieterich, ihr Ehemann, der ehemalige Verfassungsrichter und Präsident des Bundesarbeitsgerichts.

Heide Pfarr machte also eine Zäsur, veränderte ihr Äußeres, trat selbstbewusst einen neuen Lebensabschnitt an; der führte sie, nach einer kurzen Zeit als Professorin, 1995 an die Spitze des Wirtschafts- und Sozialwissenschaftlichen Instituts des Deutschen Gewerkschaftsbundes. Verbunden damit ist die Mitgliedschaft in der Geschäftsführung der Hans-Böckler-Stiftung. Heide Pfarr hat dafür gesorgt, dass das WSI wie kein anderes wissenschaftliches Institut das Feld der Arbeitsbedingungen von Frauen erforscht hat. Will man sich hier mit profunden Kenntnissen ausstatten, kommt man am WSI nicht vorbei. Pfarr hat im Jahr 2001 einen Gesetzentwurf zur Gleichstellung der Geschlechter in der Privatwirtschaft vorgelegt. Der fand beim damaligen SPD-Kanzler Gerhard Schröder, dem dies „Gedöns" zu sein schien, keinen Anklang.

Die Arbeitsbedingungen von Frauen

Heide Pfarr und das Institut haben dafür gesorgt, dass die Auswirkungen der immer mehr wuchernden, prekären Arbeitsverhältnisse erforscht wurden. In einer Zeit, in der Kapital und Markt immer weniger Barrieren und Beißhemmungen kannten, in der der Kapitalismus zum ersten Mal in seiner Geschichte so funktionierte, wie es Karl Marx in seinem „Kapital" beschrieben hatte, in dieser Zeit organisierte Heide Pfarr das Wirtschafts- und Sozialwissenschaftliche Institut zu einem Hort des erfolgreichen Widerstandes. Sie hat dagegen gekämpft, dass an die Stelle der Ratio, an die Stelle der Vernunft der Aufklärung, die rein betriebswirtschaftliche Rationalität tritt – was landläufig Rationalisierung genannt wird. Heide Pfarr stritt wacker und erfolgreich gegen die Rückbeförderung des arbeitenden Menschen in die Unmündigkeit. Sie hat das Fundament dieses Staates, sie hat die soziale Gerechtigkeit verteidigt.

Heide Pfarrs Asteroid

An dieser Stelle sollte nun eigentlich Musik erklingen, Musik aus einer Operette von Paul Lincke, die „Lysistrata" heißt. Das bekannteste Lied daraus ist das vom Glühwürmchen – Glühwürmchen, Glühwürmchen, glimmre, glimmre. Aber es genügt vielleicht, wenn sie die Melodie jetzt leise vor sich hinsummen. Das Lied ist aus dem Jahr 1902. Damals hat man von Gleichberechtigung und Gleichstellung der Frau allenfalls ein schwaches Glühen gesehen. Man braucht tausend Glühwürmchen, um ein Licht zu haben, das auch nur dem Schein einer Kerze entspricht. Heide Pfarr hat der Gleichstellung der Frau ganz viele Kerzen aufgestellt. Wenn der vom deutschen Astronomen Max Wolf entdeckte Asteroid auf den Namen Lysistrata getauft wurde, dann ist das eine Ehrung auch für Heide Pfarr. Sie ist kein Glühwürmchen, sie ist ein Stern.

Renate Damm Es gab eine Zeit, in der Frauen, die berufliche Karriere machen wollten, als „Mannweiber" beschimpft wurden. Renate Damm hat das ausgehalten und dagegen gekämpft. Sie war Justitiarin bei Springer.

Auszüge aus der Laudatio zur Verleihung des Maria-Otto-Preises des Deutschen Anwaltvereins an Renate Damm am 24. November 2011 in Berlin

Ich bin ein
hartes Mädchen

Von Maria Otto zu
Renate Damm: Rechsanwältinnen
in Deutschland

Im Zentrum von München, der Stadt, in der ich lebe und arbeite, gibt es eine Otto-Straße: Sie ist benannt nach Prinz Otto von Bayern. Dieser Prinz Otto war der zweitälteste Sohn König Ludwigs I. Er wurde 1832 zum König von Griechenland gewählt. Manche mögen diese historische Reminiszenz in Zeiten der Euro-Krise und der Milliarden-Hilfe für Athen als einen Fingerzeig empfinden. Man könnte doch vielleicht heute Angela Merkel zur Königin von ... Nun ja, 1862 wurde König Otto von Griechenland durch eine Militär-revolte gestürzt und zum Verlassen des Landes gezwungen. Er kehrte mit seiner Frau nach Bayern zurück, wo die beiden bis zu ihrem Tode in der ehemals fürstbischöflichen Residenz zu Bamberg lebten. Jeden Tag hatten sie als Erinnerung an ihre Zeit in Griechenland eine sogenannte Griechisch-Stunde, in der sie sich ausschließlich auf griechisch unterhielten. Jeden Abend zwischen sechs und acht also wurde nur griechisch gesprochen, und der aus fünfzig Personen bestehende Hofstaat war in grie-chische Trachten gekleidet.

Ich erzähle das, weil diese ziemlich vergessene Geschichte ganz gut in die aktuellen politischen Debatten passt. Auch im Bundeskabinett soll Finanzminister Schäuble schon die Anregung gegeben haben, im Kabinett bei jeder Sitzung mindestens eine Stunde griechisch zu reden. Jedenfalls, um mich nun dem Thema, dem Preis und der Laudatio anzunähern, ist die Otto-Straße in München nach diesem Otto, also nach diesem deutsch-bayerischen Abenteurer in Griechenland benannt. Diese Straßenbenennung ist nun nicht gerade ein Fehler, aber sie gehört ins Schema des Üblichen. Origineller, spannender wäre es, die Straße nicht nach dem Prinzen Otto, sondern nach Maria Otto zu benennen.

Eine Pionierin der Emanzipation

Warum, so werden selbst alte Münchner fragen, Maria Otto? Weil just in dieser Straße die Rechtsanwältin Maria Otto ihrer Profession und Leidenschaft nachgegangen ist. Diese Maria Otto war eine Frau, die nicht nur bayerische, sondern deutsche Geschichte geschrieben hat, von der aber nur die Wenigsten wissen. Das ist leider bei den Pionierinnen der Emanzipation nur allzu oft der Fall. Maria Otto war eine solche Vorkämpferin – sie war die erste Frau, die in Deutschland als Rechtsanwältin zugelassen wurde; im Jahr 1922 war das, sechzig Jahre nach dem Griechenland-Abenteuer des Prinzen Otto. Ich sagte, Maria Otto „wurde zugelassen". Das ist eigentlich falsch – Maria Otto wurde nicht einfach zugelassen, sie musste zugelassen werden. Sie räumte nämlich in trotziger Beharrlichkeit viele Jahre lang die massiven Hindernisse beiseite, die ihr und anderen Frauen damals den Weg in die Juristerei verbauten. Maria Otto hatte Glück, der Wandel der politischen Verhältnisse, die Weimarer Verfassung und die erste deutsche Demokratie kamen ihr zu Hilfe; erstmals waren Frauen in den Reichstag eingezogen – die mit ihrem Engagement und dem nötigen Nachdruck erreichten, dass Frauen ab 1922 per Gesetz der Zugang zu den juristischen Berufen eröffnet wurde.

Der Zeitgeist damals hielt Frauen wegen ihrer Konstitution, ihrer geistigen Unzulänglichkeit, ihrer Psyche und auch wegen ihrer natürlichen Bestimmung für unfähig, Recht zu sprechen oder Rechtsbeistand zu geben. Welche Eigenschaften brauchte man, um sich so erfolgreich gegen den Zeitgeist zu behaupten? Gewiss einen starken Willen, Selbstdisziplin, Begabung und Ehrgeiz. Darüber verfügte Maria Otto in bemerkenswertem Maße. Aus wohlbehütetem, bürgerlichem Hause stammend, hatte sie es sich nach einer Sprachlehrerausbildung in den Kopf gesetzt, Juristin zu werden. Als sich die Tore der Gymnasien erstmals auch für Mädchen öffneten, holte sie deshalb dort das Abitur nach und schrieb sich sodann für das Jurastudium an der Universität Würzburg ein.

Erste Rechtsanwältin Deutschlands

Immerhin war Bayern im Vergleich zu anderen Ländern damals schon so fortschrittlich, Frauen zum Studium zuzulassen – aber nicht fortschrittlich genug, ihnen nach erfolgreichem Abschluss des Studiums der Rechtswissenschaften auch Zugang zum juristischen Vorbereitungsdienst zu eröffnen. Und so wurde Maria Otto nach bestandener universitärer Abschlussprüfung ausdrücklich untersagt, das Referendariat anzutreten. Doch sie gab nicht klein bei. In Berlin und München studierte sie weiter, schrieb sich auch für Sprachen und Handelswissenschaften ein, legte 1920 erfolgreich die kaufmännische Diplomprüfung ab, promovierte über den „Internationalen Rechtsschutz gegen unlauteren Wettbewerb" und ließ nicht locker, immer wieder von neuem Anträge zu stellen, sie doch in den juristischen Vorbereitungsdienst aufzunehmen, zumindest „informatorisch".

Letzteres war ein geschickter Schachzug, denn diesem Begehren gab das bayerische Justizministerium 1920 dann schließlich gnädiglich nach. Damit hatte Maria Otto nun einen

Fuß in der Tür zu den juristischen Berufen, und sie setzte alles in Bewegung, auch den zweiten noch nachzuziehen. 1922 wurde sie zum Assessor-Examen zugelassen, und als dann nach erfolgreich bestandener Prüfung Ende des Jahres das Reichsgesetz zur Zulassung der Frauen zu den Berufen der Rechtspflege in Kraft trat, hatte es Maria Otto endlich geschafft: Sie wurde als erste Rechtsanwältin Deutschlands zu den Landgerichten München I und II sowie zum Oberlandesgericht München zugelassen. Dem folgten dann über fünfzig Jahre engagierte Tätigkeit als Rechtsanwältin in München vornehmlich auf dem Gebiet des Familienrechts, was ihr den Spitznamen „Mutter der Witwen und Waisen" eintrug. Sie wird als zurückhaltend, aber unerschrocken geschildert, als höflich, aber bestimmt; als eine, die sich selbst nicht in den Vordergrund spielte, aber mit präziser rechtlicher Argumentation glänzte. Sie war eine selbstlose Kämpferin für Recht und Gerechtigkeit.

Befreiung von ungerechten Zwängen

Das zeichnet viele Frauen aus, die Pionierarbeit auf dem Wege der Gleichberechtigung geleistet haben und sich das Recht als Instrument dafür wählten. Denken wir an Elisabeth Selbert, ebenfalls eine der ersten Rechtsanwältinnen, der wir den Artikel 3 unseres Grundgesetzes zu verdanken haben. Denken wir an Erna Scheffler, die erste Frau, die auf der Richterbank des Bundesverfassungsgerichts Platz nehmen konnte; sie trug Sorge dafür, dass dieser Gleichberechtigungsartikel Stück für Stück auch in Recht umgemünzt werden musste. All diese Frauen haben Emanzipation umfassend begriffen, als Befreiung von ungerechten Zwängen – und sie haben sich demzufolge in und neben ihrem Beruf auf sozialem und politischem Felde engagiert. So gehörte Maria Otto 1914 zu den ersten Frauen im „Deutschen Juristinnen-Verein", der Vorläuferin des Deutschen Juristinnen-Bundes. Sie arbeitete in der

Münchner Rechtsschutzstelle für Frauen, vertrat zeitlebens
Frauenvereinigungen, engagierte sich für Künstlerinnen und
kümmerte sich um Kinder, deren Vormundschaft sie in großer Zahl übernahm. Maria Otto hätte es verdient, dass man
mit ihrem Namen eine Straße in München schmückt.

Die kluge Klare aus dem Norden

Viele der Eigenschaften, die ich bei Maria Otto geschildert habe, findet man bei der Hamburgerin Renate Damm. Nicht nur
der Deutsche Anwaltsverein hat Grund, sie mit dieser Preisverleihung zu ehren, sondern auch Hamburg, die Stadt, mit
der sich ihr Schaffen verbindet. Hamburg ist die Stadt, deren
Flair zu ihr passt. Warum? Renate Damm ist die Weltläufige,
die Elegante, die Starke, Frische und Wetterbeständige. Sie
ist die kluge Klare aus dem Norden. Sie ist, wie Maria Otto, ein
paar Jahrzehnte später freilich, Vorreiterin für die Rechte der
Frauen und deren Verwirklichung. Zwar musste Damm sich
als junge Frau in den fünfziger Jahren nicht mehr das Recht
erkämpfen, Juristin werden zu dürfen. Doch zumindest ihren
Vater musste sie davon überzeugen, dass sie als Frau auch ihren „Mann" stehen kann, wie man so schön abwertend gön-
nerhaft über Frauen sagt, die den Konkurrenzkampf mit den
Männern aufnehmen.

Schiedsrichterprüfung für den Fußball

Diesen Konkurrenzkampf hat Damm früh und glorios aufgenommen. Schon als Schülerin hat sie die Schiedsrichterprü-
fung für den Fußball absolviert, um es sich selbst und ihrem
Vater zu beweisen. Damals, in den Fünfzigern, war ja der Zeitgeist restaurativ und wieder auf das Heimchen am Herd und
auf „Mutter ist die Allerbeste" eingestellt, Artikel 3 Absatz 2
Grundgesetz hin oder her. In Kirche, Wissenschaft und Politik

wurde damals wieder von der angeblich gottgegebenen natürlichen Bestimmung der Frauen geredet und die verfassungsrechtlich angesagte Gleichberechtigung von Männern und Frauen galt als ein Verderbnis für beiderlei Geschlechter, dem Einhalt zu gebieten war.

So war das. Das Klima war nicht günstig für Frauen mit Wunsch nach beruflicher Karriere. Diesen schlug Skepsis, wenn nicht Ablehnung entgegen, sie galten als Exoten, sie galten als „Mannweiber". In den juristischen Hörsälen und Seminaren konnte man die Frauen an den Fingern abzählen. Ihr Anteil an den Studierenden der Jurisprudenz lag unter fünf Prozent. Das bedeutete, dass man sich als Frau nur ja keine Blöße geben, keine Schwäche zeigen, sich durch Hänseleien nicht einschüchtern lassen durfte, dass man sich mit Leistung hervortun und sich männlichen Riten anpassen musste, um auf diese Weise Akzeptanz zu finden und voran zu kommen. Renate Damm verstand das als Herausforderung. Sie wurde damals gestählt für eine Karriere unter Männern – sie lernte auch, mit welcher Art von Auftreten Frau in einer Männerwelt besteht.

In Springers Höhle

1959 schloss Renate Damm ihr Jurastudium ab, 1963 bestand sie die Assessor-Prüfung. Und was dann? Sie ist eigenwillig, sie strebt nicht den Richter- oder höheren Verwaltungsdienst an, in denen Frauen zu dieser Zeit zwar auch noch spärlich vertreten waren, aber schon leidlich geduldet wurden. Nein, sie entscheidet sich für die freie Wildbahn der Wirtschaft und klopft in der Höhle des Zeitungslöwen Axel Springer an. Und welch Wunder, er stellt sie ein! Nein, es ist eigentlich gar kein Wunder, denn hier setzt Renate Damm nun ihre guten Gaben trefflich ein: ihren luziden Verstand bei kühlem Kopf, ihre Unerschrockenheit auch gegenüber großen Tieren. Sie redet dem Zeitungszaren nicht zum Munde, sondern erklärt ihm unumwunden, dass er mit der von seinem Hause vertretenen Rechtsauffassung nicht durchkommen wird. Das macht ihm Eindruck, das überzeugt. Renate Damm wird bei Springer Syndikus-Anwältin in der Rechtsabteilung.

Die knallharte Chefjustitiarin

Es war kein Zuckerschlecken, sich hier, in einer reinen Männerdomäne, zu behaupten. Renate Damm boxte sich nach oben, wurde 1967 Leiterin der Rechtsabteilung „Redaktionen" und 1985 Chefjustitiarin des Axel Springer Verlags. Sie war an der Spitze angekommen, war leitende Führungskraft in einem Großunternehmen und hier als Frau allein auf weiter Flur. Sie war jetzt, obwohl von nicht sehr großer Statur, ein Leuchtturm für Frauen, die den Traum verfolgen, auch einmal in die Chefetagen zu gelangen, dort, wo Macht und Einfluss zu Hause sind.

Renate Damm brauchte und hatte stählerne Nerven, ein Seelenkorsett, das das Innere vor allzu tief gehenden Verletzungen schützt und das widerstandsfähig gegen Angriffe ist; dazu kamen taktische Begabung, kluge Berechnung und die Bravour, selbst Attacken zu reiten, wenn es sein musste. „Ich bin ein hartes Mädchen" soll sie Günter Wallraff zugerufen haben, als es juristische Auseinandersetzungen mit ihm über seine Undercover-Tätigkeit als Redakteur „Hans Esser" bei der Bildzeitung gab. Hartes Mädchen? Wallraff meinte später, dies sei untertrieben gewesen. Wirklich knallhart sei sie gewesen. Axel Springer soll einmal von ihr gesagt haben, sie sei „der einzige Mann im Hause". Das war gewiss als Kompliment gemeint, und doch ist das keine hinreichende Würdigung ihres Schaffens.

Renate Damm hat es den Männern gleichgetan, aber das allein macht ihren Erfolg nicht aus. Sie hat sich über ihre Arbeit bei Springer hinaus einen Namen gemacht, sie hat sich für Frauen und ihre Rechte eingesetzt, sie hat politisch Farbe bekannt und sich auf der landespolitischen Bühne in Hamburg engagiert, war stellvertretende Landesvorsitzende der FDP. Das hat Renate Damm zur respektierten Größe gemacht – und zu einem unabhängigen Geist, zu einer, um die ungebräuchliche weibliche Form zu nehmen, zu einer „Geistin".

Insgeheim wird Renate Damm den Umstand, dass sie damals für Springer den Rechtsstreit gegen Wallraff verlor, nicht nur als Niederlage, vielmehr auch als kleinen Sieg empfunden haben – als einen Sieg für die Pressefreiheit, für die sie sich nicht nur innerhalb des Konzerns, sondern in vielen Veröffentlichungen und Funktionen als Expertin stark gemacht hat. Presserecht war und ist ihr Metier. Mit 65 Jahren hat sie dann noch einmal das Wagnis unternommen, sich selbständig zu machen und zusammen mit Roger Mann eine eigene Anwaltskanzlei zu gründen.

Der Platz vor dem Dammtor

Gewiss, Renate Damm ist etwas ruhiger und milder geworden, ihre Hartnäckigkeit und Zielstrebigkeit und Umtriebigkeit hat sich mit Gelassenheit und Weisheit gepaart. Heute muss sie nicht mehr beweisen, dass sie großartig ist. Sie hat es oft genug gezeigt. Deshalb hat sie das Bundesverdienstkreuz erster Klasse, obwohl Hanseatin durch und durch, angenommen – schon um all der Frauen willen, die sehen sollen, dass es sich lohnt, für etwas zu kämpfen.

Und wäre ich jetzt nicht Heribert Prantl, sondern Hamburgs Bürgermeister Olaf Scholz – dann würde ich jetzt ankündigen, dass der Platz vor dem Hamburger Dammtor künftig „Renate-Dammtor-Platz" genannt wird.

Anetta Kahane Wie heißt eigentlich die weibliche Form von Sisyphos? Camus hat mit seinem bekannten Spruch vom glücklichen Sisyphos den Mythenkern semantisch berichtigt, er hat der Sinnlosigkeit Sinn gegeben. Der glückliche Sisyphos, das ist eine gute Vorstellung: für Bürgerinitiativen ebenso wie für Journalistinnen und Journalisten und erst recht für Leute, die gegen Nationalismus, Rassismus, Antisemitismus und Rechtsextremismus arbeiten. So eine ist Anetta Kahane.

Rede zum 60. Geburtstag von Anetta Kahane am 4. November 2014 in den Räumen der Amadeu-Antonio-Stiftung in Berlin

Den Mond nach Berlin holen

**Der Antisemitismus ist für
Anetta Kahane das Exempel und Lehrfeld für
alle anderen rassistischen Angriffe.**

Die Aufdeckung der zehn Neonazi-Morde des NSU ist genau drei Jahre her. Der heutige Tag ist also der Jahrestag einer furchtbaren Erkenntnis. Seit drei Jahren ist klar, dass ein berühmter Satz von Bertold Brecht nicht nur Bedeutung hat für den Deutschunterricht an den Gymnasien. Der Satz „Der Schoß ist fruchtbar noch, aus dem das kroch" steht im Epilog des Theaterstücks „Der aufhaltsame Aufstieg des Arturo Ui", das die Hitlerei und den Nazismus in die Welt des Gangstertums transferiert. Es ist dies, so hat sich vor genau drei Jahren grausam gezeigt, ein Satz von kriminalistischer Wahrheit. Ralph Giordano hat bei der Jahrestagung des Bundeskriminalamts festgestellt, die Bundesrepublik sei bei der Aufdeckung der NSU-Verbrechen „aus allen Wolken ihrer Ahnungslosigkeit gefallen". Und er fügte fragend hinzu, was gewesen wäre, wenn die von den Neonazis Ermordeten nicht kleine Leute mit Migrationshintergrund gewesen wären, sondern stattdessen hochkarätige Vertreter aus Politik, Wirtschaft, Kirche oder Wissenschaft wie damals, in den Mordzeiten der RAF? Die Frage beantwortet sich von selbst.

Erstaunlich schnell sind Politik und Sicherheitsbehörden wieder zum Alltag übergegangen. Das Entsetzen über die Verbrechen der NSU hat sich ziemlich gelegt. Die Aufregung ist abgeflaut, der Ruf nach Konsequenzen nur noch leise. Der Bundesinnenminister hat ein paar Spitzenbeamte ausgewechselt, das war es dann. Manchmal hörte man makabre Nachrichten aus den Untersuchungsausschüssen über das unsägliche Versagen der Sicherheitsbehörden; deren Vertreter reden das dann schön. Manchmal gab und gibt es kleine öffentliche Aufwallungen, wenn bekannt wird, dass einschlägige Akten vom Verfassungsschutz vernichtet wurden. Und manchmal erinnert man sich dann an die Erregung, die das ganze Gemeinwesen zurzeit der RAF-Morde erfasste, und man wundert sich über die allgemeine Gelassenheit von heute.

Die alltäglichen Gewalttätigkeiten

Der alltägliche gewalttätige Rassismus in Deutschland ist nach Aufdeckung der Verbrechen des NSU kein großes Thema geworden. Die Bürger, die sich Neonazis entgegenstellen, erhalten nach wie vor wenig Hilfe. Wenn Neonazis couragierten Leuten zur Einschüchterung das Auto demolieren, wird das von der Polizei wie eine ganz normale Sachbeschädigung behandelt. Die Morde der NSU haben, mit wenigen Ausnahmen, keine neue Sensibilität der Behörden ausgelöst. Es gibt keine bundesweiten Anweisungen, gegen braune Gewalt mit aller Energie vorzugehen. Es gibt keine neuen Prioritäten in der Politik der inneren Sicherheit. Es gibt keine starken Indizien für neue Verve, neue Tatkraft, neue Courage im Kampf gegen den Rechtsextremismus. Man tut so, als seien die NSU-Morde das eine – und die alltäglichen Gewalttätigkeiten gegen Ausländer etwas ganz anderes. Gewiss: Untersuchungsausschüsse haben wackere Arbeit geleistet, der U-Ausschuss in Thüringen vor allem. Aber: Was waren, was sind die Konsequenzen?

Diejenigen Politiker, die Neonazis engagiert entgegentreten, erleben merkwürdige Dinge. Gegen sächsische Abgeordnete, die an Protesten gegen einen Neonazi-Aufmarsch teilgenommen hatten, ermittelte die Staatsanwaltschaft in Dresden wegen „Sprengung" einer genehmigten Versammlung. Sind das die Zeichen, die wir brauchen? Auch Wolfgang Thierse musste, als er noch Bundestagsvizepräsident war, einschlägig seltsame Erfahrungen machen: Als er sich an einer Sitzblockade gegen Neonazis beteiligte, wurde ihm vorgeworfen, er habe die „Würde des Amtes verletzt". Thierse gehört zu den Politikern, die seit vielen Jahren Rechtsextremismus engagiert bekämpfen. Er gehört zu denen, die überzeugt davon sind, dass man den öffentlichen Raum nicht den Extremisten überlassen darf. Es verletzt die Würde des Amtes, wenn man nichts gegen die Neonazis tut.

Die braune Gewalt

Ausländerfeindliche Verbrechen sind zu oft und zu lange mit bagatellisierenden Vokabeln belegt worden – das waren „Vorkommnisse", das war „Randale". Vielleicht muss man das als trauriges Vorspiel sehen, wenn man fragt, wie es sein konnte, dass brauner Terror unentdeckt blieb – und auch noch weiter unentdeckt geblieben wäre, wenn zwei Täter sich nicht selbst umgebracht hätten. Die Mordserie, derer sie sich in einem Video brüsten, mag an RAF-Zeiten erinnern. Aber es ist dies eine falsche Erinnerung. Von der Existenz der RAF wusste jeder. Von der braunen „Zelle Zwickau" wusste keiner, ausgenommen vielleicht der thüringische Verfassungsschutz. Die RAF wurde mit gewaltiger staatlicher Anstrengung verfolgt. Von solch gewaltiger staatlicher Anstrengung bei der Verfolgung des Rechtsterrorismus ist nichts bekannt. Unser Gemeinwesen, unser Staat hat die braune Gewalt nicht ernst genommen. Es war so: Linksextreme galten als hochgefährlich, Rechtsextremisten tat man mit einer Handbewegung ab. Umtriebe von rechts wurden als Kinderei und Blödheit entschuldigt.

Vor 22 Jahren hat man die frevlerische staatliche Indolenz in Rostock-Lichtenhagen drei Tage und fünf Nächte lang ganz krass beobachten können. Es war im August 1992. Seit den Ausschreitungen von Rostock-Lichtenhagen wissen Ausländer, dass es besser ist, wenn sie nicht im deutschen Osten leben. Die Drohkulisse steht bis heute: In Ostdeutschland gibt es nur ein Prozent sichtbare, also nicht weiße Minoritäten. Ostdeutschland, Berlin ausgenommen, ist weitgehend ausländerfrei. Der größte Erfolg der Neonazis in Deutschland war nicht ihre zeitweise Präsenz in Landesparlamenten, sondern dieses Faktum: Unter den Migranten gilt Ostdeutschland als No-go-Area. Staat und Politik haben es in zwei Jahrzehnten nicht geschafft, das Klima zu wenden.

Die Historiker Étienne Françoise und Hagen Schulze haben ein beliebtes dreibändiges Werk herausgegeben, das „Deutschlands Erinnerungsorte" heißt. Man findet darin die Paulskirche und den Reichstag, die Wartburg und das Bauhaus, das Bürgerliche Gesetzbuch und den Volkswagen, den Schrebergarten, den Führerbunker und Neuschwanstein. Rostock-Lichtenhagen findet man darin nicht. Hoyerswerda auch nicht. Das sind Erinnerungsorte besonderer Art, weil sie nicht nur für die Vergangenheit, sondern auch für die Gegenwart stehen. Zu diesen Erinnerungsorten zählt auch Eberswalde. Im November 1990 griff ein rechtsradikaler Mob in Eberswalde Afrikaner an, der Angolaner Amadeu Antonio wurde derart malträtiert, dass er elf Tage später starb. Seinen Namen trägt die Stiftung, die Anetta Kahane leitet. Anetta Kahane hat mit dieser Stiftung Pionierarbeit geleistet.

Kahanes Pionierarbeit gegen den Zeitgeist

Das war nun die Einleitung zur Laudatio für Anetta Kahane – weil diese Ereignisse zeigen, in welcher Zeit und gegen welchen Zeitgeist Anetta Kahane seit nun gut 25 Jahren arbei-

tet. Als Anetta Kahane mit ihrer Arbeit, mit ihrem ebenso em-
pfindsamen wie resoluten Einsatz für die Minderheiten und
für eine aufgeklärte Gesellschaft anfing, das war 1989/90,
rüttelte die bundesdeutsche Politik am Asylgrundrecht und
riss dieses Asylgrundrecht schließlich nieder. Damals war es
so: Wer das Grundrecht erhalten wollte, wurde beschimpft.
Wer Flüchtlinge Schmarotzer nannte, konnte mit Applaus
rechnen. Die Politik tat damals so, als sei das Asylgrundrecht
ein Privileg für sogenannte „Asylschwindler" und ein gefun-
denes Fressen für alle Armen dieser Welt. Man machte diesen
Artikel zum Sündenbock. Artikel 16 Absatz 2 und die Flüchtlinge waren an allem schuld, sogar daran, dass die Asylbewer-
berheime brannten.

Opfer, die als Störer gelten

Ein Berliner CDU-Fraktionschef sprach in einem Interview
von Ausländern, die „bettelnd, betrügend, ja messerstechend
durch die Straßen ziehen, festgenommen werden und nur,
weil sie das Wort ‚Asyl' rufen, dem Steuerzahler in einem siebenjährigen Verfahren auf der Tasche liegen". Der damalige
CDU-Generalsekretär verschickte Muster-Presseerklärungen
an alle CDU-Kreisverbände, forderte dazu auf, die Asylpolitik
in den Städten, Gemeinden und Kreisen zum Thema zu machen. Das Ergebnis konnte man in den Lokalteilen der Zeitungen nachlesen. Eine titelte: „Wie viele Asylbewerber verträgt
eine Kläranlage?" Allüberall gab es Artikelserien à la: „Zau-
berwort Asyl / aus allen Himmelsrichtungen strömen Ausländer nach Deutschland." Siebter und letzter Teil einer solchen
Serie in einem bayerischen Blatt, im August 1991: „Rascher
Griff in fremde Taschen."

Mit einer Aufkleberaktion forderten die deutschen Zei-
tungsverleger im Februar 1993 ihre Leserinnen und Leser auf,
sichtbar zum Ausdruck zu bringen, dass sie „gegen Ausländer-

hass und Rassismus ..." – ein Leser ergänzte, per Rücksendung des Aufklebers an die Redaktion, „ ... und ein deutsches Arschloch" sind. „Wir haben nichts gegen Ausländer. Aber dürfen wir als Deutsche kein Selbstbewusstsein haben", stand in einer anderen Zuschrift, die auf die Rückseite eines solchen Aufklebers gekritzelt war. Oder: „Da kommen ein paar Scheißtürken ums Leben, da wird ein Zirkus aufgeführt. Und in den türkischen Gefängnissen wird gefoltert". Die überfallenen Flüchtlinge wurden von der Politik nicht als Opfer, sondern als Störer betrachtet. Wie mit Störern umzugehen ist, kann man in den Polizeiaufgabengesetzen nachlesen: Es muss ein Platzverweis erteilt werden. Der Platz, um den es dann ging, war die Bundesrepublik Deutschland.

Organisation von Gegenwehr

Damals, nach Rostock, nach Mölln, nach Solingen, nach vielen Gewalttaten ohne energische staatliche und gesellschaftliche Gegenwehr, habe ich Anetta Kahane kennengelernt. Damals hat Anetta begonnen, diese Gegenwehr zu organisieren. Damals begann ihr täglicher Kampf gegen den alltäglichen Rassismus. Am Anfang saß sie für das Neue Forum am Runden Tisch für Ausländerfragen. Dann wurde sie offiziell und mit lächerlich geringer Sach- und Personalausstattung dafür zuständig, eine wohlklingende Koalitionsvereinbarung der regierenden SPD- und CDU-Fraktionen im Roten Rathaus von Ostberlin mit Leben zu erfüllen: „Grundlage der Ausländerpolitik", so hieß es da, „ist das Bekenntnis zu den hier lebenden Ausländerinnen und Ausländern und zu einem Zusammenleben in einer multikulturellen Gesellschaft ohne Zwang zur Assimilation". Schön wär's gewesen. Zwölf Jahre später, als in der wiedervereinigten Republik eine rot-grüne Koalition unter Kanzler Gerhard Schröder regierte, hat die *Süddeutsche Zeitung* ein Interview mit dem damaligen Bundesinnenminister Otto Schily gefilmt, in dem er die Assimilation der Ausländer in Deutschland als Patentrezept pries: „Ich sage Ihnen ganz offen", erklärte er damals, „die beste Form der Integration ist die Assimilierung".

Zurück nach Ostberlin in der Wendezeit: „Ausländer und DDR-Bürger haben", auch das stand 1990 in der Ostberliner Koalitionsvereinbarung, „die gleichen Rechte. Sie dürfen nicht durch staatliche Behörden diskriminiert werden". Anetta Kahane tat sich schon damals schwer mit so tönenden Formulierungen, die von der Realität so weit entfernt waren. Sie wurde Ausländerbeauftragte von Ostberlin und musste erleben, wie Schwarze, wie Vietnamesen, wie Sinti und Roma auf der Straße „einfach so" zusammengeschlagen wurden und wie amtlichen Stellen dazu nichts anderes einfiel, als dass sie doch zur Zeit „andere Sorgen" hätten. Das eigentliche Problem sah Anetta damals, als ich sie im Sommer 1990 zum ersten Mal besuchte, so: „Es fehlt das Problembewußtsein". Das sogenannte Ausländerproblem sei zu allererst das Problem der Inländer.

Zornig über die eigene Schwäche

Die Kapazitäten für solche Überzeugungsarbeit waren freilich denkbar gering. Das „Amt der Ausländerbeauftragten" in Ostberlin bestand aus dieser selbst, aus drei Mitarbeitern und drei kärglich ausgestatteten Zimmern. Auf die versprochenen zwanzig Stellen wartete Anetta so vergeblich wie auf die Einbindung ihres Büros in die Verwaltungsabläufe des Magistrats. Das Amt der Ausländerbeauftragten stand damals im Roten Rathaus dort, wo auch die Ausländer in der Gesellschaft der DDR standen: ganz unten. „Zornig", so sagte sie damals bei unserem ersten langen Gespräch, sei sie über ihre eigene Schwäche. So unendlich viel gebe es zu tun. Damals hatten viele Tausend von Migranten aus Osteuropa, Sinti und Roma, die am Bahnhof in Lichtenberg mit Kindern, Betten und

Koffern lagerten, in Ostberlin einen regelrechten Schock ausgelöst. Anetta Kahane versuchte zu organisieren, versuchte,
die NVA-Kasernen vor den Toren Berlins in ordentliche Woh-
nungen für die Zuwanderer zu verwandeln.

Die Büste des Stasi-Großvaters

So viel gab es zu tun, dass damals noch niemand Zeit gefunden hatte, die Büste des Stasi-Großvaters Dzierzynski ab-
zumontieren, die, als bronzener Überrest des alten Regimes,
am Eingang des Flüchtlingslagers Hessenwinkel stand, als
ich mit ihr im Juli 1990 dieses Lager besuchte. Anetta hatte ihre damals fünfjährige Tochter Chawa an der Hand. Und
als der Übersetzer, der uns im Lager Hessenwinkel begleitete, abschätzig vom „unlösbaren Zigeunerproblem" sprach,
hielt ihm Anetta einen sehr gescheiten ad-hoc-Vortrag über
die systematische Asozialisierung, die Ceauşescu mit den
Sinti und Roma betrieben habe – und darüber, dass „alle anderen irgendwelche Fürsprecher haben, die aber nicht."

Einem vergessenen Volk eine Zukunft geben

Das war 1990, und das stimmt immer noch. Vor kurzem wurde, unter entscheidender Mitwirkung des grün regierten Landes Baden-Württemberg, das neue Gesetz über die sicheren
Herkunftsstaaten verabschiedet. Danach haben Serbien, Ma-
zedonien und Bosnien-Herzegowina als sichere Herkunftsstaaten zu gelten. Flüchtlinge von dort, Sinti und Roma zumal,
haben daher jetzt kaum noch Chancen auf Schutz und Hilfe.
Fast zur nämlichen Zeit, als dieses neue Gesetz gegen die Bal-
kanflüchtlinge erlassen wurde, ist eine Studie publiziert worden, aus der sich ergibt: Von allen Minderheiten stößt die Min-
derheit der Sinti und Roma in Deutschland auf die schärfste
Ablehnung. Die Rigidität, mit der sie schon jetzt und künftig

erst recht aus Deutschland in den Kosovo abgeschoben werden, gehört in dieses Muster. Es wäre notwendig, einem ver-
gessenen Volk eine Zukunft zu geben. Das neue Gesetz über
die sicheren Herkunftsstaaten wird zu dieser Zukunft nicht
beitragen.

Die von den Nazis ermordeten Sinti und Roma haben ein
Denkmal; vor zwei Jahren, am 24. Oktober 2012, ist es in Berlin eingeweiht worden. Die lebenden Sinti und Roma haben
fast nichts; sie haben keine Arbeit, keine Wohnung, keinen
Schutz und keine Hilfe. In Südosteuropa werden sie schikaniert und verfolgt, in Deutschland und Frankreich kaserniert
und abgeschoben – dorthin, wo sie wieder schikaniert und
verfolgt werden. Die Bundeskanzlerin gedachte vor zwei Jahren bei der Einweihung des Denkmals der fünfhunderttausend
Sinti und Roma, die von den Nazis ermordet worden sind. Der
Bundesinnenminister und der Gesetzgeber überlegen derweil
und seitdem, wie man sich in Deutschland die Enkel und Ur-
enkel der Ermordeten am besten vom Leib hält. Anetta Kahane hat das, fast prophetisch, schon vor 25 Jahren erkannt. Und
sie hat damals schon gewarnt: „Wenn die Bevölkerung mit-
kriegt, dass man Ausländer einfach so rausschmeißen kann,
dann wird das" – so warnte sie damals, vor allem im Hinblick
auf die DDR-Vertragsarbeiter – „für die Zukunft fürchterliche
Folgen haben".

Stärker als der Fels

Wie heißt eigentlich die weibliche Form von Sisyphos? Camus
hat bekanntlich empfohlen, wir sollten uns Sisyphos nicht
als resignierten oder als verzweifelten, sondern als glücklichen Menschen vorstellen – glücklich, weil er der Wiederkehr
des immer Gleichen einen Sinn gibt, weil er durch seine ewige
Steinewälzerei revoltiert. Sisyphos müsste gar nicht ewig wälzen, er könnte ja einfach damit aufhören, die Strafe der Göt-

ter auf sich zu nehmen, er könnte sich hinsetzen, ausruhen, davonlaufen. Die Götter hatten das wohl so erwartet, aber er macht das nicht. Er ist stärker als die Last, und er ist stärker als die, die sie ihm verordnet haben. Auf jedem Rückweg, auf jedem Weg zurück ins Tal, ist er seinem Schicksal überlegen: „Er ist stärker als der Fels." Er zieht seine Kraft aus der Verachtung des Schicksals. Die ewige Wälzerei ist seine Form der Empörung gegen die Götter. Camus hat den Mythenkern also semantisch berichtigt, er hat der Sinnlosigkeit Sinn gegeben. Der glückliche Sysiphos – das ist eine gute Vorstellung: für Bürgerinitiativen ebenso wie für Journalistinnen und Journalisten; für Leute, die gegen Nationalismus, Rassismus und Rechtsextremismus arbeiten, erst recht.

Wenn man das sisyphosische Bild personifizieren will: Dann hat man Anetta Kahane vor sich – als Journalistin, als Publizistin, als Ausländerbeauftragte in Ostberlin, als Leiterin der Regionalen Arbeitsstellen für Demokratie, Jugendarbeit und Schule in Berlin, als Entwicklerin von Projekten gegen Rechtsextremismus und für die Stärkung der Zivilgesellschaft. Als immer deutlicher wurde, dass der Nationalismus und Rechtsextremismus nach der Wiedervereinigung sich zu einer permanenten Bedrohung der demokratischen Kultur in vielen Landstrichen entwickelt hat, gründete Anetta die Amadeu-Antonio-Stiftung. Sie hat in, mit und bei der Freudenberg-Stiftung und deren Spiritus Rector, Christian Petry, engagierte Unterstützer und Mitstreiter gefunden.

Eine besondere Art von Macke

Als Anetta Kahane vor 25 Jahren gefragt wurde, wie man denn in dieser Zeit dazu komme, als Ausländerbeauftragte zu arbeiten, sagte sie, ein wenig spöttisch, ein wenig frech und zugleich nachdenklich, wie es so ihre Art ist: Es sein kein platter Masochismus. „Man muss eine besondere Art von

Macke haben". Und ein wenig ernster fuhr sie fort: „Ein ordentlicher Talmudist, der quält sich und der setzt sich durch".
Der anwachsende neue Antisemitismus hat Anetta im Lauf
der Jahre immer mehr beunruhigt. Ihre Eltern waren Juden,
den Nationalsozialismus haben sie im Widerstand und im
Exil überlebt, als Kommunisten sind sie dann in die DDR gekommen. Ihr Vater war Kämpfer in den Internationalen Bri-
gaden, dann in der Résistance, er hat Paris mitbefreit, wurde
später Auslandskorrespondent und Chefredakteur verschie-
dener DDR-Medien.

Die IM-Akten

Der zweite Schwerpunkt der Stiftung wurde also der Kampf
gegen den Antisemitismus; und er ist es bis heute. Das war
am Anfang deswegen eine sehr schwere Zeit für die Stiftung – weil viele Leute aus den klassischen linken Kontexten,
die sich mit Kahane zusammen gegen Nazis engagiert hatten,
diese Schwerpunktsetzung der Stiftung nicht mitgemacht haben. Dies treibt Kahane bis heute intellektuell um. Der Antisemitismus ist für sie Exempel und Lehrfeld für alle anderen
rassistischen Angriffe. Und deswegen verlässt sie auch heute
noch das Podium, wenn beispielsweise in Diskussionen mit
der schwarzen Community der Antisemitismus relativiert
oder verharmlost wird. Sie hat etwas dagegen, dass eine Diskriminierung gegen die andere ausgespielt wird.

Anetta Kahane hat eine Autobiographie geschrieben („Ich
sehe was, was du nicht siehst" ist der Titel ihrer „deutschen
Geschichten"). Dieses Buch ist auch eine Fallstudie über jüdische Identitätsbildung. Micha Brumlik hat in einer Rezension
im *Tagesspiegel* geschrieben, dass die Schilderung der Bat Miz-
wa (einer Art jüdischen Konfirmation) von Tochter Chawa zu
den schönsten Stellen des Buches gehört – in denen sie
emphatisch erzählt, dass wohl noch nie so viele Afrikaner und

Vietnamesen in einer Synagoge gewesen seien wie bei dieser Feier.

Das Sisyphosische im Leben der Anetta Kahane: Dazu gehören auch die immer wieder aufploppenden Vorwürfe über ihre Arbeit für die Stasi. Als sie 19 Jahre alt war, hat sie einer Freundin bei der Vorbereitung der Republikflucht geholfen. Die Freundin wurde erwischt, die Stasi nahm die Helferin Anetta in die Mangel; unter diesem Druck kamen erste Treffen mit dem Stasi-Führungsoffizier zustande. Das war 1974. Sie beschreibt das in ihrem Buch. Als sie der Stasi über eine Freundin berichten sollte, habe sie ihr das gestanden. Christian Petry, der Geschäftsführer der Freudenberg-Stiftung, hat, als Anetta Kahane ihm am Anfang ihrer Kooperation mit der Stiftung davon berichtete, die IM-Akten angeschaut und dann erklärt: „Ich bin mir absolut sicher, dass sie für die Stasi wirklich von überhaupt keinem Nutzen war". Anetta Kahanes Ausstieg aus der Stasi-Szene war dann kahanisch und, so meint Christian Petry, „geradezu bewundernswert". Auf offener Straße habe sie Unter den Linden ihren Führungsoffizier angebrüllt: „Verschwinde endlich aus meinem Leben". Das verlangte ein gehöriges Maß an Courage und Entschlossenheit.

Mit der Bürokratie streiten, mit der Bürokratie kooperieren

Die Stasi ist nicht verschwunden. Immer und immer wieder wurde und wird Anetta die Stasi-Geschichte vorgehalten – deswegen hat sie 2002 darauf verzichtet, Ausländerbeauftragte von Berlin zu werden. Ihre Kritiker und Gegner haben die IM-Tätigkeit mit Wonne genutzt. Sie hätte „offensiv" mit ihrer eigenen Biographie umgehen müssen, die Karten auf den Tisch legen, so stand es in einem Kommentar der *taz* zu lesen. Wie man noch offener damit umgehen soll? Aber vielleicht war es gut, dass Anetta Kahane 2002 nicht Ausländerbeauftragte für Berlin wurde. Gerade im Raum zwischen der Bürokratie und der Zivilgesellschaft hat sie nämlich ihre großen Stärken entwickelt. Als Teil der Bürokratie hätte sie womöglich viel weniger ausrichten können als sie mit ihrer Stiftung ausrichten kann. Sie kann mit der Bürokratie wunderbar streiten und wunderbar kooperieren, und sie kann die Stärken der Zivilgesellschaft nutzen, weil sie deren Schwächen kennt. Anetta Kahane ist eine Mediatorin von hohen Graden.

Kosmos der Multikulturalität

Eigentlich, eigentlich müsste man Anetta Kahanes Geburtstag in New York feiern. Das ist ihre Stadt, so wünscht sie sich Berlin, so wünscht sie sich Deutschland: als Kosmos der Multikulturalität. Das bedeutet: Jeder ist zu schützen, der in diesem bunten Kreis angegriffen wird.

„Vor dem Rassismus ist man nur noch auf dem Monde sicher", hat Hannah Arendt einmal voller ironischem Pessimismus gesagt. Der Wunsch zum Geburtstag: dass es gelingt, den Mond auf die Erde zu holen, am besten nach Berlin.

STARKE MÄNNER

Fritz Bauer Er war, von 1956 bis zu seinem Tod 1968, Generalstaatsanwalt in Frankfurt. Ohne Fritz Bauer hätte es den großen Frankfurter Auschwitzprozess nicht gegeben. Ohne diesen Prozess wäre die deutsche Öffentlichkeit noch viel länger vor den NS-Verbrechen davongelaufen. Bauer war ein Held der Nachkriegszeit. Er hat die Nachkriegsgesellschaft und die NS-Verbrechen aufgeklärt.

Erschienen in der Süddeutschen Zeitung am 24. Oktober 2015.
Er starb mit 64 Jahren am 1. Juli 1968.

Ein Erschütterer

Brave Soldaten befolgten verbrecherische
Befehle, weil es Befehle waren; brave Richter
befolgten ungerechte Gesetze, weil es Gesetze
waren. Fritz Bauer wollte, dass das aufhört.

G erhard Schröder hat als Bundeskanzler einmal erklärt, warum er Jurist geworden sei: Der Strafverteidiger Perry Mason, der seine Prozesse in der gleich-
namigen US-Fernsehserie immer gewann, habe ihn
schwer beeindruckt. Nun ja. In zwanzig Jahren wird es vielleicht
Juristen geben, die sagen werden, sie seien wegen eines ein-
drucksvollen Films aus dem Jahr 2015 Juristen geworden. Der
Film heißt „Der Staat gegen Fritz Bauer"; er läuft seit Kurzem in
den Kinos. Auf diese Juristen darf man gespannt sein.

Ein deutscher Held der Nachkriegszeit

Der Film handelt nicht von einer fiktiven Figur, sondern von
einer echten Persönlichkeit. Er handelt von einem schrulli-
gen, knorzigen, brummeligen Herrn; er erinnert, wie er von
Burghart Klaußner wunderbar gespielt wird, den Betrachter
bisweilen an Hans-Jochen Vogel. Der schrullige, mutige Herr
aus dem Film war Generalstaatsanwalt in Frankfurt und ein
deutscher Held der Nachkriegszeit; er war Jude; er hat – ja, das
hat er! – die Bundesrepublik verändert. Er hat die Nachkriegsgesellschaft und die NS-Verbrechen aufgeklärt. Der neue Film

ist nach „Im Labyrinth des Schweigens" der zweite innerhalb
kurzer Zeit, der von diesem Fritz Bauer handelt. Beide Filme
rücken, zusammen mit einer ganzen Reihe von neueren Büchern, diesen Mann wieder dorthin, wo er hingehört: ins öffentliche Bewusstsein. Der *SZ*-Kollege und Buchautor Ronen
Steinke hat es in seiner Biografie „Fritz Bauer oder Auschwitz
vor Gericht" von 2013 richtig gesagt: „So viele positive Identi-
fikationsfiguren hat die deutsche Nachkriegsgeschichte nicht
aufzuweisen. So viele Beispiele für Zivilcourage auch nicht."

Prüfsteine eines demokratischen Neubeginns

Ohne Fritz Bauer hätte es 1963 den großen Frankfurter
Auschwitzprozess nicht gegeben. Ohne diesen Prozess gegen
ehemalige Bewacher des Vernichtungslagers wäre die deutsche Öffentlichkeit noch viel länger davongelaufen vor den
NS-Verbrechen. Ohne diesen Prozess hätte die Loyalität der
Nachkriegsgesellschaft mit den NS-Verbrechern noch viel
länger gedauert. Wie kaum ein anderer hat sich Fritz Bauer
um die Aufklärung von NS-Verbrechen verdient gemacht, un-
entmutigt, ernsthaft, rastlos. Für Bauer waren die NS-Verfahren Prüfsteine eines demokratischen Neubeginns in Deutschland. Deswegen initiierte er den Auschwitzprozess, deswegen
ermittelte er gegen den Euthanasie-Arzt Werner Heyde, deswegen verfolgte er die Schreibtischtäter, deswegen nahm er es
auf sich, als Nestbeschmutzer beschimpft zu werden.

Juristische Aufarbeitung der NS-Vergangenheit? Ohne
Fritz Bauer könnte man wohl das Wort „Arbeit" gar nicht be-
nutzen. Er vor allem und vor allen hat sich diese Arbeit gemacht.
Er hat die großen NS-Verfahren, wie man in der Juristerei so
schön sagt, „an sich gezogen". Er hat, als andere abwartend die
Arme verschränkten, als andere abwinkten und abwimmelten,
die Prozesse aufgenommen. Nicht weil er ein Wichtigtuer war;
er war ein bescheidener Mann. Nicht weil er rachsüchtig war; er

hoffte vielmehr auf die Reue der Täter. Er tat es, weil er ein Humanist und Demokrat war und ein Missionar des Rechtsstaats.

Das Klassenzimmer der Nation

Miloš Vec, Professor für Europäische Rechts- und Verfassungsgeschichte an der Universität Wien, hat einmal den schönen Satz geschrieben: Bauer habe den Gerichtssaal zum Klassenzimmer der Nation gemacht. In diesem Klassenzimmer stand Fritz Bauer nicht als eitler Schwätzer, auch nicht als Agitator – sondern als Erschütterer. Er erschütterte die Gewissheiten der Nachkriegsgesellschaft. Den Deutschen sei eine Aufgabe gestellt worden: die Aufgabe einer neuen Pädagogik der Menschlichkeit, schrieb Fritz Bauer einmal.

Man kann sich heute kaum noch vorstellen, wie provozierend manche seiner Sätze auf die Zeitgenossen gewirkt haben: etwa, dass sich die Bundesregierung um die nazistischen Verbrecher bemüht habe (1965); dass es einen Befehlsnotstand der NS-Täter gar nicht gegeben habe, da sie bei Zuwiderhandlung gegen verbrecherische Befehle allenfalls geringe Repressalien befürchten mussten (in einem NDR-Interview 1963). Das war fern des Selbstbildes der Täter, aber auch fern der ganzen bundesrepublikanischen Nachkriegsgesellschaft.

Jüngster Amtsrichter Deutschlands

Fritz Bauer wurde 1903 in Stuttgart geboren, als Sohn eines jüdischen Textilhändlers. Hier besuchte er das Eberhard-Ludwigs-Gymnasium, zusammen mit Claus Schenk Graf von Stauffenberg; hier wurde er im Jahr 1930, im Alter von 27 Jahren, jüngster Amtsrichter Deutschlands; in Heidelberg, München und Tübingen hatte er Jura studiert. 1933 wurde Bauer, weil er Sozialdemokrat und Jude war, aus dem Staatsdienst entlassen und zusammen mit seinem Freund

Kurt Schumacher im Konzentrationslager Heuberg und der Ulmer Strafanstalt inhaftiert, neun Monate lang. 1936 verließ er Deutschland, er warf sich sein Leben lang vor, den Nazis eine Art Unterwerfungserklärung unterschrieben zu haben, um dem Lager zu entrinnen. Im Exil in Dänemark und Schweden schrieb er sein Buch „Die Kriegsverbrecher vor Gericht". Hier ist bereits das Thema angelegt, das ihn bis zu seinem Tod beschäftigen sollte: die Frage, wie die Verbrechen der Nationalsozialisten juristisch und gesellschaftlich aufzuarbeiten seien.

Grauer schwäbischer Wuschelkopf

Im Exil galt Fritz Bauer als Integrationsfigur für sozialdemokratische und kommunistische Flüchtlinge. In Stockholm gründete er mit Willy Brandt die Zeitung *Sozialistische Tribüne*. 1949 kam Bauer als politischer Jurist nach Deutschland zurück – als einer, der seinen Beitrag zum demokratischen Aufbau Deutschlands leisten wollte und ihn auch leistete. 1949 arbeitete er als Landgerichtspräsident, von 1950 an als Generalstaatsanwalt in Braunschweig. 1956 holte der hessische Ministerpräsident Georg-August Zinn (SPD) ihn nach Frankfurt – von da an gehörte er, wie Anne Rose Katz 1995 in der *SZ* schrieb, in Frankfurt ins öffentliche Bild: ein grauer Wuschelkopf mit einer temperamentvollen, schwäbisch gefärbten Suada.

Als er Generalstaatsanwalt in Hessen wurde, ging ihm schon der Ruf eines Kämpfers gegen das Vergessen voraus. Diesen Ruf hatte er sich erworben mit dem Strafprozess gegen den rechtsradikalen Generalmajor a. D. Otto Ernst Remer, den Gründer der Deutschen Reichspartei. Dieser Fall kann junge Juristen lehren, dass ein Staatsanwalt etwas anderes ist als ein Durchlauferhitzer für Strafakten. In diesem Verfahren verteidigte der Ankläger Fritz Bauer die Männer des 20. Juli 1944 gegen den Vorwurf des Hoch- und Landesverrats, er zwang die deutsche Gesellschaft, sich diesem 20. Juli zu stellen.

Und das ging so: Bundesinnenminister Robert Lehr hatte Anzeige erstattet gegen Otto Ernst Remer, der die Widerständler des 20. Juli öffentlich als Hochverräter beschimpft hatte. Die Staatsanwaltschaft Bonn empfahl Minister Lehr eine Rücknahme des Strafantrags wegen mangelnder Erfolgsaussichten. Bauer, damals Generalstaatsanwalt in Braunschweig, erfuhr von der Anzeige und brachte ein Strafverfahren in Gang. 1952 fand der Strafprozess statt, in dem Remer zu drei Monaten Gefängnis verurteilt wurde, denen er sich durch Flucht entzog. Doch nicht das war und ist die eigentliche Geschichte. Geschichte machte das Plädoyer Bauers: Er rief die Deutschen auf, dass sie sich „klar und deutlich und mit Stolz zu unseren Widerstandskämpfern bekennen". Und dann kam, wie ein Donnerschlag, der Satz: „Ein Unrechtsstaat wie das Dritte Reich ist überhaupt nicht hochverratsfähig." Ein Freund Fritz Bauers, der Leitende Ministerialrat a. D. Heinz Meyer-Velde, hat sich bei einer Gedenkfeier in Frankfurt an die atemlose Stille im Gerichtssaal erinnert, als Bauer am Ende seines Plädoyers die Rütli-Szene aus Schillers „Wilhelm Tell" deklamierte: „Nein, eine Grenze hat Tyrannenmacht…!"

Ein Unrechtsstaat ist nicht hochverratsfähig

Im Remer-Prozess stellte Fritz Bauer das Recht und die Pflicht jedes Menschen, Widerstand gegenüber schrankenloser staatlicher Macht zu leisten, in den Mittelpunkt seines Plädoyers. In die deutsche Rechtsprechung fand diese Argumentation keinen Eingang. So wurde im Frankfurter Auschwitzprozess dem ehemaligen Adjutanten des Lagerkommandanten Rudolf Höß, Robert Mulka, zugestanden, er sei im KZ ein gleichsam austauschbares „Rad in der Vernichtungsmaschinerie" gewesen. Hier wurde Verantwortung kleingeredet und fehlender Widerstand entschuldigt. Damit fand sich Fritz Bauer nicht ab.

„Ein Unrechtsstaat wie das Dritte Reich ist überhaupt nicht hochverratsfähig." Allein schon dieses Satzes wegen gehört Fritz Bauer zu den Großen in der deutschen Rechtswissenschaft. Sechs Jahre nach dem berühmten Aufsatz des Rechtsphilosophen Gustav Radbruch mit der Überschrift „Gesetzliches Unrecht und übergesetzliches Recht" aus dem Jahr 1946 war damit zum ersten Mal wieder das Wort vom „Unrechtsstaat" in der Öffentlichkeit gesprochen. Das besagte: Nicht nur einzelne Gesetze der Hitlerzeit waren Unrecht gewesen, sondern der ganze Staat war ein Zentrum von Verstößen gegen elementare Grundsätze der Gerechtigkeit.

Fritz Bauers Projekt war der Widerstand

Radbruch, eine der ehrwürdigsten Erscheinungen der deutschen Rechtswissenschaft im 20. Jahrhundert, war Fritz Bauers akademisches Vorbild gewesen. Von ihm stammt die berühmte Radbruch'sche Formel, seit der anerkannt ist, dass es Gesetze gibt, die man nicht befolgen darf – auch ein Richter darf es nicht, weil sie Unrecht sind, gesetzliches Unrecht; weil sie dem übergesetzlichen Recht einer höheren Gerechtigkeit in unerträglicher Weise widersprechen – die Nürnberger Judengesetze von 1935 zum Beispiel, die jüdische Bürger ausgegrenzt und entrechtet haben. In einer Nachkriegsjustiz, die die personale Kontinuität mit dem Dritten Reich wiederhergestellt hatte, war Bauer ein Ketzer. Er war ein Mann, der wenig über sich selbst sprach. Aber einmal hat er seinen Gefühlen Luft gemacht, als er bemerkte, er betrete feindliches Ausland, wenn er sein Dienstzimmer verlasse.
Fritz Bauers Projekt war der Widerstand. Er hat ihn geadelt, er hat ihn demokratisiert – und er hat ihn selbst praktiziert; es war dies ein zähes Ringen mit einem widerstandsfeindlichen Zeitgeist. Bis in die späten Sechzigerjahre hinein wusste man in der breiten deutschen Öffentlichkeit wenig über den

deutschen Widerstand. Nicht sehr viele Menschen waren sich der Tatsache bewusst, dass auch Katholiken, Kommunisten, Sozialdemokraten und Liberale im Widerstand waren, dass etwa dreitausend von ihnen in den Arbeitslagern verschwunden sind. Diskriminierung des Widerstandes – auch das war eine Form der Verdrängung der NS-Vergangenheit.

Der Hinweis auf Adolf Eichmann

Bauer setzte die Aufhebung der Verjährungsfrist für die NS-Morde durch. Weil er die stille Solidarität vieler seiner deutschen Kollegen mit den Verbrechern spürte und fürchtete, erfolgte sein Hinweis auf den Aufenthaltsort Adolf Eichmanns in Argentinien, den er im Zug seiner Ermittlungen herausgefunden hatte, sehr diskret an den israelischen Geheimdienst Mossad. Zur jungen Bundesrepublik hatte er – beschämend für sie – wenig Vertrauen. Der Generalstaatsanwalt hasste die gängigen Verteidigungs-, Entschuldigungs- und Veralltäglichungsformeln der Verharmlosung: „Ruhe ist die erste Bürgerpflicht", „Gehorsam ist des Christen Schmuck". Das waren lange Zeit die Merksprüche im kollektiven Hintergrundbewusstsein der Deutschen. Und weil Gehorsam die erste Vorbedingung aller Ordnung ist, war der Gehorsam gegenüber der Obrigkeit, der staatlichen wie der kirchlichen, zur deutschen Nationaltugend erwachsen. Wenn Gehorsam höchste Tugend war, dann konnte die Erfüllung der Tugend nichts Schlechtes sein – und so ist aus der Tugend die deutsche Not entstanden, begleitet von Sätzen wie „Dienst ist Dienst" und „Befehl ist Befehl" – verbale Einkleidung der blinden, braven Pflichterfüllung. Gegen solche Sprüche, gegen solches Denken und gegen solches Handeln ist Fritz Bauer angetreten, Jahre vor 1968.

Der Untertanengeist hat ihn aufgebracht: Es war ein Geist, der dazu führte, dass brave Bürger verwerfliche Anweisungen blind befolgt haben, weil es Anweisungen waren; dass brave Soldaten verbrecherische Befehle befolgt haben, weil es Befehle waren; dass brave Richter ungerechte Gesetze befolgt haben, weil es Gesetze waren. Sie alle folgten – und Bauer wollte, dass das endlich aufhört.

Ein Toter = zehn Minuten Gefängnis

Er warb für Wachsamkeit, auch in den demokratischen Zeiten. Die Oberstaatsanwältin Barbara Just-Dahlmann packte einmal das Missverhältnis zwischen Sachverhaltsaufklärung und strafrechtlicher Bewertung bei den NS-Verfahren in die Faustformel: „Ein Toter = zehn Minuten Gefängnis." Diese Frustration plagte auch Fritz Bauer. Er selbst zog daher seine skeptische Bilanz über die NS-Prozesse. Gleichwohl: Mit dem von ihm betriebenen Auschwitzprozess begann die zweite deutsche Aufklärung, also die Auseinandersetzung mit dem Holocaust. Entscheidend war der Blick dieses Strafprozesses in die NS-Mordmaschinerie, zwanzig Monate lang. Ohne die akribische Analyse der Anatomie des NS-Staats und ohne die Berichterstattung in den Zeitungen darüber wäre ein Schlussstrich unter die Vergangenheit gezogen worden, hätte der Gesetzgeber den millionenfachen Mord verjähren lassen.

Der frühere *SZ*-Redakteur Ernst Müller-Meinigen jr. hat sich kurz nach Bauers Tod 1968 so an ihn erinnert: „In einem Konferenzsaal zu Wiesbaden, in der Staatskanzlei des hessischen Ministerpräsidenten Dr. Zinn, traf sich eine Kommission unter Vorsitz des Landesvaters, zusammengesetzt aus Ministerialbeamten, Journalisten und Verlegern, um über einen Entwurf für ein modernes hessisches Pressegesetz zu beraten. Ein Mann fiel mir auf: verwittertes schmales Gesicht, intelligente Augen, dichtes graues, ein wenig ungeordnet wirkendes Haupthaar. Er machte die in dieser Runde radikalsten Vorschläge im Sinne einer kompromisslos verwirklichten Pressefreiheit. Ich fragte ihn: ‚Verzeihung, von welcher Zeitung kommen Sie?‘ Worauf er knurrte: ‚Mein Name ist Bauer, Generalstaatsanwalt.‘ Als er mich gegen Abend mit seinem uralten Volkswagen zum Bahnhof kutschierte, erzählte er mir ein wenig aus seinem Leben. Im Gedächtnis blieb mir haften, dass er, der sehr unscheinbar wirkte und persönlich äußerst bescheiden war, davon sprach, er habe sich wenige Stunden nach seiner Entlassung aus dem Konzentrationslager ein Bein gebrochen: ‚Ich war einfach die Freiheit noch nicht gewohnt, ich taumelte dahin.‘“

Hoffnung als Waffe gegen die Unmenschlichkeit

Dieses Erlebnis, so schreibt Müller-Meiningen jr. über diese Begegnung, mochte für den Mann prägend geworden sein, wenn es um Probleme des Strafvollzugs und seiner Folgezeit ging. Bauer hatte ein Herz für die Menschen, die, aus der Haft kommend, die Freiheit noch nicht gewohnt sind und taumeln. Ja, Fritz Bauer war auch ein Rechtsreformer, er hat für ein soziales Strafrecht und für einen fortschrittlichen Strafvollzug gestritten. Einmal hat er, zum heftigen Entsetzen der Fachöffentlichkeit, bei einer Rede in einem Gefängnis die Insassen als „Kameraden“ angesprochen.

Bauer wurde bekämpft und bedroht. In einem der letzten Sätze, die er veröffentlicht hat, es war ein Aufsatz über Schopenhauer, heißt es: „Der praktisch tätige Mensch hält es mit dem Prinzip Hoffnung, mag er auch selbstkritisch sich mitunter des Gefühls nicht erwehren können, es könnte eine Lebenslüge sein.“ Fritz Bauer selbst hat Schopenhauer wie folgt ergänzt: „Selbst wenn die Hoffnung tatsächlich eine Lebenslüge ist – ohne sie wäre die Unmenschlichkeit in der Welt nicht zu überwinden.“

Genau dies hat Fritz Bauer versucht. Es ist Zeit geworden, dies zu würdigen.

Horst Herold Er hat als Chef des Bundeskriminalamts (1971 bis 1981) die Computerfahndung erfunden; er hat die RAF verfolgt und sie zerschlagen. In dieser Zeit wurden unter anderem Generalbundesanwalt Buback und Arbeitgeberpräsident Schleyer von der RAF ermordet. Herold hat die erste und zweite Generation der RAF ins Gefängnis gebracht. Seit Jahrzehnten versteckt er sich nun vor der Welt. Er denkt nach über den Terror von gestern und heute und über die Methoden, ihn klug zu bekämpfen.

Zum 90. Geburtstag von Horst Herold, erschienen im Süddeutsche Zeitung Magazin am 18. Oktober 2013

Der letzte
Gefangene der RAF

Das Schutz- und Trutzhäuschen von Horst Herold auf einem Kasernengelände in Oberbayern wurde für ihn zu einem Ort der ruhelosen Ruhe.

W enn du ein Gärtchen hast und eine Bibliothek, so wird dir nichts fehlen." Der Satz, der so klingt wie die Überschrift einer Titelgeschichte in der Zeitschrift *Landlust,* ist schon alt, sehr alt. Er stammt von Cicero; er stammt aus einer Zeit, als Staatsmänner wie Marcus Tullius Cicero, als Feldherren, Dichter und Denker sich für eine gewisse Zeit aufs Land zurückzogen, wenn in der Stadt Rom Unruhen ausbrachen oder man dort in Ungnade gefallen war. Cicero hatte sein Tusculum, Horaz seine Villa Sabinum; dort schrieben die Herren gelehrte Texte über das stille Glück auf dem Lande, über die Leidenschaftslosigkeit und die Pflicht, über die Gelassenheit gegenüber Schicksalsschlägen, über das Ideal der Seelenruhe. Sie priesen das Leben in Verborgenheit, bevor sie sich dann wieder in die Geschäfte und in die Schlachten stürzten, um sich dort so zu präsentieren, wie sie es zuvor weltüberlegen formuliert hatten: „Selbst wenn die Welt zerborsten einstürzt, werden die Trümmer einen Furchtlosen treffen."

Das Tusculum des Feldherrn außer Dienst Horst Herold liegt nicht unter Pinien und Zypressen. Es liegt, seitdem er aus dem Kampf des Staates gegen die RAF abgezogen wurde, in einer oberbayerischen Kreisstadt, hinter den Mauern einer weitläufigen Kaserne des Bundesgrenzschutzes, heute Bundespolizei. Dort, auf einer kleinen Parzelle in der Ecke des großen Geländes, lebt Dr. jur. Horst Herold, der wohl beste Polizist, den Deutschland je hatte. Dort hat er sich damals, als er das große Hassobjekt, als er der Feind Nummer eins der terroristischen RAF war, ein Einfamilienhäuschen bauen müssen dürfen, auf eigene Kosten – weil der Staat es so wollte, weil Horst Herold, der in den Ruhestand gezwungene Chef des Bundeskriminalamts, dort, hinter den Kasernenmauern, am besten und billigsten zu bewachen und vor Attentaten zu bewahren war. Der Mann, der der gefährdetste Mann der Republik war, wurde damals angehalten, sich den Schutz des Staates, den er geschützt hatte, käuflich zu erwerben. Das war 1981. Jetzt schreiben wir den Herbst 2013. Stilles Glück auf dem Lande? Gelassenheit gegenüber Schicksalsschlägen? Das Ideal der Seelenruhe? Das Leben Herolds hinter den Kasernenmauern geriet nicht zu einem Zustand vorübergehender Ungestörtheit. Das Schutz- und Trutzhäuschen wurde zu einem Ort des jahrzehntelangen, beständigen Selbstzweifels, zu einem Ort der ruhelosen Ruhe.

Alarm der Erinnerungen

Seit 1981 lebt er jetzt hier, in der „Lehmgrube", wie er in den ersten Jahren das kleine Areal nannte, das der Staat sich von ihm teuer hat abkaufen lassen. In den ersten 15 Jahren war Herold dort, rundum bewacht, der „letzte Gefangene der RAF", wie er das einst zartbitter formulierte. Die schützenden Erdwälle rund ums Häuschen sind längst planiert, die Erinnerungen sind es nicht. Jetzt ist er Gefangener der Erinnerungen – an den Deutschen Herbst, an die bleierne Zeit, an die Morde, die vielen Morde. 32 Jahre. Seit dieser Zeit muss Horst Herold, Präsident des Bundeskriminalamts von 1971 bis 1981, wider seine Natur lernen, ein Stoiker zu sein. Vergiss die Leidenschaften. Vergiss, was war. Lebe im Verborgenen. Entrücke der Welt, gib keine Interviews. Lass die Erinnerungen nicht noch mächtiger werden. Aber sie sind mächtig, so mächtig, obwohl er sie weggeräumt hat aus seinen Wohnräumen; die Archivalien, die Akten, die Pamphlete, die Requisiten der RAF-Zeit, seine von der Innenministerkonferenz damals nicht akzeptierten akribischen Ausarbeitungen über die Bekämpfung des Terrors – alles ist im Keller. Er hat das weggeräumt, aber nicht weggeworfen, obwohl es ihn fast erdrückt.

Die beste Polizei der Welt

Damals, in seinen zehn Jahren als Chef des Bundeskriminalamts, hat er die vormalige Kriminalklitsche in Wiesbaden in die neben dem FBI beste Polizei der Welt verwandelt. Nichts erinnert daran in diesem schön bürgerlichen kleinen Salon im Einfamilienhäuschen in der Kasernenecke; nichts erinnert an Polizei, an RAF, an Rasterfahndung. Nur ein iPhone liegt da, neben dem Gebäckteller auf dem runden Wohnzimmertisch. Horst Herold hat Kaffee gekocht; er hat Kolatschen und feines Mürbeteiggebäck gekauft, die Kolatschen sorgfältig zerteilt, das Gebäck auf dem Teller adrett angerichtet. Er ist, wie immer, ein wunderbar besorgter Gastgeber. In der Küche stehen Schnittchen, für später. Er wird sie vergessen.

Sein iPhone piept und zirpt und klingelt. Er könne ohne das Gerät nicht mehr sein, sagt er, „wenn ich es dabeihabe, bin ich gewappnet". Er lässt sich darauf die Eilmeldungen der Agenturen und Online-Dienste anzeigen. Soeben: „Flughafen Düsseldorf evakuiert und gesperrt; verdächtiger Koffer gefunden." Terrorgefahr!? 140 Flüge fallen aus. Es war Fehlalarm, wie sich später herausstellte. Im verdächtigen Koffer fanden sich nur allerlei Backzutaten. Alarm. Fehlalarm. Alarm. So piepst sogar das iPhone die Vergangenheit wach. Alarm der Erinnerungen.

Erinnerungen an ein anderes Kaffeetrinken, damals, in den ersten Apriltagen des Jahres 1977. Damals kam Generalbundesanwalt Siegfried Buback von seinem Amt in Karlsruhe nach Wiesbaden zu Herold ins Bundeskriminalamt. Charlotte Jung, die Chefsekretärin, kochte den Kaffee. Bei Kaffee und Kuchen begann das letzte Gespräch der beiden RAF-Fahnder, die so etwas wie die siamesischen Zwillinge der Anti-RAF waren. Christian Klar, Knut Folkerts und andere waren von Herolds „beobachtender Fahndung" per Computer als Reisebegleiter von gesuchten RAF-Tatverdächtigen festgestellt worden. Bei der Überprüfung ihrer Wohnsitze hatte sich dann herausgestellt, dass sie in den Untergrund abgetaucht waren. Für Herold lag die Annahme nahe, es handele sich um die Akteure der erwarteten terroristischen „Offensive 77". Er legte also seinem Gast die Fotos vor und sagte: „Das sind unsere künftigen Mörder, Buback." Ein paar Tage später, am Gründonnerstag, 7. April 1977, wurde Buback in seinem Dienstwagen erschossen. „Erstmals", so sinniert Herold Jahrzehnte später, „kannten die Sicherheitsbehörden die mutmaßlichen Täter vor der Tat; aber die Chance, die Täter vorher zu ergreifen, ließ sich nicht realisieren." Die von ihm betriebene Öffentlichkeitsfahndung, die damals auf ein empörtes öffentliches Echo gestoßen war, hatte eingestellt werden müssen.

Bullige Entschlossenheit

Er hat ein Gärtchen, er hat eine Bibliothek, er hat Erinnerungen. Sie piepsen aus dem iPhone. Sie entsteigen den Schriften im Keller, vor allem der Schrift des damaligen Anwalts und RAF-Denkers Horst Mahler „Über den bewaffneten Kampf in Westeuropa" aus dem Oktober 1971. Herold nennt diesen im Gefängnis geschriebenen Text, der sich damals hinter dem Tarnnamen *Neue Straßenverkehrsordnung* verbarg und sich in gnadenloser Rigorosität offen zum Terror bekannte, „diabolisch-genialisch". Der Text war die Kampfansage, die Herold annahm, mit einer bulligen Entschlossenheit, die man aus den Fotografien von damals lesen muss, weil man sie in seinem Gesicht von heute nicht mehr findet. Mahler sitzt heute, 77-jährig, wieder im Gefängnis, in der Justizvollzugsanstalt Brandenburg, jetzt nicht mehr als Links- sondern als Rechtsextremist, als Holocaust-Leugner und verurteilter Volksverhetzer. Herold sitzt in der Kaserne. Der Seitenwechsel Mahlers verdutzt ihn nicht. Warum nicht? „Die Extremismen berühren sich."

Der tote Schleyer sitzt Herold auf der Brust

Die Erinnerungen. Sie türmen sich, sie türmen sich viel höher als die Mauern der Kaserne; sie sind höher als die Bäume, die sich gerade herbstlich färben. Sie nehmen Gestalt an, die Gestalt von Opfern vor allem. Sie heißen Siegfried Buback oder Hanns Martin Schleyer. Schleyer war der von der RAF entführte und dann erschossene Präsident des Bundesverbands der deutschen Industrie. In schlaflosen Nächten sitzt der tote Schleyer dem Horst Herold auf der Brust, und dann hört Herold die Anklage aus dem Jenseits: Warum man den Verbrechern nicht nachgegeben, warum man also ihn, Schleyer, geopfert habe, warum die Staatsräson, also ein Abstraktum, dem Kanzler Helmut Schmidt und dem BKA-Chef Herold und dem ganzen Krisenstab wichtiger gewesen sei als er, der Mensch Schleyer?

Warum, warum, warum? Es sind tausend Warums, die diesen Horst Herold umtreiben seit 32 Jahren. Damals wurde er Knall auf Fall entlassen, in den unruhigsten Ruhestand geschickt, den man sich vorstellen kann. Er war ein so unglaublich erfolgreicher Kriminalist gewesen bis zu den furchtbaren Wochen der Schleyer-Entführung. Die Fahndung nach den Entführern, die Auffindung des Verstecks und die Befreiung

Schleyers hätte der große Durchbruch werden können für seine Computer-Fahndung und die kriminalistische Datenverarbeitung: Herold ließ 15 Computer, damals noch große Ungetüme, mit 70 000 Hinweisen aus dem von ihm entwickelten Fahndungssystem PIOS („Personen, Institutionen, Objekte, Sachen") füttern. Doch das eine, das entscheidende Spurenblatt aus Erftstadt-Liblar, dort wo Schleyer versteckt gehalten wurde, ging irgendwo verloren. Herolds Computer wurden daher nicht mit diesen Daten gefüttert.

Es war eine Panne mit furchtbaren Folgen: Schleyer wurde nicht von der Polizei befreit, sondern von den Terroristen erschossen. Und Herolds Methoden, nun nicht mehr vom Erfolg geschützt, gerieten in Verruf, er galt nun als ein Dr. Mabuse der Polizei, als Datenschnüffler. Deswegen schickte ihn der Bundesinnenminister Gerhart Baum (FDP) mit 57 Jahren in Ruhestand und Exil. Die Entlassung sollte ein demonstrativer Akt der Liberalität des Ministers sein, eine Strafaktion gegen den vermeintlich Computerwahnsinnigen, der angeblich Informationen soff wie ein Alkoholiker den Alkohol. Dabei hatte Herold die Möglichkeiten des Computers einfach nur ein paar Jahrzehnte früher erkannt als andere. Vor ein paar Jahren, zum 85. Geburtstag Herolds, haben sich die beiden, Baum und Herold, wieder versöhnt.

Woran starb der RAF-Terrorismus?

Nach Herolds Zeit, nach seinem Gang ins Kasernen-Exil, ging das Morden der RAF weiter. All diese Taten sind bis heute nicht aufgeklärt. Aber dann, in den neunziger Jahren, interessierte sich auf einmal niemand mehr für diesen Terrorismus, bis dann der neue, der islamistische Terrorismus kam. Warum war das so? Weil keine Terroristen mehr nachwuchsen? Oder starb der RAF-Terrorismus der dritten Generation einfach auch daran, dass keiner mehr auf ihn achtete? Die

RAF ging ein, sie ging einfach ein, sie verschwand unter Deklamation von hohltönenden Schlussformeln und löste sich 1998 auch formell auf. Warum? Herolds Frage ist wie ein seufzender Aufschrei. Er hat dieses seltsame Ende als Pensionist staunend und selbstzweiflerisch erlebt. Stellte diese Beobachtung nicht sein ganzes Kriminalistenleben in Frage?

Der Visionär am Kaffeetisch

Was ist, wenn der Terrorismus kommt und wieder vergeht, so wie ein Vulkan ausbricht und sich wieder beruhigt? Wenn es sich also um eine eruptive Zwischenphase der Geschichte handelt, gegen die man ein paar Schutzmaßnahmen treffen, aber nichts Entscheidendes ausrichten kann? Ist es womöglich so, fragt er sich in seinen privaten Aufzeichnungen, die er *Lehren aus dem Terror* überschrieb, „dass massivste Verfolgung und Repression terroristische Gewalt eher am Kochen hält, als sie diese beendet?" Und stellt das dann nicht alles in Frage, was er, angeblich so erfolgreich, gemacht hat? Und worin, fragt er sich, bestand eigentlich sein Erfolg? Gewiss: Er hat Verbrechen aufgeklärt, er hat Terroristen gefasst, er hat sie den Strafgerichten zugeführt. Aber „ist dieses Strafsystem nicht furchtbar primitiv?", fragt er sein Gegenüber, im Stuhl hochfahrend, mehr als Feststellung, denn als Frage. Muss man es nicht durch ein rationaleres, durch ein rationales System ersetzen? Und überhaupt: Hat sich all sein Einsatz gelohnt? In besonders melancholischen Momenten antwortet Herold auf diese Frage an sich selbst: nein.

Wenn du ein Gärtchen hast und eine Bibliothek, so wird dir nichts fehlen: Dem Doktor Horst Herold fehlen die Antworten auf so viele der Fragen, die er sich seit 32 Jahren stellt. Und wenn er sie stellt, verfliegt die Melancholie, dann wird der alte Herr zum aufbrausenden Visionär am Kaffeetisch. Vor Jahrzehnten, als er mit dem Hubschrauber über Deutschland flog und herunterschaute auf die Städte, da fragte er sich vor allem „Wo sind die nur? Und wo soll ich die finden?" Das waren schwierige Fragen, aber Fragen, die er beantworten konnte, weil er die Computer hatte. Mit seinen Vorstellungen von rechnergestützter Spracherkennung und der rechnergestützten Auswertung von Handschriften erntete er damals Kopfschütteln. Den einen war er suspekt wegen seines angeblichen Computerwahns. Den anderen, weil er nicht nur nach den Tätern, sondern auch nach den Ursachen suchte. Er nahm Ulrike Meinhofs und Horst Mahlers schriftliche Anleitungen zum bewaffneten Kampf als Vorlage und entwickelte daraus seine Kriterien für die Rasterfahndung: Wo sind sie? Er beantwortete das wie eine Rechenaufgabe; und zum Rechnen nutzte er die Computer und fütterte sie mit Informationen.

Ulrike Meinhof als Ministerin

Schon damals tauchten in ihm auch ganz andere Fragen auf, andere Fragen als „Wo sind die?", aber Herold unterdrückte sie: „Gibt es nicht andere Wege, das alles zu vermeiden?" Damals war er der oberste Fahnder, der oberste Polizist und der oberste Kriminalist des Landes, nicht der oberste Politiker, nicht der oberste Frager, nicht der Mediator zwischen Staat und RAF, damals galt er als suspekt, wenn er solche Fragen stellte. „Meine Pflicht erlaubte mir keinen anderen Weg" – fahnden, verhaften, einsperren. Hätte es den anderen Weg gegeben? Was wäre gewesen, wenn der Staat ganz frühzeitig die Weichen anders gestellt hätte? Wenn er Deeskalation nicht erst qualvoll hätte lernen müssen? Wenn es so etwas wie die Versöhnungsinitiative des damaligen Justizministers Klaus Kinkel nicht erst 1992 gegeben hätte? Vielleicht wäre die RAF dann gar nicht entstanden, vielleicht wäre die linke Journalistin Ulrike Meinhof dann irgendwann später Familien- oder Innenministerin geworden, so wie ein Joschka Fischer Außenminister geworden ist? Das Wälzen der tausend Fragen hat aus dem Kriminalisten Horst Herold einen Kriminalphilosophen gemacht, einen grundgütig grübelnden weisen alten Herrn – einen Privatgelehrten.

Flüchtlinge als Vorboten der Revolution

Seine Lehre vom Terrorismus erklärt „alle bisherigen Terrorismusformen als Präludium, Signal, Ankündigung von tiefgreifenden Veränderungen vom Ausmaß eines Bebens". Die Meinhof-Schriften, heute noch einmal gelesen, ließen sich, „wenn auch in verwaschener Form, als die Beschreibung von Gefahren deuten, die in der Zukunft lagen und die erst heute real geworden sind. Wenn auch mit gänzlich anderer Wortwahl, aber inhaltlich doch weitgehend identisch, finden sich Deutungen, die von den pessimistischen Bildern, die von der Globalisierung entworfen werden, nicht zu unterscheiden sind: die Ablösung der bedeutungs- und machtlos gewordenen Nationalstaaten durch den ‚Imperialismus', das heißt weltumspannende, die Kapitalströme dirigierende Konzerne und Zusammenschlüsse, die sich den bisherigen rechtlichen und sozialen Kontrollen entziehen und ihre eigenen Normen schaffen, in denen Menschlichkeit und Solidarität nicht mehr vorkommen".

Fundamental-geschichtlicher Terrorismus

Es sind dies Auszüge aus Herolds ungehaltenen Vorlesungen zur Gesellschaftspolitik und zur Fundamentalgeschichte des Terrorismus. Herold, der alte Sozialdemokrat, ist überzeugt davon, dass die Welt vor einer globalen sozialen Erhebung steht – und die Flüchtlinge die Vorboten der Revolution seien.

Der Privatgelehrte Dr. Herold teilt die Weltgeschichte ein in drei große Kulturepochen: erstens die Epoche der Sprache und

Schrift, also die der Überlieferung von Information; zweitens die Epoche des Buches, also die der Verbreitung von Information; und drittens die Epoche der Datenverarbeitung, also der globalen Verwertung von Information. Man spürt die Lust des Alten daran, diese Epoche noch zu erleben und ihre Mittel und Methoden in ihren Anfängen als BKA-Chef noch selbst genutzt und mitgestaltet zu haben. Das Internet, meint er, sei das Ende jedes Nationalismus. Mit neunzig Jahren kann man kein „Digital Native" sein. Aber wenn man Herold über die Welt des Digitalen, wenn man ihn über das Internet reden hört, wenn man erlebt, wie er behände und umfassend damit arbeitet, dann möchte man glauben, dass das doch geht – als Alter eingeboren zu sein in einer neuen Welt. Es ist die seine. Die Welt des Digitalen ist Herolds Heimat viel mehr als das Einfamilienhäuschen auf dem Kasernengelände. Vom Internet spricht er wie von einem Paradies – von einem Paradies, in dem freilich, wie im biblischen, auch die verbotenen Bäume der Erkenntnis stehen.

Was gesetzlich genau geregelt sein muss

Die Geheimdienste, die amerikanische NSA zuvorderst, greifen da wie wild hinein und plündern die Früchte. Weil Herold das weiß, ahnt er auch die Frage: Haben diese Geheimdienste, mit ihrem Zugriff auf alle Daten, die sie nur kriegen können, nicht einfach das weiterentwickelt, was Herold vor Jahrzehnten auch selbst gemacht hat? Seinerzeit, bei der Schleyer-Fahndung, waren es halt nur 70 000 Hinweise, die von Herold verarbeitet wurden. NSA & Co. verarbeiten heute Milliarden von Daten, die sie von überallher abgreifen. Sind also die NSA-Methoden letztendlich nur hochpotenzierte Horst-Herold-Methoden? Dagegen protestiert Herold heftig. Es müsse, sagt er, genau und gesetzlich geregelt sein, auf welche Daten zugegriffen und welche Daten verarbeitet werden dürfen. Aber ein wenig nimmt Herold die Geheimdienstler schon in Schutz: Ihnen, denen der Kampf gegen den Terror aufgetragen sei, fehle wohl das Unrechtsbewusstsein.

Wenn du ein Gärtchen hast und eine Bibliothek, so wird dir nichts fehlen. Es stimmt nicht. Dem alten Horst Herold fehlt das Leben und die Freiheit, Fragen nicht nur zu stellen, sondern sie zu beantworten. Und so plant er seine letzte große Aktion, die geordnete Flucht: Nach 32 Jahren will er heraus aus der Kaserne, will er zurück nach Nürnberg, dorthin, wo er einst sein Berufsleben als Richter, als Staatsanwalt, als Polizeidirektor und Polizeipräsident begonnen hat. Heimkehr. Ein Gärtchen braucht er nicht mehr unbedingt. Er braucht eine Wohnung, weitab von den Erinnerungen. Er braucht das Internet. Und er braucht seinen inneren Frieden. Er hat sich um sein Vaterland verdient gemacht.

Jürgen Micksch   Wie viel Kraft muss einer haben, der seit vierzig Jahren die härtesten Bretter bohrt, die es in Deutschland gibt? Wie muss einer gebaut sein, der seit Jahrzehnten mit beharrlicher Energie für ein humanes Ausländerrecht und für einen guten Umgang mit Flüchtlingen kämpft? Der evangelische Theologe Jürgen Micksch hat die Flüchtlingshilfsorganisation Pro Asyl gegründet.

Auszug aus der Laudatio zur Verleihung des Erich-Köstner-Preises an Jürgen Micksch am 13. September 2015 in Dresden

Die Kraft des Guten

Jürgen Micksch war zweieinhalb Jahrzehnte
lang Herz und Kopf von Pro Asyl. Er hat das Wort
„ausländischer Mitbürger" erfunden.

D er preußisch-klassizistische Bau, in dem wir feiern,
wirkt, so heißt es in den Beschreibungen, wie ein
Exot in der barocken Architekturlandschaft Dres-
dens. Vielleicht kommt so manchem auch unser
Preisträger als ein Exot vor – als ein Exot in einer Gesellschaft,
in der Humanität eine Saisonware ist. Jürgen Micksch ist sich
wohl in den vergangenen Jahrzehnten bisweilen selber als Exot
vorgekommen, wenn er für „Asyl" und „Integration" warb in
einer Zeit, als dies für viele Zeitgenossen Pfui-Wörter waren,
und er belächelt und beschimpft wurde für die Erfindung des
Worts „ausländische Mitbürger". Exot, lateinisch exoticus,
heißt „fremdländisch", „auswärtig"; Jürgen Micksch war ver-
wegen genug, den Versuch zu wagen, auswärtigen, entheimateten Menschen wieder Heimat zu geben.

Das Problem des 21. Jahrhunderts

In Deutschland kommen derzeit Zehntausende von Flüchtlingen an. Das Wort von der „Flüchtlingskrise" ist allgegen-
wärtig. Einen besseren Zeitpunkt für die Ehrung von Jürgen
Micksch gibt es nicht. Das Flüchtlingsproblem ist nicht nur

Problem des Sommers 2015; es ist das Problem des 21. Jahrhunderts. Es ist ein Problem, das viel größere Anstrengungen erfordern wird als die Stabilisierung des Euro. Es geht hier nicht um das Überleben einer Währung, es geht um das Überleben von Millionen von Menschen. Man wird das 21. Jahrhundert einmal daran messen, wie es mit den Flüchtlingen umgegangen ist. Man wird es daran messen, was es getan hat, um Staaten im Chaos wieder zu entchaotisieren. Man wird es daran messen, welche Anstrengungen unternommen wurden, um entheimateten Menschen ihre Heimat wiederzugeben. Das ist eine gigantische Aufgabe, die von Politik und Gesellschaft ein radikales Umdenken verlangt.

Der Mann, der Pro Asyl erfand

Leute wie Jürgen Micksch mahnen dieses Umdenken schon so lange an. Leute wie Jürgen Micksch haben auf die Probleme hingewiesen, als sie noch kaum jemand erkennen wollte. Sie haben auf die Probleme hingewiesen, als man glaubte, eine Grundgesetzänderung reiche aus, um ihrer Herr zu werden. Leute wie Jürgen Micksch wurden von der Politik für Spinner gehalten. Aber: Jürgen Micksch war und ist viel mehr Realist, als diejenigen, die für sich politisch in Anspruch nehmen, Realist zu sein. Er war und ist ein Realist mit Weitsicht und mit Tiefgang.

Vor bald 28 Jahren bin ich, bis dahin als junger Staatsanwalt im Dienst der bayerischen Justiz tätig, politischer Journalist geworden. Zwei Monate später habe ich Jürgen Micksch kennengelernt. Ein neues Ausländerrecht war in Arbeit, Friedrich Zimmermann von der CSU, ein ebenso jovialer wie begnadeter Hardliner war der zuständige Minister – und Jürgen Micksch war in tiefer Sorge. Diese Sorge trug er zu mir in die Redaktion. Damals habe ich, angeleitet und angestoßen von ihm, begonnen, mich in das Ausländer- und Asylrecht einzuarbeiten; es ist zu einem meiner großen Themen geworden. Von Jürgen Micksch, von seinem Verein Pro Asyl und von seinem Interkulturellen Rat habe ich fortan einiges lernen können: Ausdauer und Nachhaltigkeit zum Beispiel.

Als Pro Asyl vor bald dreißig Jahren mit seiner Arbeit angefangen hat, war Asyl ein verketzertes Wort. Der Kampf der politischen Parteien gegen das alte Asylgrundrecht prägte meine ersten journalistischen Jahre; die Abschaffung des alten Asylgrundrechts stand im Mittelpunkt der damaligen Bonner Politik. Ich habe erlebt, wie Pro Asyl in fast aussichtsloser Lage, aus der absoluten Defensive heraus gearbeitet und Mitstreiter um sich geschart hat. Ohne Pro Asyl stünde es um Flüchtlinge und Asylbewerber in Deutschland viel schlechter. Pro Asyl hat durch unendlich langwierige Arbeit, durch nachhaltige Arbeit, ganz wesentlich dazu beigetragen, dass es in Deutschland in den vergangenen Wochen und Monaten einen gesellschaftlichen Klimawandel gab, einen Klimawandel, in dem sich die Regierung Merkel für die Aufnahme der Kriegsflüchtlinge aus Syrien entscheiden konnte. Ich glaube, dass diese Aufnahmebereitschaft auch eine Reaktion war auf Pegida und Heidenau, auf die vielen Anschläge gegen Flüchtlingsheime; die Kanzlerin war von diesen Anschlägen so erschüttert wie die Zivilgesellschaft. Die herzliche Begrüßung der Flüchtlinge, die über das missgünstige Ungarn und das durchwinkende Österreich nach Deutschland kamen – es ist die Reaktion der Zivilgesellschaft auf die Tiraden von Rechtsaußen.

Beharrlich und fest in den Zielen

Wir ehren den Gründer von Pro Asyl. Jürgen Micksch ist ein ruhiger, ein wunderbar freundlicher Mann, das Gegenteil eines Agitators – aber beharrlich und fest in seinen Zielen. Seine Sprecher, die Sprecher von Pro Asyl, haben ihre Sache von Anfang an mit einem Engagement und einer Verve betrieben, die vielen Politikern (und auch Journalisten) unheimlich war. Selbst der Alt-Liberale Burkhard Hirsch nannte Leute wie den Pfarrer Herbert Leuninger, der der erste Sprecher von Pro Asyl war, einen „Fanatiker", wenn sie die rigorose Haltung der herrschenden Politik gegen Kinderflüchtlinge gegeißelt und in alttestamentarischen Sprachbildern Flüchtlinge als „Botschafter des weltweiten Unrechts" bezeichnet haben, denen besondere Ehrerbietung gebühre. Solches Reden und solche Kompromisslosigkeit waren und sind einer Politik suspekt, deren Alltag aus Kompromissen besteht und bestehen muss. Die Politik muss aber solches Engagement nicht nur aushalten, sondern würdigen: als Dienst an der Demokratie. Pro Asyl ist eine Stimme der Humanität in diesem Land.

Der Stimmungswandel

„Der Einzelfall zählt" – das war einmal der Titel einer großen Aufklärungskampagne. Wie wirksam es ist, den Menschen den Einzelfall nahe zu bringen, das hat Jürgen Micksch ganz am Anfang seiner Flüchtlingsarbeit selbst erlebt. Als in Tutzing, seinem damaligen Arbeitsort, dem Sitz der Evangelischen Akademie am Starnberger See, Flüchtlinge untergebracht werden sollten, Palästinenser, kam es auch dort zu Anwohnerprotesten. Micksch organisierte ein Treffen. Bürger sollten kommen und auch Flüchtlinge. Micksch ließ die Flüchtlinge mit Hilfe von Übersetzern über ihre Fluchtgründe berichten: vom Elend, in dem sie lebten, von ihrer Arbeits- und Heimatlosigkeit und der Gewalt, der sie ausgesetzt waren. Die Bürger blieben skeptisch, könnte ja alles gelogen sein. Ein Vater erzählte von seinem Sohn, dem in den Fuß geschossen worden sei, der Junge stand neben ihm. „Zeig mal", sagte der Vater. Da krempelte der Junge sein Hosenbein hoch und zog den Schuh aus. Und die Bürger sahen die Wunde.

Ariane Bemmer hat diese Geschichte im Berliner *Tagesspiegel* erzählt. „Das hat die Stimmung im ganzen Ort verändert", erinnert sich Micksch. Die Bürger glaubten die schlimmen Geschichten nun und wollten helfen. Sie sammelten Spielzeug und Kleidung für die Neuankömmlinge, sie sahen in ihnen die in Not geratenen Menschen, nicht länger die Bedrohung, den Störenfried. Das ist der Stimmungswandel, den Pro Asyl bewirken kann. Ohne diese Organisation wäre die Stimme der Humanität viel leiser in diesem Land. Sie hat dafür gesorgt, dass das Gewissen wach bleibt. Pro Asyl ist ein Gewissensrüttler. Denn ein eingeschlafenes Gewissen lässt sich leichter abschieben als ein waches. Pro Asyl hat die Stimmung in diesem Land positiv verändert – das Verständnis der Menschen für Flüchtlinge ist gewachsen.

Ein deutscher Flüchtlingsrat

Das Herz und der Kopf von Pro Asyl: Das war Jürgen Micksch zweieinhalb Jahrzehnte lang. Die Seele von Pro Asyl ist er, auch nachdem er sein ehrenamtliches Amt als Vorsitzender vor drei Jahren aufgegeben hat, immer noch. Bei der Gründung war er Mitte vierzig und Ausländerreferent der Evangelischen Kirche Deutschlands, er war damals seit einem Jahr Vizedirektor der Evangelischen Akademie in Tutzing am Starnberger See. Flüchtlinge wurden damals „Asylanten" und „Scheinasylanten" genannt; und seitdem 1980 erstmals mehr als hunderttausend Flüchtlinge in die Bundesrepublik gekommen waren, sprach man in der Politik von einer „Asylantenschwemme".

Jürgen Micksch wollte so etwas wie einen deutschen Flüchtlingsrat einrichten. Als Erstes besprach er sich mit seinem katholischen Kollegen, der ihm umstandslos riet: „Vergessen Sie's". Jürgen Micksch suchte sich andere Verbündete. Die Caritas warnte ihn: Er solle seinen Plan aufgeben, die Zeit sei nicht reif, er würde mit so etwas nur die Politik verärgern. Vom Diakonischen Werk kam die Mitteilung, man werde ihn nicht unterstützen. Heute hat Pro Asyl zwanzig hauptamtliche Mitarbeiter, der Förderverein Pro Asyl zählt zwanzigtausend zahlende Mitglieder.

Der Glaube an die Kraft des Guten

Damals, 1986, musste Jürgen Micksch persönlich die Redaktionen der *FAZ*, der *Süddeutschen* und der *Frankfurter Rundschau* aufsuchen, auf dass dann dort, wie er sich erinnert, „Fünfzeiler" über die Gründung von Pro Asyl erschienen. Ich habe im Archiv der *Süddeutschen Zeitung* suchen lassen. Dort fand sich, unter dem Datum vom 10. September 1986 (das war noch vor meiner Zeit), immerhin ein Siebenzeiler: „Wohlfahrtsorganisationen, Kirchen und Menschenrechtsorganisationen haben in Frankfurt die Arbeitsgemeinschaft für Flüchtlinge ‚Pro Asyl' gegründet. Ein Vertreter der bundesweit tätigen Initiative teilte mit, die Gruppe wolle die Ansprüche des Grundgesetzes auf Asylrecht von politisch Verfolgten durchsetzen helfen". Aus dem Fünf- und Siebenzeilen-Verein Pro Asyl ist, unter der Leitung von Jürgen Micksch, eine der gewichtigsten Menschenrechtsorganisationen in Deutschland geworden.

Pro Asyl wird gehört, auch vom Bundesamt für Flüchtlinge und Migration. Das war in den Anfangszeiten ganz anders. Aber beide Seiten haben gelernt: Die Staatsgewalten haben gelernt – und auch die Leute von Pro Asyl haben gelernt, zum Beispiel dass nicht alle Vorbehalte gegen „die Politik" stimmen müssen. Jürgen Micksch ist über alledem schlohweiß geworden.

Wie viel Kraft muss einer haben, der seit vierzig Jahren die härtesten Bretter bohrt, die es in Deutschland gibt? Wie muss einer gebaut sein, der seit Jahrzehnten mit beharrlicher Energie für ein humanes Ausländerrecht und für einen guten Umgang mit Flüchtlingen kämpft? Und welches Gemüt braucht einer, den viele Politiker, ja selbst seine Kirchenoberen als nervigen Spinner abgetan haben, bis sie dann irgendwann doch noch anfingen, seine Vorschläge näher zu betrachten? 1980, als Jürgen Micksch den Begriff der „multikulturellen Gesellschaft" erfand und ins Gespräch brachte, hat ihn kaum jemand verstanden, nicht einmal seine eigene Kirche. Sein Arbeitgeber, der Rat der EKD, verbot ihm, den Begriff weiterhin zu verwenden.

Wie viel Kraft muss einer haben, um mit solchen Widerständen umzugehen? Er braucht den Glauben an die Kraft des Guten, wie sie diesen Jürgen Micksch prägt. Er braucht die unerschütterliche Herzlichkeit, wie sie diesen Jürgen Micksch auszeichnet. Und er braucht wohl auch das Gottvertrauen des Christenmenschen, wie es dieser Jürgen Micksch hat, der von Beruf evangelischer Pfarrer ist und von Berufung tatkräftiger Optimist.

Vier Religionen, immer der gleiche Gott

Micksch hat sich um die religiösen Minderheiten schon gekümmert, als die deutschen Innenminister „Integration" noch für ein unanständiges Wort hielten. Wäre es nach Micksch gegangen, gäbe es die deutsche Islamkonferenz nicht erst seit 2006, sondern schon seit 1990. Genauso wie ihn stelle ich mir einen modernen Missionar vor. Jürgen Micksch ist, ohne dass er missionarisch auftritt, ein Missionar für die Menschenrechte und für das Miteinander: für das Miteinander der Menschen, für das Miteinander der Religionen.

Micksch hat das Wort „ausländischer Mitbürger" erfunden und die „interkulturelle Woche". Er hat den „Interkulturellen Rat" aus der Taufe gehoben, dem er immer noch vorsitzt, und das „Abrahimische Forum", in dem Juden, Christen, Muslime und die Mitglieder der kleinen, aber weltweit verbreiteten Religion der Bahá'í miteinander reden: „Vier Religionen, aber immer der gleiche Gott", erklärt Micksch den Journalisten geduldig. Seiner Initiative ist es zu verdanken, dass es die „Internationalen Wochen gegen Rassismus" gibt, an denen sich anfangs fast niemand beteiligen wollte, weil es ja, wie viele sagten, keinen Rassismus in Deutschland gebe. Als Micksch mit einer Arbeitsgruppe, die im Bundesinnenministerium angesiedelt war, Erklärungen zum Thema Rassismus herausgab, da strich das Ministerium das Wort „Rassismus" aus sämtlichen Texten und ersetzte es durch „Ausländerfeindlichkeit". Dass es die gab, war unbestritten. Erst seit der Aufdeckung der Mordserie der NSU wird auch offiziell nicht mehr abgestritten, dass es Rassismus in Deutschland gibt.

Mit Rühmann und Rossellini

Jürgen Micksch ist übrigens auch schuld daran, dass 1993 erstmals in Deutschland eine Obdachlosenzeitung namens *Biss* erschien. Und immer war der in Breslau geborene, mit seiner Mutter im Alter von vier Jahren nach Bayern geflohene Theologe und Soziologe ein politischer Wegmacher, ein realistischer Träumer, ein Organisator und ein Optimist. Diesen Optimismus hat er vielleicht von Heinz Rühmann. Mit ihm stand der kleine Micksch auf der Bühne. Micksch war in der Mitte der fünfziger Jahre des letzten Jahrhunderts ein Kinderstar auf der Bühne und im Film. 1954 spielte er im Kindermärchenfilm „Hänsel und Gretel" die Hauptrolle des Hänsel. Im gleichen Jahr in Roberto Rossellinis „Angst" (gedreht nach einer Novelle von Stefan Zweig) den Sohn von Ingrid Bergman. Wer die alte Besetzungsliste studiert, findet dort nicht nur Ingrid Bergman und Klaus Kinski, sondern auch Jürgen Micksch. Es waren große Rollen. Micksch wäre ein sehr ordentlicher Schauspieler geworden. Wir sind glücklich, dass er es nicht geworden ist. Wir hätten sonst womöglich, um ihn zu ehren, nach Hollywood fliegen müssen. „Warten auf Godot" gehört, wie Jürgen Micksch mir einmal sagte, zu seinen Lieblingsstücken. Er spielte, unter der Regie von Fritz Kortner, zusammen mit Heinz Rühmann in den Münchner Kammerspielen. Warten auf Godot. Das hat etwas mit dem Nicht-Aufgeben zu tun, mit dem Immer-Wieder-Weitermachen. Das passt zum Leben von Jürgen Micksch.

Nochmal scheitern, besser scheitern, weitermachen

Unlängst habe ich ein langes Gespräch, ein Interview mit Rita Süssmuth, der langjährigen Bundestagspräsidentin, Feministin und CDU-Politikerin geführt, über die Widerstände, die sie in ihrem politischen Leben erfahren hat. Sie hat mir ihr Lebensmotto erzählt: „Scheitern, weitermachen, nochmal scheitern, besser scheitern, weitermachen". Das Motto stammt von Samuel Beckett, dem Autor von „Warten auf Godot". Und es passt auch ganz wunderbar zu Jürgen Micksch: „Scheitern, weitermachen, nochmal scheitern, besser scheitern, weitermachen". Nein, ich komme jetzt nicht zu Sisyphos, wie es bei Gelegenheit der Würdigung von tapferen Menschen üblich ist. Ich komme schon deswegen jetzt nicht auf den alten Steineroller, weil wir uns den, wie es Camus gelehrt hat, als glücklichen Menschen vorstellen müssen. Jürgen Micksch muss man sich nicht als glücklichen Menschen vorstellen. Er ist einer.

Eine Demokratie bauen

Wir alle kennen die Sätze, die begründen sollen, warum man selber nichts tun kann gegen all das, worüber man klagt. Dazu gehört der Satz: „Alleine kann man doch ohnehin nichts bewirken". Oder auch: „Mein Gott, was soll man machen?", die Welt sei halt schlecht, „das war schon immer so, und das wird auch so bleiben". Es sind dies Sätze der Gleichgültigkeit, Sätze der Trägheit, der Apathie, der Resignation, manchmal auch der Feigheit. In uns allen stecken solche Sätze: „Was soll man machen? Da kann man gar nichts machen." Und: „Nach uns die Sintflut". Eine Demokratie kann man aber mit solchen Sätzen nicht bauen. Einen guten Rechtsstaat auch nicht. Und die Menschenrechte bleiben, wenn man solchen Sätzen nachgibt, papierene Rechte.

Der Anti-Pegidist

Es stimmt nicht, dass die Probleme der modernen Gesellschaft so groß, so unübersichtlich und komplex sind, dass man besser gar nicht anfängt, sie anzupacken. Es stimmt nicht, dass die Übernahme von Verantwortung eine aussichtslose, heillose Sache ist. Das lernen wir von Jürgen Micksch. Er ist der Anti-Pegidist, er ist der feine Kopf der zivilcouragierten Gesellschaft, er ist ihr Lehrer. „Es gibt nichts Gutes, außer man tut es", das ist der immer wieder zitierte Satz von Erich Kästner. Er passt zu Jürgen Micksch wie zu wenig Anderen.

Walter Scheel „Liberal sein bedeutet" so hat er gesagt, „immer auch offen sein für Veränderungen". Walter Scheel war Außenminister, er war Bundespräsident; er war, bei aller Jovialität, ein knallharter Politiker, ein Pragmatiker der Macht.

Nachruf auf Walter Scheel, erschienen in der Süddeutschen Zeitung am 25. August 2016. Er starb mit 97 Jahren am 24. August 2016.

Heiterkeit und Härte

„Hoch auf dem gelben Wagen“:
Scheel war eine Frohnatur und
ein zielsicherer Politiker.

Es war dies sein letzter öffentlicher Auftritt auf der Bühne der Hauptstadt: Er steht da wie ein römischer Senator; seine Zeit als Feldherr liegt schon Jahrzehnte zurück. Er ist hochbejahrt, aber gar nicht greisenhaft; hochelegant, aber nicht geckenhaft; ein sehr hellgrauer Anzug. Der Kranz von weißen Locken sitzt auf seinem Kopf wie ein Lorbeerkranz.

Das war vor neun Jahren; da war er fast 88, sah aber aus wie frisch gestählt. Aus dem zerfältelten und trotzdem straffen Gesicht strahlten die blauen Augen; neugierig tasteten sie den Raum ab; ein Leuchten schien auf, wenn ein anderes Augenpaar dem seinen begegnete. Mit federnden Schritten, er überspielte damit seine leichte Wackeligkeit, eilte er auf andere Gäste zu, wartete nicht, bis sie zu ihm kamen, eröffnete locker das Parlando und beherrschte dabei sämtliche Töne: die leisen wie die lauten, die heiteren wie die ernsten, die bescheidenen wie die selbstbewussten.

Der amtierende Bundespräsident Horst Köhler, also einer seiner Nachfolger, hatte eingeladen ins Schloss Bellevue, in den Berliner Amtssitz, es war ein schöner Maitag im Jahr 2007. Man feierte den 85. Geburtstag von Egon Bahr. Drei Bundespräsidenten waren da: Scheel, der von 1974 bis 1979 deutscher Bundespräsident und seitdem Ehrenvorsitzender der FDP war; der 87-jährige Richard von Weizsäcker, Bundespräsident von 1984 bis 1994; und, 64-jährig, der amtierende Präsident Horst Köhler. Walter Scheel genoss es, beim Festessen nicht im Mittelpunkt zu stehen, andererseits aber von allen als das Oberhaupt der illustren Tafelrunde anerkannt zu werden.

Und so lehnte er sich erst einmal zurück, er lauschte, teils schmunzelnd, teils in sich gekehrt, wie Präsident Köhler seine ehrende Rede auf Bahr hielt und danach andere das Wort ergriffen, um ihre Begegnungen mit dem Jubilar zu schildern; dann meldete auch Scheel sich zu Wort – und schier sprudelte es nun aus ihm heraus.

Ein gefährlicher Umstürzler

Er reckte sich in die Höhe, die Jahre schienen von ihm abzufallen. Er hatte diebisches Vergnügen dabei, sich selbst als gefährlichen Umstürzler zu bezeichnen – als einen, der mehrere Bundesregierungen zu Fall gebracht, der Franz Josef Strauß vom Ministersessel gestoßen, der 1966 die schwarz-gelbe Koalition unter Ludwig Erhard beendet und dann der sozialliberalen Koalition unter Willy Brandt den Weg bereitet hat – dies alles, um, wie er sagt, eine andere Politik in Deutschland Platz greifen zu lassen, eine Politik mit frischem liberalen Wind, eine Politik der Entspannung, eine Politik zur Überwindung der Gräben zwischen Ost und West, eine Politik der Friedfertigkeit und Annäherung als Antwort auf den Kalten Krieg. Mit ansteckender Begeisterung und so detailreich, als wäre es erst gestern gewesen, erzählte er von den Gesprächen mit Willy Brandt, und wie man sich unterhakte, als man dem Sturm der Entrüstung gegen die neue Ostpolitik trotzen musste. Scheel berichtet von den politischen Schachzügen, die Egon Bahr damals ersann und die er als Außenminister zu vertreten hatte; und man hörte Scheels Genugtuung darüber, dass diese sozialliberale Politik „mit der Wiedervereinigung gekrönt" wurde.

Ein Mann von altrömischer Selbstdisziplin

Diese intime Geburtstagsfeier im Schloss Bellevue war der letzte große Auftritt Walter Scheels. Man hat ihm sein hohes Alter sehr lange nicht angesehen, so wie man ihm in aktiven Zeiten auch seine Krankheiten nie angesehen hat. Scheel hat es geschafft, unbeschwert zu wirken, auch wenn er beschwert war; er litt – an den Nachwirkungen des Flecktyphus, den er sich im Winterfeldzug 1942/43 geholt hatte, ihn plagten Rückenschmerzen, Folge eines schwer vereiterten Rückgrat-Geschwürs, das man ihm damals herausgeschnitten hatte; fast sein ganzes Politikerleben lang hatte er Nieren- und Herzbeschwerden. Scheel hielt es aber für seine Pflicht, immer gut gelaunt aufzutreten, er hielt das für die Pflicht aller Repräsentanten in einer Demokratie. Er war ein Mann von altrömischer Selbstdisziplin. Seine Heiterkeit, seine liebenswürdige Jovialität waren keine Maske, wie viele meinten, sondern echt. Aber es war nur die eine Seite dieses großen Politikers. Es hat nicht einen, es hat zwei Walter Scheel gegeben. „Heiterkeit und Härte" heißt die Festschrift, die Hans-Dietrich Genscher zu Scheels 65. Geburtstag herausgegeben hat.

Wenn auf den Tischen getanzt wird

Heiterkeit. Das war der eine Walter Scheel – ein glänzender Unterhalter, ein Anekdoten-Erzähler von hohen Graden, ein Ausbund an Lebensfreude. Johannes Heesters hat den „Graf von Luxemburg" auf der Bühne des Deutschen Theaters glänzend gespielt, Walter Scheel hat ihn auf der Bühne der damaligen Bundeshauptstadt Bonn glänzend gelebt. Er war von innen heraus fröhlich und in dieser Fröhlichkeit ansteckend;

und wenn er seine feinen Schnurren darbot, wenn er glucksend und lachend zur Pointe kam, dann blitzten die blauen Augen des Alt-Bundespräsidenten noch genauso wie damals, als der junge Walter Scheel, das war 1956, seine politische Karriere als FDP-Kreisvorsitzender von Düren begann.

Die alten Altliberalen, Leute wie Burkhard Hirsch also, schwärmen von diesem Scheel – für den es keine Marketing-Aktion war, zusammen mit dem Düsseldorfer Männergesangsverein 1973 für die Aktion Sorgenkind „Hoch auf dem gelben Wagen" in der Fernseh-Show „Drei mal Neun" zu singen. Das war er, das gehörte zu ihm. Im Januar 1974 belegte das Lied Platz fünf in den bundesdeutschen Musikcharts. Deshalb haben ihn auch fast alle für einen Rheinländer gehalten, der er gar nicht war; er stammt aus dem Bergischen Land. Laute Lustbarkeiten liebte er allerdings nicht. „Wenn auf den Tischen getanzt wird, gilt für mich nur eines: die Flucht", hat er einmal gestanden.

Mit eiserner Kraft, mit berechnender Lust

Härte: Das war der zweite Walter Scheel – ein unglaublich zielstrebiger, selbstbeherrschter Politiker, der seinen Weg mit eiserner Kraft gehen, der Koalitionen mit berechnender Lust platzen lassen konnte. Der fröhliche Sänger war ein knallharter Politiker, ein Praktiker der Macht, einer, der Konfrontationen auf die Spitze trieb, um dann, zu guter Letzt, zu einem Kompromiss zu kommen, der für ihn und für die FDP viel günstiger ausfiel, als das am Beginn des Konflikts zu erwarten war.

Er war kein Theoretiker, hatte aber, wie später Helmut Kohl, die Gabe, hervorragende Leute um sich zu versammeln, die das theoretische Instrumentarium lieferten, das erfolgreiche Politik braucht: Karl-Hermann Flach war FDP-Geschäftsführer und der kluge Geist der Partei, der dogmatisch-brillante

Rechtsprofessor Werner Maihofer schrieb 1971 das Freiburger Programm; der aufgeklärte Politikprofessor Ralf Dahrendorf wurde Scheels Staatssekretär im Auswärtigen Amt; von 1969 bis 1974 war Scheel Bundesaußenminister und Vizekanzler unter Willy Brandt.

Wer wissen will, wie eine fulminante, eine brennende politische Rede aussieht, der lese die Rede nach, die Scheel am 27. April 1972 im Bundestag gehalten hat – als er befürchtete, das von Rainer Barzel und dessen CDU/CSU betriebene Misstrauensvotum gegen die Regierung Brandt/Scheel werde Erfolg haben. Das Misstrauensvotum hatte bekanntlich keinen Erfolg und aus dem Außenminister der sozialliberalen Regierung konnte 1974 (Brandt war wegen der Guillaume-Affäre zurückgetreten und Helmut Schmidt Bundeskanzler geworden) ein angesehener Bundespräsident werden. Er war ein Bundespräsident, der eine der schwierigsten Ansprachen halten musste, die je ein Bundespräsident hat halten müssen: Die Trauerrede auf den von der RAF ermordeten Hanns Martin Schleyer, nachdem sich die Bundesregierung geweigert hatte, ihn gegen RAF-Gefangene auszutauschen. Man liest diese Ansprache noch immer mit großer Bewegung.

Im unpolitischen Elternhaus aufgewachsen

Walter Scheel war, anders als seine alten Parteifreunde Wolfgang Döring oder Thomas Dehler, in einem ganz unpolitischen Elternhaus aufgewachsen. Sein Vater war Stellmacher, der sich eine mittelständische Karosseriefirma in Solingen aufbaute. 1942 wurde der junge Scheel Leutnant der Luftwaffe, war beim ersten Winterfeldzug der Hitler-Armee in Russland dabei, bekam den „Gefrierfleischorden", zuletzt war er mit 25 Jahren ein erfahrener Offizier im 1. Nachtjagdgeschwader. Der evangelische Christ Walter Scheel war Vater von vier Kindern und dreimal verheiratet. Seine zweite Frau Mildred rief die Deutsche Krebshilfe ins Leben, sie starb 1985. 1988 heiratete Scheel Barbara Wiese.

Das politische Leben Scheels begann, anders als bei den gleichaltrigen liberalen Führungsfiguren der Sechziger- und Siebzigerjahre, erst nach dem Zweiten Weltkrieg. Er wurde erst in der frühen Adenauer-Zeit politisiert, dies aber kräftig. Er lernte, flexibel zu sein: Es war aber dies nicht die Wendigkeit eines Erich Mende, seines Vorgängers im Parteivorsitz der FDP, der das Hakenkreuz aus seinem Ritterkreuz herausfeilte, auf dass er den Orden noch tragen konnte. Scheel war einer, der sich im Vorhinein nie unwiderruflich festlegte; aber wenn er sich entschieden hatte, dann ganz und gar.

Ein Stück Machtwechsel

So konnte er seine Partei umschalten von Schwarz auf Rot – er hat die FDP aus der Koalition mit der Union, also aus der Koalition mit Adenauer und Erhard, zur SPD, also in die Koalition mit Willy Brandt und Helmut Schmidt geführt. „Liberal sein bedeutet", so hat er in seinem Buch „Erinnerungen und Einsichten" (im Gespräch mit dem Journalisten Jürgen Engert) gesagt, „immer auch Offensein für Veränderungen". Scheel selbst nannte es seinen wichtigsten Erfolg als FDP-Parteichef, dass er 1969, am Abend vor der Wahl des Bundespräsidenten, bei den Wahlmännern und Wahlfrauen der FDP den SPD-Politiker Gustav Heinemann durchsetzen konnte. Alle zwanzig Jahre hat die Wahl des Bundespräsidenten eine besondere Bedeutung. So war das 1969 – zuerst wurde der Bundespräsident, dann der Bundestag neu gewählt. Die Wahl Heinemanns mit den Stimmen der FDP war, wie Heinemann es dann selbst formulierte, „ein Stück Machtwechsel".

Walter Scheel war stolz darauf, dass er, wie er dies selbst einmal sagte, auf seinem politischen Weg „alle politischen Ebenen in der richtigen Reihenfolge" absolviert hatte: 1946 war er der FDP beigetreten, 1948 wurde er Stadtverordneter in Solingen, 1950 Landtagsabgeordneter für Remscheid, 1953 Bundestagsabgeordneter, 1955 Mitglied der Gemeinsamen Versammlung der Europäischen Gemeinschaft für Kohle und Stahl, dem späteren Europäischen Parlament und dort Vizepräsident der liberalen Fraktion. Mit 42 Jahren wurde er Entwicklungshilfeminister im Kabinett Adenauer. Scheel hat dieses „Ministerium für wirtschaftliche Zusammenarbeit" erfunden.

Alle waren sprachlos

Thomas Dehler, der frühe bayerische Freidemokrat, hat über Walter Scheel gesagt, der renne nicht mit dem Kopf gegen die Wand, sondern suche eine verborgene Tür hinter der Tapete. Und wenn es die nicht gab? Dann setzte Scheel ausnahmsweise alles auf eine Karte. Zweimal, in der *Spiegel*-Affäre des Jahres 1962 und dann noch einmal beim Sturz des Bundeskanzlers Ludwig Erhard im Jahr 1966, war Scheel es ganz allein, der die Regierungskrise auslöste und alle und alles ins Rutschen brachte. Plötzlich, so konstatiert der Historiker Arnulf Baring, schob Scheel nämlich alle taktischen Raffinessen und listigen Winkelzüge resolut beiseite und erklärte schlicht: „Ich drohe nie mit Rücktritt. Ich trete zurück. Und zwar hiermit, auf der Stelle!" Alle waren sprachlos. In beiden Fällen konnten die anderen FDP-Minister, mit seiner einsamen Entscheidung konfrontiert, nichts anderes tun, als ihrerseits mitzumachen und gleichfalls zurückzutreten. Und damit war jeweils der Weg zu neuen Konstellationen und Lösungen offen.

1962, als Scheel zum ersten Mal den Rücktritts-Coup inszenierte, war Erich Mende offiziell noch Parteichef der FDP, aber Scheel hatte praktisch die Führung schon übernommen. Und er spielte sie 1966, in der Regierung des CDU-Kanzlers Ludwig Erhard, aus: Er bestand darauf, dass ein Bundeshaushalt ohne

Steuererhöhung vorzulegen sei; Kanzler Erhard hatte unter anderem die Sektsteuer erhöhen wollen. Es passt zum perlenden Ruf von Walter Scheel, dass er die Regierung Ludwig Erhard an der Sektsteuer scheitern ließ.

Als Walter Scheel vor 37 Jahren seinen 60. Geburtstag feierte, lag das Amt des Bundespräsidenten schon hinter ihm. Eine zweite Amtszeit hatte er nicht angestrebt. Er wäre auf einige Stimmen der Union angewiesen gewesen; die waren ihm zwar angeblich von Kohl versprochen worden, aber Scheel wollte das nicht. Er hat dann aus seinem langen Ruhestand ein glückliches neues Leben gemacht, vollgefüllt mit Ehrenpräsidentschaften, bis er dann vor einem halben Jahrzehnt hinfällig wurde. Im Jahr 2009 hat er sein Büro im Rathaus von Bad Krozingen im Hochschwarzwald aufgegeben. Ein Flügel des Rathauses wurde in „Bundespräsident-Walter-Scheel-Haus" umbenannt, sein früheres Büro dort wurde Erinnerungsstätte.

Die drei Phasen des Alters

Scheel hat, solange er noch agil war, und das war er bis über den neunzigsten Geburtstag hinaus, gern einen Satz über das Älterwerden zitiert, der von Gustav Heinemann stammt (mit diesem Satz hat Heinemann die Kandidatur zu einer zweiten Amtszeit abgelehnt, und Scheel wurde sein Nachfolger). Der Satz geht so: „Das Alter ist durch drei Phasen gekennzeichnet: Zuerst stellt man es selbst fest; dann merken es auch die anderen; schließlich merken es nur noch die anderen." Walter Scheel ist lange das Kunststück gelungen, dass er in der ersten Phase des Alterns verharrte. Erst in den letzten Jahren war das anders. Seit 2012 lebte er wegen seiner Demenzerkrankung in einem Pflegeheim.

Am 24. August 2016 ist der Alt-Bundespräsident in Bad Krozingen gestorben.

Hans-Dietrich Genscher Er war deutscher Außenminister von 1974 bis 1992, er war der Außenminister von SPD-Kanzler Helmut Schmidt und von CDU-Kanzler Helmut Kohl. Und er war ein Architekt Europas. Er trug die hirschledernen Reithosen der Republik. „Mister Bundesrepublik" hat man ihn genannt: Er hat nämlich die Bühne gezimmert, auf der Helmut Kohl Kanzler der deutschen Einheit werden konnte.

Zum 80. Geburtstag von Hans-Dietrich Genscher, erschienen in der Süddeutschen Zeitung am 21. März 2007. Er starb mit 89 Jahren am 31. März 2016.

Der Metternich aus Halle

Hans-Dietrich Genscher war der ewige Außenminister. Er war die Verkörperung der Kontinuität deutscher Außenpolitik.

A ls Walter Scheel, der Außenminister der Regierung Willy Brandt, im Jahr 1974 zum Bundespräsidenten gewählt worden war, begann in der FDP-Fraktion eine sorgenvolle Debatte darüber, ob Genscher als Nachfolger wirklich der richtige Mann am richtigen Platz sei. Man traute ihm vieles zu, aber nicht das. Also fragte ihn einer, ob er denn außer Sächsisch sonst noch eine Fremdsprache beherrsche. Sicher, der gute Genscher hatte sich bewährt und sich erst als Fraktionsgeschäftsführer, dann als Bundesinnenminister den Ruf eines durchsetzungsfähigen Organisators und eines weitsichtigen Zuständigkeitskraken erworben. Sicher, der gute Genscher hatte als erster deutscher Bundesminister die Bedeutung des Umweltschutzes erkannt und für dessen Aufnahme in das Freiburger Programm der FDP und in sein Ministerium gesorgt. Genschers Innenministerium formulierte das erste Bundesimmissionsschutz- und das Abwasserabgabengesetz, die Mustergesetze für eine moderne Umweltpolitik also.

Sicher, der gute Genscher hatte als Innenminister auch das damals verschnarchte Bundeskriminalamt aufgeweckt, dort den Kriminalistik-Guru Horst Herold als Präsidenten eingesetzt und den Einzug der Datenverarbeitung in die Polizeiarbeit ermöglicht. Sicher, Genscher galt als Anpacker: Als er 1972 die erste bundesweite Fahndungsaktion gegen die RAF genehmigte, gelang es den Polizeien von Bund und Ländern binnen weniger Wochen, die gesamte erste Generation der RAF festzunehmen. Und mutig war Genscher auch: Als bei den Olympischen Spielen in München israelische Sportler von arabischen Terroristen als Geiseln genommen wurden, bot er sich als Ersatzgeisel an.

Der sächsisch nuschelnde Chefdiplomat

Aber was, um Himmels willen, qualifizierte ihn als Außenminister? Aktion Wasserschlag hatte seine Großfahndung gegen die RAF geheißen, weil sie diese in nervöse Bewegung bringen sollte. Jetzt aber, 1974, war seine Partei, die FDP, in nervöser Bewegung. Dem Idealbild eines aus dem Ei gepellten Chefdiplomaten entsprach der gelegentlich sächsisch nuschelnde, unrastig arbeitswütige Minister Genscher in seinem bauchumspannenden gelben Pullunder nicht. Genscher hätte zu solcherlei Besorgnissen sarkastisch sagen können, dass Deutschland schon einmal einen gut aussehenden Champagnervertreter als Außenminister gehabt habe, und das sei dem Land nicht gut bekommen. Joachim von Ribbentrop, Hitlers Außenminister, war bekanntlich vor seiner NS-Karriere Repräsentant einer Sektfirma gewesen.

Genscher konterte anders. Seine Antwort auf die Frage nach seinen Sprachkenntnissen gehört zu den schönen Schnurren der Bundesrepublik; und sie war die erste Stufe auf Genschers Weg zum omnipräsenten Genschman: Er habe sich, sagte er, um das Amt des Außenministers, nicht um das des Dolmetschers beworben. Diese Antwort war ein echter Genscher, weil sie von seinem Selbstbewusstsein zeugt, das nie Arroganz war, sondern Vertrauen in die eigene Kraft und Lernfähigkeit. 18 Jahre später war er der dienstälteste und bekannteste Außenminister der Welt. Dazwischen liegt eine kurze Zeit als Stift und eine lange Zeit als Meister der Diplomatie. Als Oskar Lafontaine der Kanzlerkandidat der SPD war, und die deutsche Einheit der schon abgewirtschafteten Regierung Kohl noch einmal zu einem großen Wahlsieg verhalf, nannte er Genscher den Metternich aus Halle der Genscherschen Gabe wegen, sich aus verfahrenen Situationen irgendwie wieder herauszuwinden.

Heute heißt es, Hans-Dietrich Genscher sei der unerreichte Meister in der Kunst gewesen, öffentliche Meinung zu beeinflussen, sie zu bilden, sanft zu schieben oder drastisch zu treiben. Das stimmt, weil er, so analysierte es einst Johannes Gross, erkannt hatte, dass die Public Relations zur Substanz der Politik selber gehören und ihr nicht, wie beim Marketing für ein Auto oder eine Zigarettenmarke, als Werbung nachträglich angeheftet werden dürfen. Aber Genschers behänder Umgang mit den Medien war nur eine besondere Ausprägung eines genialischen Kommunikationstalents. Ein Teil seines außerordentlichen Einflusses in und außerhalb der Partei beruhte, so hat das Burkhard Hirsch einmal geschildert, auf seiner fast immerwährenden telefonischen Erreichbarkeit.

Genschman

Das Kommunikationsgenie: Genscher machte seine Reisen zur Vollversammlung der Vereinten Nationen in New York zu einer Art Spiel ohne Grenzen: Wie viele Außenminister kann ich in sechs Tagen in der Suite im UN-Plaza-Hotel empfangen? Der Fernsehjournalist Friedrich Nowottny hat ihn am Ende von solchen New Yorker Tagen gefragt, wie viele Minister es denn nun gewesen seien. Das war seine Antwort: „Ich würde es nicht an der Zahl messen, die war sehr groß. Wichtig ist, dass es eine Begegnung mit den wichtigsten Außenministern des Westens war, mit den meinungsbildenden Außenministern der Dritten Welt, und besonderes Gewicht hatte

diesmal die Begegnung mit dem sowjetischen Außenminister und den anderen Außenministern aus Osteuropa." Nur
keine falsche Bescheidenheit. Ob er nun 36 Kollegen getroffen hat oder 42, das war nicht mehr so bedeutungsvoll. Genscher war ein globaler Netzwerker und ein guter Vermarkter
all dessen, was er machte. Minister Genscher konnte reden
und reden nicht nur so, als ob es um das Leben Deutschlands
ginge; er machte auch noch den Eindruck, als habe er einen
Riesenspaß dabei. Seine Devise aus der schwierigen Zeit der
KSZE-Nachfolgeverhandlungen (Moskau war in Afghanistan einmarschiert, in Polen stand die Solidarność-Bewegung
auf) war ebenso einfach wie klug: Der Westen dürfe niemals
als Erster vom Konferenztisch aufstehen. Man darf sich Genscher aber nicht als Schwätzer vorstellen, das war er nie. Er
wägt heute noch sehr genau ab, ob er, wann er und wem er wie
viel erzählt. Er ist ein äußerst selbstbeherrschter Mann, einer,
der seine Selbstbeherrschung hinter Jovialität verbirgt.

Der Genscherismus

Genscher steht für die Epoche, in der der Kalte Krieg zu Ende ging; er hatte seinen Anteil an diesem Ende. Ohne Genscher wäre die Konferenz für Sicherheit und Zusammenarbeit
in Europa nicht so erfolgreich geworden. Genscher erschloss
dort für Bonn neue Gestaltungsmöglichkeiten in der internationalen Politik. Die deutsche Einheit war ebenso sein Werk
wie das von Helmut Kohl. Man kann es so sagen: Genscher
hat die Bühne gezimmert, auf der Kohl der Kanzler der Einheit werden konnte. Genschers große Leistung war es, die von
Willy Brandt und Egon Bahr konzipierte Ostpolitik, die von
der CDU/CSU so befehdet worden war, in der Koalition mit
eben dieser CDU/CSU zu perpetuieren.

Er war der Außenminister Helmut Schmidts und der Außenminister Helmut Kohls. Er war die Verkörperung der Kontinu-

ität deutscher Außenpolitik. Generationen kommen, Generationen gehen, lederne Reithosen bleiben bestehen, so heißt es in der berühmten Ballade Börries von Münchhausens. Auch Minister kommen und gehen; aber Genscher blieb, er trug sozusagen die hirschledernen Reithosen der Bundesrepublik. Er trug sie dreiundzwanzig Jahr, eine wundervolle Hose es war, so heißt es in der Ballade: Genscher war in der Tat insgesamt 23 Jahre lang deutscher Minister, als er 1992, ganz überraschend, ganz aus freien Stücken sein Amt abgab.

Ausgleich mit den östlichen Nachbarn

Alle Gerüchte, es gäbe da irgendwas, merkwürdige Kontakte in den Osten womöglich, waren Unsinn. Genscher war damals 65, er hatte sich abgerackert wie verrückt und mit seiner Gesundheit stand es nicht zum allerbesten; die Nachwirkungen der Tuberkulose, die ihn als jungen Studenten der Rechte drei Jahre lang in die Lungenheilanstalten verbannt hatte, haben ihm stets zu schaffen gemacht.

Genscher gehört zu den wenigen Politikern, deren Namen zur Kennzeichnung einer politischen Doktrin dient: Der Genscherismus wurde zunächst geschmäht und als Abwendung vom Westen diskreditiert. Aber seine Entwicklung war der Schlüssel zum außenpolitischen Erfolg. Der Genscherismus war die Fortsetzung der alten Idee Gustav Stresemanns, den Ausgleich mit den östlichen Nachbarn zu suchen; aber zugleich ließ „Mister Bundesrepublik" an der Verankerung der Bundesrepublik im westlichen Bündnis keinen Zweifel.

In einem Film dieses Titels, den die ARD Genscher zum 80. Geburtstag gewidmet hat, hieß es, der Liberale habe immer alles im Griff gehabt. Das gehört zu den Legenden, die Genscher selbst über sich geschaffen hat. Aber es stimmt nicht. Den Koalitionswechsel der FDP von der SPD zur Union im Jahr 1982 hatte er nicht im Griff. Die Sache entglitt ihm. Auf ein so abruptes Ende der Regierung Schmidt war er nicht eingestellt. Genscher hat eigentlich ein Talent dafür, Situationen zu schaffen, in denen sich dann alles fast wie von selbst ergibt. Damals aber wäre die FDP fast auseinandergeflogen. Natürlich hatte er den Koalitionswechsel gewollt, aber nicht mit so großem Schaden: Talente wie Verheugen verließen die FDP, die Leute auf der Straße beschimpften Genscher. Und die FDP war nachher eine andere als vorher und ist eine andere geblieben. Ihre bürgerrechtliche Wurzel trieb nicht mehr aus. Nicht nur die Fehler der SPD sind also schuld daran, dass es die Grünen gibt; dazu kommen die Fehler der FDP und deren Verwandlung in eine rein wirtschaftsliberale Partei. Mit Jürgen Möllemann verband ihn ein merkwürdiges Vater-Sohn-Verhältnis, aber auch Genscher hatte ihn nicht im Griff. „Es reicht," sagte er ihm nicht schon dann, als Möllemann antisemitisch war, Genscher sagte ihm das erst, als dieser gefährlich antisemitisch wurde.

Genscher ist ein Familienmensch. Seine Heimatstadt Halle gilt ihm als das Paradies auf Erden. Seine Mutter hatte er, solange es nur ging, auf alle Ministerreisen mitgenommen. Und heute ist er seinen zwei Enkelkindern ein Bilderbuch-Opa, um sie bemüht er sich noch mehr als einst um Gromyko, Schewardnadse und Gorbatschow. Mit den Mädchen geht er nämlich sogar auf den Karnevalszug.

Rolf Bossi Zu Bossis besten Zeiten waren zwei juristische Adressen berühmt in Deutschland. Erstens, wie heute noch: Karlsruhe, Schloßbezirk 3 – das Bundesverfassungsgericht. Zweitens: München, Sophienstraße 3 – die Kanzlei des Strafverteidigers Bossi. Er war der erste Strafverteidiger, auf den die Bezeichnung Starverteidiger zutraf. Er hatte ein wunderbares Gespür für Psychologisches, dazu ein perfektes Gedächtnis und die Wortmacht eines römischen Rhetors. Die große Bossi-Zeit waren die siebziger Jahre des letzten Jahrhunderts, die Zeit der ersten Strafrechtsliberalisierung nach dem Zweiten Weltkrieg.

Nachruf auf Rolf Bossi, erschienen in der Süddeutschen Zeitung am 24. Dezember 2015. Er starb mit 92 Jahren am 22. Dezember 2015.

„Willst du ein Bossi werden?"

Der große Münchner Strafverteidiger hat das Strafrecht aus der Gosse gezogen. Er machte den Schwurgerichtssaal zur Bühne.

E r war eine Instanz. Er war in Deutschland einer der ersten Strafverteidiger, die man „Starverteidiger" nannte. Und von diesen Starverteidigern war er der berühmteste. Er war ihr Prototyp, er war der, der dem Strafrecht das dreckige Image nahm, er machte Psychologie und Psychiatrie im Gerichtssaal heimisch. Das Strafrecht war, als Rolf Bossi 1952 Anwalt wurde, das Schmuddelkind des Rechts: Es war Blut und Sperma. Bossi zog das Strafrecht aus der Gosse. Er machte den Prozess zum Ereignis, den Schwurgerichtssaal zur Bühne.

Er hatte einen sagenhaften Ruf, allerdings nicht unbedingt bei seinen Kollegen

Er inszenierte das Strafverfahren – und er inszenierte sich. Bossis Plädoyers gehören zu den glänzendsten, die in deutschen Gerichtssälen gehalten wurden. Er war kein Akrobat der Paragrafen, er war kein Revisionsspezialist; dafür hatte er seine Leute. Er war ein grandioser forensischer Rhetor – mit stahlblauen Augen und durchdringendem Blick. Nicht immer konnte er damit die Berufsrichter überzeugen, aber fast immer die Schöffen. Und fast jedem seiner Mandanten gab er das Gefühl, das Beste für ihn getan zu haben. Kollegen Bossis sagen, der Film „Die 12 Geschworenen", ein Justizdrama von Sidney Lumet, habe ihn mehr beeinflusst als alle juristischen Vorlesungen. Bossi hatte ein wunderbares Gespür für Psychologisches, dazu ein perfektes Gedächtnis; und er verstand es, die Sprache als Waffe zu nutzen.

Wenn man vor dreißig, vierzig Jahren Jura studieren wollte und das dem Onkel an Weihnachten erzählte, fragte der zurück: „Willst du ein Bossi werden?" Rolf Bossi hatte einen sagenhaften Ruf, allerdings nicht unbedingt bei seinen Kollegen. Zumal die kleinen Anwälte in der Provinz sauer waren, wenn „der Bossi" einschwebte wie der Deus ex machina im antiken Drama, um eine heikle Sache doch noch zum Guten zu wenden.

Bossis Lieblingsort war der Affekttunnel

Zu Bossis besten Zeiten waren zwei juristische Adressen berühmt in Deutschland. Erstens: Karlsruhe, Schloßbezirk 3 – das Bundesverfassungsgericht. Zweitens: München, Sophienstraße 3 – die Kanzlei von Bossi. Weiße Stühle, Fotos an den Wänden, darauf zu sehen: Rolf Bossi. Bossi mit Ede Zimmermann von „Aktenzeichen XY" bei einer Leichenschau, Bossi in spektakulären Prozessen: gegen den Frauenmörder Fritz Honka, gegen die Schauspielerin Ingrid van Bergen, die ihren Geliebten erschossen hat. Seine Kanzlei verteidigte den Kindermörder Jürgen Bartsch, den Oetker-Entführer Dieter Zlof, den Gladbecker Geiselgangster Dieter Degowski. Bossi vertrat die Prominenz auch in Scheidungs- und sonstigen unangenehmen Angelegenheiten – Romy Schneider, Hardy Krüger, Roberto Blanco ...

Seine Münchner Kanzlei sah er nur am Samstag und Sonntag. Von Montag bis Freitag war er unterwegs in den Gefäng-

nissen und Gerichten der ganzen Bundesrepublik. Als das auch
für einen Workaholic wie Bossi zu viel wurde, teilte er sich mit
seinem Partner die Republik auf: Steffen Ufer übernahm den
Süden, Bossi den Norden des Landes. Am Montagmorgen flog
Bossi nach Düsseldorf und von dort ging es weiter, jeden Tag
in einen anderen Gerichtssaal, wo er mittels der besten Sach-
verständigen nachzuweisen versuchte, dass das Verbrechen
Symptom einer seelischen Krankheit war. Der Paragraf 21 des
Strafgesetzbuches, der die verminderte Schuldfähigkeit regelt,
geht auch auf sein Wirken zurück. Richter und Öffentlichkeit
haben sich damals mehr als heute dafür interessiert, warum
ein Mensch den anderen umgebracht hat. Die große Bossi-Zeit
war die Zeit der ersten Strafrechtsliberalisierung nach dem
Zweiten Weltkrieg. Und Bossis Lieblingsort war neben dem
Gerichtssaal der „Affekttunnel", in den er seine Straftäter
steckte.

Ein Egomane mit Stil und Können

Berühmtheiten der deutschen Strafverteidigung haben in
seiner Kanzlei gelernt und gewirkt: Gunter Widmaier, der
vor drei Jahren verstorbene Revisionsspezialist, oder Werner
Leitner, Wirtschaftsstrafrechtler und Vorsitzender des Straf-
rechtsausschusses des Deutschen Anwaltvereins. Ihm überreichte Bossi zum Abschied aus der Kanzlei ein Buch mit der
Widmung: „Wo wir sind, ist das Recht zu suchen." Bossi war
ein Egomane mit Stil und Können. Er ist im Alter von 92 Jahren gestorben.

WILDE KERLE

Ernst Müller-Meiningen jr. Der journalistische Beruf ist wenig geeignet für die Unsterblichkeit. Aber man kann in diesem Beruf unglaublich alt werden und dabei unglaublich jung bleiben – wenn man so ist wie er: Ernst Müller-Meiningen jr., der große Publizist der Süddeutschen Zeitung, ist 2006, fast 98-jährig, gestorben.

Rede zur Trauerfeier für Ernst Müller-Meiningen jr., gehalten am 19. April 2006 in der Kirche Sankt Georg, München-Bogenhausen. Er starb mit 97 Jahren am 10. April 2006.

Anständig sterben. Ach ja.

M.-M. jr. war das gute Gewissen des liberalen Journalismus in Deutschland, ungemein streitbar und ungemein humorvoll.

Als ich zur *Süddeutschen Zeitung* kam, war er schon lange weg, aber nach wie vor unglaublich präsent. Das war 1988. Er war präsent, obwohl ihm schon Jahre vorher, das war Ende 1979 und da war er 71 Jahre alt, der Abschied vom täglichen Zeitungsgeschäft radikal geglückt war – und zwar „wider alle Erwartungen", wie vier Jahre später Albert Wucher anlässlich des fünfundsiebzigsten Geburtstags von Müller-Meiningen schrieb. Der Kollege Müller-Meiningen jr. habe seit seinem Abschied, so Albert Wucher damals ebenso bewundernd wie ungläubig, „keine Zeile mehr geschrieben und die Redaktion nie mit Ratschlägen traktiert".

Orden, Spießer, Pfeffersäcke

Aber vielleicht, so sinnierte der Laudator, „bosselt er ja an seinen Memoiren, die recht aufschlussreich werden müssten?" Die Geschichte der Lizenzpresse sei noch nicht geschrieben, und der Jubilar sei ja vom ersten Moment an dabei gewesen. Der Laudator hatte recht. Zwei Jahre später erschien nämlich das galgenhumorige Buch „Orden, Spießer, Pfeffersäcke". Im

Untertitel hieß es „Ein liberaler Streiter erinnert sich" – und der liberale Streiter erinnerte sich auch und vor allem an die „Dummheiten" und die „Ahnungslosigkeit" seiner Verleger. Dieses Buch war und ist das Gegenteil dessen, was der Autor einmal in einem Kommentar dem Bayerischen Rundfunk bescheinigt hatte, nämlich: „Tritt leise und scheue jeden".

In einer Schwabinger Kneipe

Und mit der Vorstellung dieses gar nicht leise tretenden und vor niemandem scheuenden Pfeffersack-Buches in aufgeladener, ja verschwörerischer Atmosphäre und drangvoller Enge in einer Schwabinger Kneipe begann meine Zeit bei der *Süddeutschen Zeitung*. Ich lernte übrigens bei dieser Gelegenheit, welch undankbare Aufgabe der Chefredakteur so einer großen Zeitung hat. Der damalige Chefredakteur, noch nicht lange im Amt und deshalb besonders vorsichtig, hatte nämlich die Besprechung des Buches, die ein vorwitziger Redakteur beim *Zeit*-Autor Hanno Kühnert bestellt hatte, verbieten müssen und gar von einer Klage der Verleger gegen ihren alten Haudegen Müller-Meiningen geraunt. Das und der Verdacht der Redaktion, dass die rechts- und innenpolitische Liberalität des Blattes, die von Müller-Meiningen geprägt worden war, nun weggewischt werden sollte, hatte zu der aufgeladenen, verschwörerischen Atmosphäre bei der Buchvorstellung geführt.

Der König Artus der journalistischen Tafelrunde

Der gebieterische Greis, der da im verrauchten Wirtshaus stand, kam mir vor wie der König Artus der journalistischen Tafelrunde – und ich, der gewesene Richter aus Regensburg und nun *SZ*-Journalist, kam mir vor wie der junge Parzival kurz nach dem Auszug aus den heimischen Wäldern. Im Lauf dieses Abends nahm mich König Artus zur Seite, erkundigte sich nach meinem beruflichen Vorleben, von dem er Schreckliches gehört hatte, und gab mir dann eine Mahnung mit auf den Weg, von der ich in Erinnerung behalten habe, dass ich ihm „keine Schande machen" solle. Der Senator hat diese Worte später, in der Zeit, als ich ihn schon „Wamse" nennen durfte und er mir, quasi als Ritterschlag, das letzte Exemplar seiner Schrift über „Die Parteigenossen" aus dem Jahr 1946 geschenkt hatte, energisch bestritten. Aber es ist halt so wie bei einer Firmung: Der Firmling und der Firmpate haben da so jeweils ihre eigenen Erinnerungen.

Ein alter Junior

Ich kannte ihn natürlich schon, bevor ich ihn kennengelernt habe. Wenn ein junger Mensch und Jurist so um 1970 herum darüber nachgedacht hat, ob nicht auch der Journalismus ein schöner Beruf sein könnte, dann war es gut möglich, dass er dafür vor allem einen Grund hatte: Der hieß Müller-Meiningen junior, und für viele der Leserinnen und Leser der *SZ* war dieser Junior, wie mir, ein Inbegriff dessen, was sie sich unter unabhängigem Journalismus vorstellten.

Der alte Junior. Im alten Reichstag hatte es an die sechs Müllers gegeben. Obgleich der Münchner Müller, der Abgeordnete Dr. Ernst Müller und zeitweilige bayerische Justizminister und Vize-Ministerpräsident, ein unverwechselbarer Kopf war, legte er sich ein formales Unterscheidungsmerkmal zu und nannte sich nach seinem Wahlkreis Müller-Meiningen. Der Sohn erbte vom Vater nicht nur den Hang zur Juristerei und die liberale Gesinnung, sondern auch den Vornamen Ernst, unter Freunden „Ernste". Nachdem der junge Müller einige Jahre später noch den Doktortitel erworben hatte gab es sozusagen zwei Dr. Ernst Müller-Meiningen und damit ein Problem, das erst im Jahr 1946 gelöst wurde. Damals veröf-

fentlichte der Sohn eine stark beachtete und viel befehdete
Broschüre, die schon erwähnte Schrift „Die Parteigenossen",
und er kam mit seinem Verleger Desch überein, sich den Junior-
titel zuzulegen.

Seinen Doktor machte Müller-Meiningen übrigens bezeichnenderweise mit einer Arbeit über „Die Beleidigung von Personen, die im öffentlichen Leben stehen". Das war gewissermaßen ein prophetisches Werk, denn im Jahr 1955 klagte der
damalige Präsident des Bundesgerichtshofs namens Wein-
kauff wegen Beleidigung. Müller-Meiningen hatte, im Zusammenhang mit dem Prozess beim Bundesverfassungsgericht,
der zum Verbot der KPD führte, wie folgt kommentiert:
Auch „beim benachbarten Bundesgerichtshof hat sich die
Gangart inzwischen verschärft. Jene fünf Jahre Zuchthaus,
welche dem FDJ-Funktionär Angenfort wegen Vorbereitung
zum Hochverrat zudiktiert wurden, sind für eine politische
Überzeugungstäterschaft unverhältnismäßig hart und erinnern schon beinahe an böse Beispiele aus der Ostjustiz der roten Dame Hilde Benjamin".

Ein Attest vom Präsidenten

Das Strafverfahren wurde, Generalbundesanwalt Güde spielte den Vermittler, durch eine gemeinsame Erklärung beendet,
die zwei Teile hatte. Im ersten Teil hieß es, Müller-Meiningen „hat den 6. Strafsenat keineswegs mit den Methoden der
Hilde Benjamin auf eine Stufe stellen wollen ... sondern vor
überhohen Strafen gegen politische Überzeugungstäter warnen wollen." Müller-Meiningen hat deswegen lange mit sich
gehadert, ob er den Fall nicht doch hätte durchfechten sollen. Aber im zweiten Teil der gemeinsamen einvernehmli-
chen Erklärung hieß es, sowohl der Bundesgerichtshof als
auch die *Süddeutsche Zeitung* dienten dem Ziel, „den Rechtsstaat zu verwirklichen". Das war, wie gesagt, im Jahr 1957.

Das Attest des Präsidenten des Bundesgerichtshofs könnte man eigentlich regelmäßig über dem Kopf der *SZ* auf Seite eins abdrucken: „Sowohl der Bundesgerichtshof als auch die *Süddeutsche Zeitung* dienen dem Ziel, den Rechtsstaat zu verwirklichen."

Das Gewissen des liberalen Journalismus

Solche Wirkung also hatten die Stücke, die seine Kommentare erzielten, die unter dem ebenso geachteten wie gefürchteten Kürzel „M.-M. jr" erschienen – Kommentare, die auf Demokratisierung, auf Erneuerung des Rechtsbewusstseins zielten, viertausend im Lauf von rund dreieinhalb Jahrzehnten, unverwechselbar in ihrem direkten und unverblümten Stil; Kommentare zur Rechtspolitik, zu Verfassungsfragen, zu Prozessen und Skandalen, zum Strafrecht und zum Strafvollzug, besonders gern über obrigkeitliche und bürokratische Eskapaden. Er war in seinen aktiven Jahren sehr viel mehr als der Rechtspolitiker der *Süddeutschen Zeitung*; er war das gute Gewissen des liberalen Journalismus in Deutschland: ungemein streitbar und ungemein humorvoll zugleich. Als der CSU-Politiker Friedrich Zimmermann einmal in den Verruf eines „Meineid-Bauern" geriet, war er der einzige Journalist, der ihn gegen diesen Vorwurf in Schutz nahm – da doch Zimmermann nachweislich nie als Landwirt tätig gewesen sei.

Vom Kommerz zum Kannibalismus

Auch als Senator, er war Mitglied des mittlerweile abgeschafften Bayerischen Senats als Vorsitzender der Bayerischen Journalisten, hat er, wie die ganz Alten berichten, Tag für Tag an seinem angestammten Platz in der Redaktionskonferenz gesessen, hat mitgeplant und mitgeschimpft. Und wenn den Anderen manchmal nichts Rechtes mehr einfiel, zog der Junior nicht selten noch eine Glosse aus dem Ärmel (mit Vorliebe zum Sport). Es gehörte eben auch dies zu seinem Charakter: Spaß, Witz und Ironie, gewonnen aus einer humanen Skepsis, auch gegenüber sich selbst.

Er hat Johann Nepomuk Nestroy geliebt, den Volkskomödianten, der den Lumpazivagabundus erfunden hat. Wenn er in den vergangenen Jahren, in Anwandlungen von grimmigem Alterspessimismus, den geliebten Journalismus auf dem geraden Weg über den Kommerz zum Kannibalismus sah, dann hat er vielleicht an Nestroys Menschenfresser-Komödie gedacht, in der zwei Häuptlinge namens „Abendwind der Sanfte" und „Biberhahn der Heftige" die Hauptrollen spielen. Unser Senator hatte ein Faible für diesen ironischen, sprachmächtigen Spötter aus Wien, wohl deshalb, weil er selber so ein Spötter war. Und einen Jux hat er sich auch gern gemacht, wenn er sich etwa am Telefon der Redaktionskonferenz als „Redaktionsdiener" meldete, oder sich beim Staatsempfang als Primas der hier im Saal versammelten Gaukler vorstellte.

Lieber die Schreibmaschine aus dem Fenster werfen

Aber einmal hört aller Spaß auf. Die Ironie schlug in Empörung um, wenn es um Folter und Todesstrafe ging oder darum, dass der Presse- und Meinungsfreiheit gesetzliche Fangeisen angelegt werden sollten. Dann wurde Müller-Meiningen junior todernst, dann schrieb er Kommentare, die man noch nach Jahren, noch heute mit Gewinn lesen kann. Warum? Weil man spürt, dass da einer sich sein Leben lang von nichts hat verbiegen lassen – nicht von berufsspezifischen Schwierigkeiten (wenn hin und wieder die Ansicht von Verlegern und Journalisten nicht so recht übereinstimmten); nicht von Pressionen (wenn ein Leitartikel zu Beamtenfragen einige hundert organisierte Abbestellungen provozierte). Er hat sich auch nicht davon beeindrucken lassen, wenn ihm ein Chefredakteur nach seinem scharfen Leitartikel und heftigem Streit in laufender Redaktionskonferenz das „Du" und die Freundschaft aufkündigte. Und schon gar nicht hat sich dieser Müller-Meiningen – wie Herbert Riehl-Heyse ihm attestiert hat – jemals beeindrucken lassen von der wirklichen oder auch nur eingebildeten Bedeutung all der wichtigen Persönlichkeiten, mit denen ein Journalist umgehen muss. Es muss nicht zuletzt diese Tugend der mangelnden Beeindruckbarkeit gewesen sein, die ihn davor bewahrt hat, sich auch nur im geringsten mit den aufgeblasenen Machthabern des Dritten Reiches einzulassen. Er hat es vorgezogen, als Angestellter einer Bank zu überwintern.

In melancholischen Stunden hat er von sich gesagt, er sei im Grunde seines Herzens ziemlich schüchtern. Gleichwohl verkörperte er den Stolz und das Selbstbewusstsein, das dem gefährdeten Stand der Journalisten so Not tut. Einer wie er diente eben nicht der Diktatur wie der Demokratie mit gleicher Begeisterung als Hofsänger. Einer wie er würde sich nie im Leben als unterwürfiger Stichwortgeber missbrauchen lassen, wenn er ein Interview zu führen hat. Einer wie er hätte, um noch einmal Herbert Riehl-Heyse zu zitieren, lieber die Schreibmaschine aus dem Fenster geworfen, als dass er irgendwann in eine staatstragende Partei eingetreten wäre, um unter ihrem Schirm dann Karriere zu machen. Es ist ein Glücksfall gewesen, dass dieser unbestechliche, liberale, tolerante Mann die bayerischen Journalisten so lange Zeit als ihr Verbandsvorsitzender, als Senator, als Rundfunkrat vertreten hat.

Furchterregende Autorität

Sebastian Haffner hat einmal geschrieben, der journalistische Beruf sei wenig geeignet für die Unsterblichkeit. Das mag sein. Aber man kann in diesem Beruf unglaublich alt werden und dabei unglaublich jung bleiben – wenn man so ist wie Müller-Meiningen. Er sei eine „furchterregende Autorität" hat einmal ein Freund über ihn gesagt; er war nämlich sprachmächtig nicht nur beim Schreiben, sondern auch beim Reden. Er tat dies in ebenso klaren wie wohlgesetzten Worten und derart intensiv, dass man dem Missstand, über den er da räsonierte, „schon ohne Niederschrift kaum mehr eine Zukunft" gab (Hermann Unterstöger). Er hat die Menschen beeindruckt. Er konnte aber, bei aller Liebenswürdigkeit, auch ein Berg von Grantigkeit sein. Und hinter seinem schier unerschöpflichen Vorrat an Anekdoten und Geschichten versteckte er bisweilen, in seinen späten Jahren, auch seine Einsamkeit. Er leide unter dieser Einsamkeit, hat er einmal gesagt, und sei doch so gern alleine.

Distanz zu sich selber

Mit Hanno Kühnert, dem rechtspolitischen Kollegen, hat er in seinen alten Jahren bis zu dessen Tod täglich telefoniert. Müller-Meiningen hat Kühnert über alle Maßen geschätzt. Aber als es einmal darum ging, ob man sich nicht einmal treffen sollte, hat er zu seiner Tochter gesagt: „Wir sind uns nie begegnet; und das soll so bleiben." Auch diese Distanziertheit, diese Vorsicht, war ein Wesensmerkmal. Und diese Distanz hatte er auch zu sich selber. Es ist einige Wochen her, dass er sagte: „Und jetzt wird anständig gestorben. Ach ja." Ach ja. Er hat anständig gelebt und er ist anständig gestorben. In beidem ist er uns Vorbild.

Glenn Greenwald Massenüberwachung erzieht zur
Uniformität. Sie kultiviert vorauseilenden Gehorsam,
sie züchtet Selbstzensur. Damit verschwinden Privatheit
und Unbefangenheit. Der Verlust der Unbefangenheit
ist eine Form der Gefangenschaft. Das ist das Thema
des US-amerikanischen Journalisten, Schriftstellers und
Rechtsanwalts Glenn Greenwald. Weltweite Berühmtheit
erlangte er, als er Edward Snowdens Dokumente zu den
NSA-Überwachungsprogrammen aufbereitete und im Jahr
2013 veröffentlichte.

Laudatio zur Verleihung des Geschwister-Scholl-Preises
an Glenn Greenwald am 1. Dezember 2014

Das Alphabet der Überwachung

**Der Journalist Glenn Greenwald hat die
Enthüllungen des Edward Snowdon ausgewertet
und in ihren politischen Kontext gestellt.**

D ank Snowden und dank Greenwald haben wir
die Kürzel der Überwachung und aller nur erdenklichen Überwachungsprogramme gelernt: Prism
und XKeyScore und Upstream und TAO. Solche Kürzel der Überwachung addieren sich zu einem Alphabet der Totalität. Sie buchstabieren die globale digitale Inquisition. Würde jede dieser Überwachungsaktivitäten einen Pfeifton produzieren, wir alle wären schon wahnsinnig geworden. Aber
man hört nichts, man spürt die Übergriffe der Geheimdienste
nicht. Weil es bei den Überwachungsaktionen nicht pfeift,
brauchen wir Leute, die pfeifen, brauchen wir Whistleblower,
brauchen wir Leute wie Glenn Greenwald. Sein Buch „Die globale Überwachung" (Anmerkung: Die globale Überwachung.
Der Fall Snowden, die amerikanischen Geheimdienste und die
Folgen. München 2014) ist ein Pfeifbuch – es pfeift 366 Seiten
lang, es schreckt uns auf, es zeigt uns den globalen Über-
wachungswahnsinn.

Glenn Greenwald zitiert in seinem Buch das berühmte Urteil
von Louis Brandeis, Richter am Obersten US-Gerichtshof, aus
dem Jahr 1928: „Das Recht, in Ruhe gelassen zu werden, ist das
umfassendste aller Rechte und dasjenige, dem ein freies Volk

den größten Wert beimisst." Weil Edward Snowden dieses Recht, vom Staat in Ruhe gelassen zu werden, verteidigt hat, hat ihn die US-Staatsmacht zur Ruhelosigkeit verdammt. Auch Greenwald wird ja nicht vom Staat in Ruhe gelassen. Sein Lebenspartner David Miranda wurde im August 2013 von der Polizei neun Stunden lang auf dem Flughafen London-Heathrow festgehalten. Die Beamten durchsuchten sein Handgepäck, konfiszierten seinen Rechner, zwei USB-Sticks und eine externe Festplatte.

Snowden hat eine globale Großinquisition aufgedeckt und musste fliehen vor dem Großinquisitor. Den Gewinn hat die Rechtsstaatlichkeit der westlichen Demokratien, genauer gesagt: Sie könnte ihn haben, wenn sie den globalen Skandal zum Anlass nähme, ihren Geheimdiensten Grenzen zu setzen. Snowden ist also nicht nur Aufklärer, er ist auch Motivator. Seine Angaben über die weltweiten Überwachungsprogramme haben strafrechtliche Ermittlungen und parlamentarische Untersuchungsausschüsse in Gang gesetzt. Snowden hat daher Besseres verdient als ein wackeliges, zeitlich begrenztes Asyl in Russland. Glenn Greenwald und sein Buch erinnern uns fortwährend daran. Dafür danken wir ihm.

Wer überwacht wird, verhält sich konform

Snowden hat sich etwas getraut. Er ist aus der Verborgenheit der geheimdienstlichen Welt herausgetreten – und angetreten gegen die antischöpferische, geistlose Überwachungslogik. Er hat sie beschrieben, er hat sie entlarvt, er hat sie angeprangert. Er hat die Funktionsweisen und die Mechanismen der geheimdienstlichen Observation aufgedeckt, er hat ihre Totalität und ihren Ungeist benannt. Es ist dies ein Ungeist deswegen, weil die Überwachung es verhindert, schöpferisch zu sein. Kreativität verlangt, dass man sich abweichendes Verhalten erlauben kann, dass man Fehler machen darf. Überwachung verhindert das. Wer überwacht wird, verhält sich konform. Das ist die eigentliche Gefahr der Massenüberwachung. Sie erzieht zur Konformität. Sie kultiviert vorauseilenden Gehorsam. Sie züchtet Selbstzensur. Die Dynamik der Selbstzensur entwickelt sich unabhängig davon, ob wirklich konkret im Einzelfall überwacht wird. Es reicht die abstrakt-konkrete Möglichkeit, überwacht zu werden. Damit verschwindet nämlich die Gewissheit, dass man in Ruhe und in Frieden gelassen wird. Und damit verschwindet die Privatheit; und mit ihr verschwindet die Unbefangenheit. Der Verlust der Unbefangenheit ist eine Form der Gefangenschaft; sie ist ein Verlust der Freiheit. Die Überwachungsmacht veranlasst die Menschen, sich selbst in Gefangenschaft zu nehmen.

Greenwalds Dramaturgie

Dies alles eindringlich und eindrücklich beschrieben zu haben – das ist das große Verdienst von Glenn Greenwalds Buch. Sein Buch besteht aus drei Teilen: Im ersten geht es um Snowden, im zweiten um die elektronische Überwachung, im dritten steht eine Anklage gegen das amerikanische Mediensystem. Es handelt sich um ein unglaubliches, ja um ein wahnsinniges Buch, weil es, meist mit großer Nüchternheit, einen globalen Wahnsinn beschreibt. Greenwald versucht sich in seinem Buch nicht in journalistischer Distanz – dafür ist er Snowden und seinen Entdeckungen viel zu nahe gekommen. Er skizziert (auch) die Lebensgeschichte eines Aufklärers von Weltrang, der ohne die kluge Auswertungs- und Publikationsstrategie von Greenwald wohl nicht dieser Aufklärer von Weltrang geworden wäre. Und Greenwald, auch das darf man an dieser Stelle sagen, hätte dies nicht geschafft ohne die Hilfe seiner Kollegin Laura Poitras.

Neue Sensationen enthält das Buch nicht – die Sensationen und Ungeheuerlichkeiten, die in den zwölf Monaten zuvor von

Snowden mit Glenn Greenwalds Hilfe veröffentlicht wurden, waren ungeheuerlich genug. Gleichwohl ist das Buch ein Buch der Enthüllungen, weil es die Enthüllungen festhält, zusammenfasst, auswertet, in ihren Kontext stellt. Greenwald stellt diese Phase der Enthüllungen in ihren politischen Kontext. Snowden hatte, wie dies der Kollege Andrian Kreye in seiner *SZ*-Rezension des Buches schön nacherzählt hat, nicht nur die rohen Daten gesammelt und dem Journalisten Greenwald übergeben. Er hatte sie in ein System von digitalen Ordnern sortiert, hatte Material dazu gegeben, das für die Enthüllungen keine Rolle spielte, aber für das Verständnis sehr wohl. Und er hatte das alles so angelegt, dass Greenwald daraus eine Dramaturgie entwickeln konnte.

Der Helfer des Nothelfers

Darf ein Rechtsstaat Verbrechen begehen? Natürlich darf er das nicht. Ein Rechtsstaat darf nicht gegen Verfassung, Recht und Gesetz verstoßen. Und wenn er es trotzdem tut? Darf der Staat dann denjenigen bestrafen, der das aufdeckt und öffentlich macht? Muss man, zumindest dann, wenn man Staatsbediensteter ist, den Mund halten, wenn man von schweren Missständen erfährt? Und wann darf man wie den Mund aufmachen und wem gegenüber? Das sind die rechtlichen Fragen, um die es im Fall Snowden geht: Gibt es ein Recht, rechtswidrige Zustände öffentlich zu machen? Edward Snowden hat mit Glenn Greenwalds effektiver Hilfe aufgedeckt, dass amerikanische und britische Geheimdienste die halbe oder auch die ganze Welt abhören, dass sie alle nur erdenklichen Spuren im Internet registrieren und auswerten, dass sie dazu auch ihre Botschaftsgebäude nutzen, dass sie für Spionagezwecke die internationalen Kommunikationsverbindungen unter ihre Kontrolle gebracht haben – dies alles unter Verstoß gegen internationales Recht, Pakte und Vereinbarungen.

Weil Snowden das öffentlich gemacht hat, wird er von der Staatsgewalt gejagt. Drei Delikte werden ihm vorgeworfen: Diebstahl von Regierungseigentum; widerrechtliche Weitergabe militärischer Informationen; Weitergabe nachrichtendienstlicher Informationen an Unbefugte. Er hätte unbedingt schweigen müssen, sagen die Behörden. Allenfalls hätte er sich an den Kongress wenden dürfen. Er habe Staatsgeheimnisse verraten. Sind aber illegale Geheimnisse wirklich Staatsgeheimnisse, die Strafrechtsschutz verdienen und also denjenigen zum Straftäter machen, der diese Geheimnisse aufdeckt? Ist der Verbrecher der, der Verbrechen anzeigt – und nicht der, der sie verübt? So sähen es Regierungen und Sicherheitsbehörden oft gern – und so wird das Strafrecht gern ausgelegt. Recht ist das nicht. Der Staat darf nicht alles, was er tut, mit der Firewall des Strafrechts umgeben. Dann werden auch illegale Geheimnisse zu geschützten Geheimnissen; Staatsschutz nennt man das dann. Es gibt aber im Strafrecht den Rechtfertigungsgrund der Notwehr und der Nothilfe. Snowden ist ein Nothelfer. Und unser Preisträger Glenn Greenwald hat ihm bei dieser Nothilfe geholfen. Greenwald hat den Ur- und den Kerngehalt der Pressefreiheit realisiert: Sagen, was ist! Das hat Greenwald getan: Er hat gesagt, was ist – und er sagt es immer wieder.

Ein Kriegsverbrechen

Nothilfe für das Recht. Nothilfe für die verletzten Menschenrechte. Das US-Militärgericht hat das nicht geprüft, als es den früheren Soldaten Bradley Manning, die jetzt Chelsea Manning heißt, zu 35 Jahren Gefängnis verurteilt hat. Manning hatte Videos von der US-Kriegsführung an Wikileaks weitergegeben – unter anderem die 27 Minuten lange Szene, auf der man ein Kriegsverbrechen sieht: Die Besatzung eines Apache-Kampfhubschraubers erschießt mittels Bordwaffen zwölf

Zivilpersonen auf einer Straße in Neu-Bagdad. Manning büßte für die Aufdeckung mit folterartiger Untersuchungshaft, mit hoher Strafe und der unehrenhaften Entlassung aus der Armee. Von der unehrenhaften Entlassung der Todesschützen ist nichts bekannt.

Das Recht muss denen die Hand reichen, die es schützen

Gibt es also kein Recht, das Recht zu verteidigen, wenn es von denen, die eigentlich dazu berufen sind, keiner tut? Hätten also auch die Informanten, die seinerzeit dem US-Journalisten Seymour Hersh vom Massaker in My Lai berichteten, bestraft werden müssen? Hätte auch der Journalist Seymour Hersh, der für die Aufdeckung den Pulitzerpreis erhielt, stattdessen eigentlich bestraft werden müssen? Im vietnamesischen Dorf My Lai hatten US-Soldaten Frauen vergewaltigt und fast alle Einwohner ermordet. Die öffentlichen Debatten darüber haben mit zum Ende des Vietnamkriegs beigetragen. War das falsch? Wäre My Lai eigentlich geschütztes Staatsgeheimnis gewesen? Es gibt darauf eine klare Antwort: Schutzwürdig kann und darf in einem demokratischen Verfassungsstaat nur ein Dienst- oder ein Staatsgeheimnis sein, das mit dem geltenden Recht im Einklang steht. Das Recht darf nicht Unrecht schützen. Und das Recht muss denen die Hand reichen, die es schützen. Danke, Edward Snowden. Danke, Gleen Greenwald.

Christoph Martin Wieland, ein deutscher Dichter, Übersetzer und Herausgeber zur Zeit der Aufklärung, hat kurz vor seinem Tod prophezeit: „Wer sich erkühnen wird, Wahrheiten zu sagen, an deren Verheimlichung den Unterdrückern gelegen ist, wird Ketzer und Aufrührer heißen und als Verbrecher bestraft werden." Die Vorhersage stammt aus dem Jahr 1812. 2014 stimmt sie immer noch. Im demokratischen Rechtsstaat sollte es anders sein.

Seit eineinhalb Jahren ist nun die globale digitale Inquisition bekannt. In dieser Zeit bestand die deutsche Politik der Aufklärung dieses Datenspionage-Skandals vor allem im Streit darüber, wie mit dem Aufklärer Snowden verfahren werden soll: Asyl? Aufenthalt? Freies Geleit? Vernehmung in Moskau? Oder gar nichts von alledem? Der Streit darüber ersetzte die Maßnahmen zur Abwehr der Grundrechtseingriffe. Bisweilen konnte man den Eindruck haben, die offizielle Politik betrachte die Angelegenheit nicht als aufzuklärenden Großskandal, sondern als lästige Entdeckung, die besser nie gemacht worden wäre, weil sie die numinosen Beziehungen zu den USA stört. Bisweilen schien es so, als gelte den deutschen Staatsgewalten nicht die US-Spionage, sondern deren Aufdeckung als der eigentliche Skandal – und als könne man die Grundrechtsgefährdung dadurch beseitigen, dass man sie herunterspielt. Erst leugnete die Bundesregierung (es war die schwarz-gelbe) den Großzugriff auf Daten und Grundrechte. Dann räumte sie ihn ein wenig ein, erklärte ihn aber für beendet. Die nächste Bundesregierung, die schwarz-rote, räumt ihn zwar ein und lamentiert, tut aber nichts dagegen. Gegen die Stationierung von Abhöranlagen in Botschaften hätte sie, zum Beispiel, vor dem Internationalen Gerichtshof klagen können; man wagt es nicht. Mit langer Verspätung hat die Kanzlerin im Sommer den Geheimdienst-Residenten der USA in der Bundesrepublik aus dem Land komplimentiert. Aber auch dies war keine Reaktion auf die Ausspähung der Bürger, sondern eine Reaktion darauf, dass sich die USA einen Spion beim deutschen Geheimdienst hielten. Offenbar ist der BND schutzwürdiger als die deutschen Bürger.

Digitale Inquisition

Die Bürger sind datenschutzlos. Die Datenschutzgesetze sind zwar in Kraft, haben aber nicht die Kraft, die laufenden US-

Zugriffe abzuwehren. Es gibt die Strafgesetze, die vor digitaler Inquisition schützen sollen. Aber sie werden nicht eingesetzt, weil sie angeblich gegen den US-Geheimdienst nicht richtig greifen. Der Generalbundesanwalt ermittelt peripher, nur wegen des Abhörens des Handys der Kanzlerin. Dieses wird, das hat der US-Präsident zugesichert, nicht mehr abgehört. Weitere Zusicherungen gibt es nicht. Weitere Ermittlungen auch nicht. Die Vorschläge von Experten zum Aufbau eines sicheren EU-Internets gelten der Regierungspolitik offenbar als wirres Zeug. Kurzum: Die staatlichen Handlungs- und Schutzpflichten für die Kommunikationsgrundrechte werden missachtet, die Garantie des Grundgesetzes für „angemessene und ausreichende Telekommunikation" wird nicht eingelöst.

Es wächst das Phlegma

Es wächst nicht der Schutz der Bürger. Stattdessen wächst das Phlegma. Es wächst aber nicht nur das Phlegma der Bundesregierung, sondern auch das der Bürger. Es gibt ja nicht nur den US-Orwell. Es gibt auch eine deutsche und eine internationale Orwellness. Diese Orwellness, eine Entblößungsgesellschaft, nutzt das Internet als Entblößungsmedium. Und es gibt auch viele Phlegmatiker, die glauben, dass sie die ganze Überwacherei nichts angehe, weil sie eh nichts zu verbergen hätten. Manche dieser Leute halten die US-Spionage für Montezumas Rache an der Internet-Generation. Die Aktivitäten der Bundesregierung gegen die Kommunikationsspionage gehen über ein Lamento nicht hinaus. Die Untätigkeit ist verstörend. Sie hat vielleicht damit zu tun, dass der BND im Ausland bei der Datenspionage so agiert, wie es der US-Geheimdienst in Deutschland tut. Das führt wohl zum Ringtausch von Daten. Der BND lässt sich Daten, die er in Deutschland nicht erheben darf, von den Amerikanern geben und gibt dafür seine

Erkenntnisse weiter, die er unkontrolliert im Ausland gewonnen hat. Miteinander verspeist man die Früchte des jeweils unrechtmäßigen Tuns. Ein solches Gelage ist ein Frevel wider den Rechtsstaat.

Wo aber Gefahr ist, sagt Hölderlin, wächst das Rettende auch. Es wäre schön, wenn es so wäre. Edward Snowden wartet darauf vergeblich. Für ihn wächst nur die Gefahr. Der Mann, der die globale Überwachung durch US-Geheimdienste aufgedeckt und sich um die Grundrechte verdient gemacht hat, sitzt im immer wackeligeren Asyl in Moskau. Es ist ein bitterer Witz, es ist eine Schande, dass ein Aufklärer Schutz dort suchen muss, wo derzeit alles Mögliche zu Hause ist, nur nicht die Werte der Aufklärung. Die EU, die sich „Raum des Rechts, der Sicherheit und der Freiheit" nennt, ist auch ein Raum der Feigheit; sie traut sich nicht, Snowden irgendeinen Schutz angedeihen zu lassen. Der Journalistenkollege Jacob Appelbaum hat von Snowdens Mut gesprochen, der ansteckend sei. Demokratie ist auf solchen Mut angewiesen, immer wieder.

Die Demaskierung von Übelständen

Im Grundgesetz gibt es einen Artikel über den Widerstand. Viele Staatsrechtler halten den Widerstandsartikel für pathetisches Larifari, für ein verfassungsrechtliches Alien: Wenn der Widerstand erfolgreich sei, so sagen diese Staatsrechtler, dann brauche man doch hinterher keine große Rechtfertigung durch ein ausdrückliches Recht; und wenn der Widerstand scheitere, dann helfe so ein Recht auch nichts mehr. Eine solche Bewertung ist falsch; sie ist Frucht akademischer Überheblichkeit; sie verkennt die Kraft des Symbols. In diesem Artikel stecken auch die Forderung und die Erkenntnis, dass in der Demokratie der kleine Widerstand beständig geleistet werden muss, auf dass der große Widerstand nie mehr notwendig wird.

Widerstand in der Demokratie heißt anders: Er heißt Widerspruch, er heißt Snowden und Glenn Greenwald, er heißt Zivilcourage, er heißt aufrechter Gang, er heißt Cap Anamur, Amnesty, Greenpeace, Pro Asyl und Kirchenasyl. Er besteht in der Demaskierung von Übelständen. Dieser kleine Widerstand hat die Namen all derer, die nicht wegschauen, wenn sie meinen, dass in Staat und Gesellschaft etwas ganz falsch läuft. Dieser kleine Widerstand hat die Namen all derer, die wachrütteln, Unrecht aufdecken, Missstände benennen und dafür persönlich geradestehen. Und dieser kleine Widerstand hat die Namen all derer, die gegen Unrecht nicht nur im Eigeninteresse ankämpfen und dabei Niederlagen vor Gericht erleiden, die den langen Instanzenzug durchwandern und dann, vielleicht, mit ihrem Anprangern verfassungswidriger Zustände vor dem Verfassungsgericht in Karlsruhe oder dem Europäischen Gerichtshof für Menschenrechte in Straßburg Erfolg haben.

Die Kraft des langen Atems

Auf diese Erfolgskraft hoffen und bauen auch die Menschen, die sich gegen den Machtwechsel von den Staaten hin zu den Konzernen wehren – in den Protesten gegen das Freihandelsabkommen TTIP und gegen TiSA, das geplante Abkommen zum Handel mit Dienstleistungen. Sie warnen davor, dass den Staaten und der Demokratie die Macht durch die Finger rinnt und sich in der Wirtschaft zusammenballt. Der kleine Widerstand kostet nicht Kopf und Kragen wie der Widerstand in der Diktatur; aber ganz billig ist er auch nicht, wie vor allem Whistleblower wissen – das gilt nicht nur für Leute wie Edward Snowden und Chelsea Manning.

So ganz klein ist nämlich dieser kleine Widerstand nicht immer. Man muss es aushalten, als Nestbeschmutzer oder Vaterlandsverräter zu gelten. Manchmal kostet der kleine Widerstand die berufliche Existenz. Manchmal ist er strafbar, manchmal führt er gar ins Gefängnis. Man nennt ihn dann zivilen Ungehorsam. Aber bisweilen hat dieser strafbare zivile Ungehorsam sogar die Kraft, seine Bestrafung zu beenden. So war es einst beim Widerstand gegen die atomare Nachrüstung in Deutschland: Ein Jahrzehnt lang wurden die Friedensdemonstranten als Gewalttäter bestraft, weil sie sich vor die Depots gesetzt hatten, in denen die mit atomaren Sprengköpfen bestückten US-Pershing-Raketen lagerten. Aber dann beschlossen die Richter des Bundesverfassungsgerichts 1995, dass solche Sitzblockaden nicht automatisch als Nötigung bestraft werden können; viele Friedensdemonstranten mussten von den Gerichten rehabilitiert und freigesprochen werden. Der Staat hatte geirrt, als er verurteilte. Die Demonstranten hatten den Irrtum ertragen, erduldet und im Gefängnis abgesessen.

In diesem Erdulden lag die Kraft zur Veränderung. Es ist die Kraft des langen Atems. Diese Kraft des langen Atems wünsche ich unserem Preisträger Glenn Greenwald. Ich wünsche sie uns allen. Und ich wünsche sie unserer Demokratie.

Rupert Neudeck Er war radikal hilfsbereit: Der bedürfnis-
lose Christ, Pazifist, Humanist und Journalist, der Gründer
von Cap Anamur und den Grünhelmen, lebte scheinbar
von fast nichts – aber für andere. Cap Anamur hat mehr
als zehntausend Flüchtlinge aus Seenot gerettet. Und
bei Neudecks Grünhelmen helfen Christen und Muslime
gemeinsam in Krisenregionen.

*Nachruf auf Rupert Neudeck, erschienen in der Süddeutschen Zeitung
am 1. Juni 2016. Er starb mit 77 Jahren am 31. Mai 2016.*

Der heilige Rupert

**Er war ein begnadeter Organisator
und Anpacker. Seine Kompetenz waren
Herzlichkeit und Menschlichkeit.**

E s begann Ende Januar 1945 im Hafen von Danzig: Rupert Neudeck war knapp sechs Jahre alt. Der Onkel hatte noch Fahrscheine bekommen für die Wilhelm Gustloff, für die letzte Überfahrt über die Ostsee auf der Flucht vor der Roten Armee – Fahrscheine für die Großmutter, die Mutter und die Tante, für Rupert und seine drei Brüder. Die Familie kam zu spät zum Hafen, das Schiff war schon ausgelaufen. Drei Stunden nach der Ausfahrt aus dem Hafen wurde die Gustloff von russischen Torpedos getroffen. Die meisten der zehntausend Flüchtlinge ertranken.

Zäh, ausgemergelt, ledern

Sein Leben lang hat sich Neudeck an die Wärme beim Übernachten im Seemannsheim erinnert – und an das Gefühl, behütet zu sein. Es war dies sein Urerlebnis; es hat ihn und sein Leben geprägt: Der Mann, der Philosophie, Germanistik, Soziologie und katholische Theologie studierte, der bei den Jesuiten ein- und wieder austrat, der mit einer Arbeit über „Politische Ethik bei Sartre und Camus" promovierte, wurde nicht nur Journalist bei der katholischen Funkkorrespondenz und dann Redakteur beim Deutschlandfunk, er wurde zum Schutzengel der Flüchtlinge. Gewiss: Die Engel auf den Bildern schauen anders aus; sie haben keinen mächtigen Bart wie Neudeck, sondern Flügel und einen frommen Blick. Neudeck war keine engelhafte Erscheinung, er war zäh und ausgemergelt und ledern; er sah aus wie eine Mischung aus Rübezahl, Marathonläufer, dem heiligen Christophorus und Gottvater.

Er wollte nicht ertragen, nur zuschauen zu können

Engel brauchen angeblich kein Essen, und das hatte Neudeck wieder mit diesen Wesen gemein: Er war ein unglaublich bedürfnisloser Mensch, er lebte, wie es schien, von fast nichts – aber für andere. 1979, da war Neudeck 40, begann diese Berufung. Nach dem Ende des Vietnamkriegs und dem Sieg des kommunistischen Nordens flohen unzählige Südvietnamesen vor der grausamen Verfolgung aufs Meer, die überladenen Boote kenterten, wurden von Piraten angegriffen. Neudeck gründete, unterstützt vom Schriftsteller Heinrich Böll, das Komitee „Ein Schiff für Vietnam", aus dem die Hilfsorganisation Cap Anamur wurde. Mit einem zum Hospitalschiff umgebauten Frachter nahm er insgesamt mehr als zehntausend „Boat People" auf und brachte sie nach Deutschland.

„Nicht mehr nur zuschauen", sagte er. Er konnte, er wollte nicht ertragen, nur zuschauen zu können. Der Katholik Neudeck warb wie ein Missionar bei der Regierung Kohl um die Aufnahme der Flüchtlinge. Er schaffte es, Leute wie Wolfgang Schäuble zu überzeugen. Deutschland integrierte die Boat People von der Cap Anamur als Kontingentflüchtlinge. Neudeck musste sich gegen die Kritik wehren, er animiere Flüchtlinge zur Flucht. Aber wenn einer sich gegen solche Redereien wehren konnte, dann er. Er konnte reden, er konnte überzeugen, er konnte leidenschaftlich sein. Er war, so sagt es der CDU-Politiker Heiner Geißler, „eine Idealkombination aus

292

Idealismus und praktischer Intelligenz". Und Norbert Blüm rühmt: „Seine Kompetenz war Herzlichkeit und Menschlichkeit".

Brunnen, Ambulanzen, Gotteshäuser

Wenn eine Geschichte des Wohnzimmers als eines deutschen Erinnerungsorts geschrieben werden würde, müsste das Wohnzimmer von Christel und Rupert Neudeck in Troisdorf bei Bonn besonders erwähnt werden: Es ist das wohl ungewöhnlichste Wohnzimmer der Republik – nicht einer spektakulären Möblierung wegen, sondern wegen der spektakulären Aktionen, die dort geboren und gelenkt wurden. Dies Wohnzimmer war und ist Zentrale für Rettungsaktionen zu Wasser und zu Lande in aller Welt. Als vor ein paar Wochen Christel und Rupert Neudeck in Stuttgart mit dem Erich-Fromm-Preis ausgezeichnet wurden, zählte der frühere Bundestagspräsident Wolfgang Thierse in seiner Laudatio die humanitären Aktionen auf, die die Neudecks auf die Beine gestellt haben: Es sind bis zum heutigen Tag weit mehr als dreißig – in Somalia, Uganda, Äthiopien, Tschad, Mosambik, Eritrea, im Irak und in Angola, Bosnien, Ruanda, Tschetschenien, Libyen, Syrien. Es wurden Minen geräumt und Krankenhäuser errichtet, Gesundheits- und Nahrungsstationen, Schulen und Straßen gebaut, Brunnen, Solaranlagen, Ambulanzen und Gotteshäuser.

Warum das Wort Bürgerinitiative in Deutschland guten Klang hat

Eine kleine, familiäre Hilfsorganisation hat gerackert und gerettet, geworben, gepredigt, geschafft. Wenn das Wort Bürgerinitiative in Deutschland guten Klang hat, dann liegt das nicht zuletzt an Rupert Neudeck und seinen Initiativen. Er hat, zusammen mit seiner Frau, gezeigt, was ein Einzelner vermag. Er war ein wunderbarer Vorarbeiter der Solidarität und des Gemeinsinns. Er war ein barmherziger Samariter der Moderne, ein Christ, ein radikaler Humanist. Und er war Pazifist, der aber – weil er andere Möglichkeiten nicht sah – die Bewaffnung der kurdisch-irakischen Peschmerga im Nordirak gegen den IS unterstützte, wofür er auch von seinen Freunden Kritik erntete. Er war pragmatischer Pazifist, einer, der beim Außenminister dafür vorstellig wurde, Minenräumpanzer zu erhalten. Zuletzt, bei der Dankesrede für den Erich-Fromm-Preis, hat er für „Differenzierungen im Begriff Pazifismus" geworben.

Der schönste Ausdruck der Sehnsucht

Cap Anamur: „Die Arbeit dafür war für mich der schönste Ausdruck der Sehnsucht, nicht mehr feige zu sein" – so sagte es Neudeck mit Blick auf die Feigheit so vieler Deutscher in und nach der Nazi-Zeit. Und feige war er bei Gott nicht. Er wagte sich in die Kriegsgebiete, dorthin auch, wo sich in Afghanistan kein deutscher Soldat wagte; sein Gottvertrauen und sein humanitärer Wagemut waren gleichermaßen unerschütterlich. Wenn vor ihm ein Fahrzeug auf einer Tellermine explodierte, war ihm das Ansporn, die Aktivitäten gegen das Verbot von Landminen noch zu verdoppeln.

Als die Arbeit mit der Cap Anamur zu Ende war, gründete er 2003 zusammen mit Aiman Mazyek, dem Vorsitzenden des Zentralrats der Muslime in Deutschland, das internationale Friedenskorps „Grünhelme". Von diesem Hilfs- und Wiederaufbauprojekt sagte Klaus Töpfer, damals Leiter des UN-Umweltprogramms: „Je mehr Grünhelme wir in die Welt entsenden, desto weniger Blauhelme brauchen wir." Blauhelme sind die militärischen Einheiten der Vereinten Nationen. Neudeck selbst beschrieb seine Grünhelm-Idee so: „Christen,

Muslime und andere Menschen guten Willens bauen gemeinsam auf, was andere widerrechtlich zerschlagen haben."

In seinen letzten Texten (etliche wurden als „Außenansicht" in der *SZ* abgedruckt) warb Neudeck mit Verve für eine humane Flüchtlingspolitik; er verzweifelte am deutschen Bürokratismus, am Durcheinander der Ämter und Zuständigkeiten. Am Telefon erinnerte er jüngst an einen Satz von Kurt Tucholsky: „Wenn zwei Deutsche im Hof Holz zerspalten, stehn drei andere herum, die das verwalten." Neudeck stand nie herum, er hat organisiert und angepackt. Er war stolz auf seinen Papst Franziskus, dessen Besuch auf Lampedusa er einen Glücksfall nannte.

Wenn es in diesen Zeiten so etwas wie einen Heiligen gibt – dann war er einer. Rupert Neudeck starb am letzten Maitag des Jahres 2016 im Alter von 77 Jahren nach einer Herzoperation.

STAATS- UND HEIMATSCHÜTZER

Otto Schily   Die Journalisten, so klagte er, sähen nur die eine, die angeblich autoritäre Seite seines Wirkens, die des Grundrecht-Beschneiders. Otto Schily, Strafverteidiger in den RAF-Prozessen in Stammheim, Mitbegründer der Grünen, ab 1989 Sozialdemokrat, hatte ein anderes Selbstbildnis von sich: Er habe als Bundesinnenminister (von 1998 bis 2005) die empfindliche rechte Flanke der SPD gesichert und dabei die deutsche Gesellschaft behutsam so liberalisiert, dass die CDU/CSU das gar nicht merkte, weil sie ihn für einen Bruder im Geiste hielt.

Erschienen in der Süddeutschen Zeitung am 19. Oktober 2001

Der Staat bin ich

Vom Verteidiger der Terroristen zum Verteidiger gegen den Terror: ein Mann, der auf seine Weise schon immer konservativ war

E s gibt nur wenige Deutsche, die schon zu Lebzeiten im Museum stehen. Der Kanzler Kohl, immerhin, ist in London im Wachsfigurenkabinett der Madame Tussaud zu sehen. Für Otto Schily wäre das der falsche Ort und Wachs das falsche Material. Der Bundesminister des Innern mag es härter, würdiger und mit Sockel. Man findet Schilys steingemeißelte Abbilder in der Münchner Glyptothek und den Antikensammlungen vieler anderer großer Städte: Dort stehen die Senatoren mit Toga, die Caesaren mit Brustpanzer, die Augustusse mit Herrschergebärde. Sie stehen da wie Otto Schily vor der Bundespressekonferenz und verkörpern die Macht und die Würde des Amtes. Wenn seine früheren politischen Weggefährten aus grünen Tagen ihn so sehen, gewichtig, statuarisch, gravitätisch, staatstragend, dann sagen sie, Schily sei konservativ geworden; aber das ist falsch. Der 69-Jährige ist mit dem Amt nur massiger geworden, als müsse er, der vor etlichen Jahren noch ein schmales Ströbele-Gesicht hatte, das Amt auch körperlich ausfüllen. Konservativ geworden ist er nicht – er war es, auf seine Weise, schon immer, selbst als RAF-Anwalt.

Um dies zu verstehen, muss man „konservativ" ins Römische übersetzen: Im antiken Rom nannten sich die konservativen Senatoren „Optimaten", um schon mit diesem bloßen Wort den Führungsanspruch ihres Standes zu beschreiben – also „die Besten". Zu den Besten hat sich Schily, der Fabrikdirektors-Sohn und Anthroposoph, der cholerische Schöngeist und brillante Anwalt, immer gezählt, zu denen nämlich, die höhere Fähigkeiten in sich selbst entwickeln. Er hat sich nicht gemein gemacht mit seiner jeweiligen Umgebung – darum blieb er fremd, wo immer er gerade war: fremd bei seinen Mandanten, den Terroristen; fremd bei seinen Parteifreunden, den Grünen; fremd bei seinen Genossen, den Sozialdemokraten.

Mit Weste und goldener Uhrkette

Stets aber hat er seine Zugehörigkeit zu einer optimatischen Nobilität zelebriert; und es fügt sich, dass sein herrschaftliches Refugium, das er sich erworben hat, in der Toscana liegt, wo er nicht Urlaub macht, sondern sich der Muße hingibt. Und niemandem käme es in den Sinn, ihm das vorzuwerfen, auch wenn das, wie heuer im Sommer, sechs Wochen dauert. Seine Abwesenheit bemerkt gar niemand, weil Schily präsent zu sein scheint, auch wenn er nicht da ist. So ist das mit Leuten, die es geschafft haben, auf dem Sockel zu stehen. Der Groß-Verleger Axel Cäsar Springer war einer der wenigen, der schon 1973 merkte, dass da, damals auf der Gegenseite, eigentlich einer seinesgleichen saß.

Vom Linksanwalt zum Rechtsanwalt? Schily selbst sah und sieht sich als Verteidiger des Rechtsstaates an wechselnden Fronten: als Advokat des damaligen Linksextremisten Horst Mahler im Jahr 1973, als Anwalt der Terroristin Gudrun Ensslin von 1975 bis 1977, als grünes Mitglied des Flick-Untersuchungsausschusses im ersten großen Parteispendenskandal der Republik von 1983 bis 1986, als SPD-Innenminister der Bundesrepublik Deutschland seit 1998. Immer solitär, mit Weste und goldener Uhrkette als äußerem Zeichen, immer hochfahrend, immer unerbittlich, immer stolz auf seine Intellektualität, die er wie ein Schwert führen konnte – das waren seine Mittel, an den jeweiligen Fronten seine Macht zu erproben und diese Macht selbst genussvoll zu spüren.

Als RAF-Anwalt spürte er sie, wenn er das Gericht bloßstellte und den Staat als Unrechtsstaat entlarvte. Als Grüner im Untersuchungsausschuss spürte er sie, wenn er die herrschende politische Klasse in Bedrängnis brachte. Manchmal dachte man, so schreibt der Schily-Biograf Reinhold Michels über Schilys Auftritte im Flick-Untersuchungsausschuss, „dem Mann komme sogleich ein Messer zum Mund heraus". Franz Josef Strauß brachte er so zur Weißglut, den Zeugen Bundeskanzler Kohl an den Rand eines öffentlichen Wutausbruchs – und an den Rand einer Anklage wegen uneidlicher Falschaussage.

Heute hat es Otto Schily vergleichsweise einfach: Er muss sich nicht mehr anstrengen, Macht zu haben. Heute hat er sie, er hat ihren Apparat zu Verfügung. Er muss die Macht nur noch darstellen, sie verkörpern – und dabei tut er sich leicht. Er muss nur so sein wie immer: immer solitär, immer hochfahrend, immer stolz auf seine Intellektualität.

Robespierre oder Cicero?

Mit Robespierre, der auch Anwalt und Politiker war, haben ihn die bedrängten Machthaber der Bonner Republik verglichen, lagen damit aber völlig falsch: Schily hat seine außergewöhnlichen Gaben klüger genutzt als der geifernde Revolutionär. Wenn man in der großen Geschichte ernsthaft nach einem Juristen sucht, der sich als Gerichtsredner und Strafverteidiger seinen Weg in die hohe Politik gebahnt hat und der dann die überlieferte Ordnung geradezu mit Inbrunst angebetet hat, dann kommt man schnell auf einen, welcher der Eitelkeit des Otto Schily schmeicheln dürfte: auf einen Mann von weitestem Bildungshorizont, auf einen, der geschliffen argumentieren konnte, ausgesprochen schlagfertig war und mit politischen Prozessen berühmt wurde – einer der besten Köpfe seiner Zeit: „Er war von seiner Bedeutung nicht nur durchdrungen, was sein gutes Recht war, sondern gab es auch bei jeder möglichen und unmöglichen Gelegenheit, im persönlichen und öffentlichen Verkehr, laut und vernehmbar zu verstehen". So beschreibt Alfred Heuß in seiner Römischen Geschichte den Politiker und Advokaten Marcus Tullius Cicero, den Verteidiger der römischen Republik: „Grenzenlos selbstgefällig".

Schily kennt keine Gnade, jeder wird rasiert

Auftritt von Otto Cicero, dem Verteidiger der Bundesrepublik, in der Innenministerkonferenz (IMK): An einem Tischgeviert, dem Alphabet nach aufgereiht, sitzen die Minister der deutschen Bundesländer samt Entourage, an der Stirnseite Schily und sein Staatssekretär Claus Henning Schapper, daneben der amtierende IMK-Vorsitzende, der die Sitzung leitet. Kein Mensch im Saal hört demjenigen zu, der gerade redet, alle warten auf das bekannte Schauspiel: Schily klappt den Aktenordner mit den Vorlagen auf, die ihm sein Haus zu den einzelnen Punkten der Tagesordnung geschrieben hat, er blättert, er liest, er wird unruhig, unzufrieden, ungehalten, empört, fast so wie damals im Stammheim-Prozess über ein dummes und voreingenommenes Gericht. Und dann beginnt halblaut und coram publico die verbale Exekution seines Staatssekretärs, der dem Rang nach einem Landesinnenminister gleichgestellt ist, sich aber binnen kurzem in ein Häuflein Elend verwandelt.

Schily kennt keine Gnade, jeder wird rasiert. Er lässt dem Berserker in sich freien Lauf, um dann in der großen Öffentlichkeit wieder den Mann mit der bissigen Contenance zu ge-

ben. So macht er es mit seinen Staatssekretären und Referenten, nicht selten auch mit den Verhandlungspartnern von den
Grünen, manchmal wirft er auch Akten an die Wand. Er tut das
aus einem für ihn einleuchtenden Grund: „Er hält uns für
Würstchen", sagt ein Mitarbeiter, „und Würstchen kann man
nicht demütigen."

Gedemütigt werden kann nur einer wie er, und das ist ihm
widerfahren, als er nach seinem Wechsel von den Grünen zur
SPD um einen Listenplatz betteln und in oberbayerischen Bier-
zelten auftreten musste, wo er den Maßkrug fasst, als handelte es sich um einen Schierlingsbecher. Jede Einladung zu einem
Schafkopfrennen in seinem Wahlkreis München-Land muss
er als Verhöhnung empfunden haben. Das sitzt tief. Er liest Zei-
tungskommentare über sich neugierig-misstrauisch wie Ho-
roskope, er brütet darüber wie ein römischer Haruspex, ein
Eingeweidebeschauer, und es spielt keine Rolle, ob die Kommentare in der *FAZ* oder in den *Lübecker Nachrichten* stehen:
entsprechen sie ihm nicht, dann ist es besser, wenn keines seiner Würstchen in der Nähe ist. Schily war und ist sich offenbar
immer sicher, dass er Recht hat; das ist seine große Stärke.
Einst in den juristischen Staatsexamen war er zwar „am unteren Rand der Möglichkeiten geblieben", wie sich sein alter
Freund, der Berliner Professor Uwe Wesel, erinnert. Ein Star-
jurist ist er trotzdem geworden: Weil Schily immer beweisen
kann, dass er einen Anspruch hat auf das, was er verlangt.

Das Recht auf den roten Teppich

Heute hat er Anspruch auf Respekt, und er fordert ihn auch
ein, nicht nur für sich, sondern für das Amt: Er ist der Minister, er ist der Staat, er hat das Recht auf den roten Teppich und
den Salut, das Recht auf ehrerbietige Distanz, das Recht darauf, von fünf Terminen vier abzusagen, und er hat das Recht
auf das Faktotum Ludwig Stiegler aus der Oberpfalz. Stiegler,

stellvertretender SPD-Fraktionsvorsitzender, stets jovial und im roten Pullover, ist ein Gegentyp zu Schily, ein in der Wolle gefärbter Genosse, der Schily früher, in den Zeiten, als das Recht auf Unverletzlichkeit der Wohnung mit Schilys und der SPD Hilfe geändert wurde, allerlei Schwierigkeiten gemacht hat, der aber heute in der SPD-Fraktion schon vorauseilend das macht, was Schily will – vielleicht deshalb, weil Stiegler ihn eines Tages, nach der Hälfte der nächsten Legislaturperiode, zu beerben hofft.

Otto Schily hat lange warten müssen auf dieses Amt, von dem er glaubt, dass es ihm kraft Lebensleistung zustehe. Er ist der Senior des Kabinetts, der Doyen, wie er selbst sagt. Eine fast ehrfürchtige Auffassung hat er vom Staatsamt: Die Menschen, die Herrschaftsfunktionen ausüben, repräsentieren etwas, das über sie als Privatmenschen hinausweist – sie handeln im Namen des Staates. Und deshalb behandelt Schily sie mit Respekt, auch wenn es sich nur um den Innenminister Albaniens handelt.

Der Staat als höheres Wesen

Der Staat ist im Weltbild des Otto Schily ein höheres Wesen, das die Träger hoher Würden mit seinem Ritterschlag adelt. Schily genießt das Brimborium der Staatsbesuche, das für ihn kein Brimborium ist, sondern kultische Handlung: die Challenger der Luftwaffe, die bis zum roten Teppich rollt, der Ministerpräsident, der ihn erwartet, die Nationalgarde mit schimmerndem Helm, die salutierend den Weg bis hin zum VIP-Empfangsraum säumt. Dankbar freilich ist Schily dafür nicht, weil er, wie er meint, auf all das einen Anspruch hat. Und dieser Anspruch leitet sich vermutlich so her: Mit dem Glanz des Amtes begleicht der Staat, der ihm einst, als RAF-Anwalt, so viele Schwierigkeiten bereitet hatte, auch die Schulden, die er bei Schily hat.

Es ist daher ein Jammer für Schily, dass er in und mit einem Haus repräsentieren muss, mit dem kein Staat zu machen ist. Das Bundesministerium des Inneren in der Hauptstadt Berlin sitzt in einem Zweckbau in Alt-Moabit, den ein CDU-Günstling errichtet hat und in dem Stockwerke und Zimmerfluchten gemietet worden sind. Manfred Kanther hat Schily das eingebrockt, und das ist die Tat, die dieser seinem Vorgänger am allermeisten verübelt: Den Innenminister packt der Zorn, wenn er Joschka Fischer, den Außenminister, residieren sieht. Und es packt ihn wohl Wehmut, wenn er an den Palazzo del Viminale auf dem Viminalshügel in Rom denkt, an das L'hôtel de Beauvau in Paris, an das Palais Modena in Wien, an das Stadtpalais in der Avenida Castellana in Madrid, an all die europäischen Residenzen, die dem Amt des Innenministers das Gepränge geben.

Der Otto, der Schily

Genossen und Grüne, die sich Schily fügen, dürfen „der Otto" sagen, wenn sie über ihn reden – und auf diese Weise die kühle Distanz kaschieren, die er zu ihnen hält. Sogar der politische Gegner darf ihn, respektvoll, „der Otto" titulieren, der bayerische CSU-Innenminister Günther Beckstein zum Beispiel, der sich rühmt, dass „der Otto" bei ihm in die Lehre gegangen sei. Das ist ungefähr so, als würde der Soldat Schwejk behaupten, er habe seinem Herrn das Duellieren beibringen müssen. Mit diesem oft ein wenig täppischen und ungelenk-wuseligen, daher unterschätzten Beckstein kann es aber Schily viel besser als mit seinem plebejischen Kanzler – eben deswegen, weil dieser nicht so täppisch und ungelenk-wuselig ist, sondern mindestens ebenso souverän wie Schily. Beckstein hingegen lässt Schily das Gefühl der Überlegenheit. Und das Verhältnis der beiden würde dann viel schwieriger, wenn Beckstein nicht ein Schwejk, sondern die Stimme der

Union wäre – was noch werden kann, wenn es so weitergeht, dass die Leute im Bierzelt vor Angstlust und Begeisterung trampeln, wenn Beckstein kommt, wie sie das in den vergangenen Wochen getan haben. Das heiße Glücksgefühl, das man Beckstein bei solchen Zustimmungsorgien ansieht, genießt Schily auch; er verbirgt es nur besser.

Erfolg genügt ihm nicht, andere müssen scheitern

In der Welt, in der Otto Schily „der Schily" geworden ist, wird nicht vor Begeisterung getrampelt, da wird nicht geklatscht, da springen die Leute nicht auf, wenn man einen großen Auftritt hat: Die Triumphe vor Gericht sind stille Triumphe, die Niederlagen sind eiskalte Niederlagen. Als Strafverteidiger vor Gericht ist man allein, elendig allein manchmal, ein Einzelkämpfer, von dem die Existenz des Mandanten abhängt. Und kaum anderswo spürt man den Staat mehr als im Schwurgerichtssaal – wenn dieser Staat, und seien die Richter noch so schlecht und das Mobiliar noch so erbärmlich, aufsteht und das Urteil spricht. Nicht dass Otto Schily sich die Welt als vergrößerten Gerichtssaal vorstellen würde; als Innenminister ist ihm die Prävention wichtiger als die Repression, er verlässt sich lieber auf die Polizei als auf die Justiz. Aber die forensische Situation hat Otto Schily tief geprägt: Die Einsamkeit des Advokaten und die Feindseligkeit, die ihm bei politischen Verfahren entgegenschlug. In dieser Zeit hat Schily verlernt, dass es auch einen Verhandlungsstil gibt, der beide Parteien als Gewinner vom Spielfeld gehen lässt. Das müssen, seitdem Schily Minister ist, die Grünen spüren. Erfolg genügt Schily nicht; andere müssen scheitern.

Und wo bleiben die Überzeugungen des Otto Schily? Was ist mit den scharfen Attacken gegen Kronzeugenregelung und Kontaktsperre, die Schily einst vor dem Gericht in Stammheim geritten hat? So haben seine früheren grünen Parteifreunde im Herbst 1998 bei den rot-grünen Koalitionsverhandlungen gefragt, als Schily verhandelte, als sei er der Geist Manfred Kanthers. Warum hat er die Gesetze, die er damals als Anwalt gegeißelt hat, als Minister nicht wenigstens auf den Prüfstand stellen lassen? Sie interessieren Schily nicht mehr. Das damals war für ihn eine andere Front, in einer anderen Zeit. Otto Schily braucht deshalb einen Advokaten gegen den Vorwurf, seine Toga stets in den Wind zu hängen. Ordnen wir ihm zur Abwehr allfälliger Vorwürfe den Marcus Tullius Cicero als Pflichtverteidiger bei. Zitat aus dessen Rede *Pro Cluentio Habito*: „Doch der irrt sich gewaltig, der da meint, er besitze in unseren Reden, wie wir sie vor Gericht gehalten haben, unsere verbrieften Überzeugungen. Alle diese Reden sind nämlich durch die Parteiinteressen und die Umstände bedingt." Anders gesagt: Schily ist nicht so hart, wie er tut. Er lässt sich vom Zeitgeist modellieren.

Seltene Momente

Was bei diesem Otto Schily nicht durch Parteiinteressen und nicht durch die Umstände bedingt ist, zeigt sich in den seltenen Momenten, in denen er in aller Öffentlichkeit seine Fassung verliert. Ein solcher Moment ist im Protokoll des Deutschen Bundestages vom 13. März 1997 festgehalten – Debatte zur Wehrmachtsausstellung. Mehrfach ist vermerkt: „Der Redner hält inne." Schily erzählte mit stockender Stimme von seinem Onkel Fritz, einem „Mann von lauterem Charakter", Oberst der Luftwaffe, der in Verzweiflung über die Verbrechen des Hitler-Regimes bei einem Tieffliegerbeschuss den Tod gesucht hatte. Er erzählte von seinem ältesten Bruder und seinem Vater, die unter dem Nazi-Regime gelitten hatten. Und dann berichtete er vom Vater seiner Frau, Jindrich Chajmovic, der als jüdischer Partisan in Russland gegen die deutsche Wehrmacht gekämpft hatte: „Der einzige von allen vier genannten Personen – der einzige! –, der für eine gerechte Sache sein Leben eingesetzt hat, war Jindrich Chajmovic. Denn er kämpfte gegen eine Armee, in deren Rücken sich die Gaskammern befanden, in denen seine Eltern und seine gesamte Familie ermordet wurden ... Er kämpfte, damit nicht weiter Tausende von Frauen und Greisen auf grausamste Weise umgebracht wurden."

Wenn Schily vom Sockel steigt

Nach der ergreifenden Rede geschah ein kleines Wunder. Der alte Haudegen Alfred Dregger von der CDU, der zuvor in einer ziemlich furchtbaren Rede über den Versuch der Wehrmachtsausstellung geklagt hatte, „Deutschland ins Mark" zu treffen, bekundete unter dem Beifall des ganzen Hauses, „dass die Kritik, die an mir geübt worden ist, von mir geprüft werden wird".

Otto Schily kann also auch Menschen anrühren – wenn er einmal von seinem hohen Sockel heruntersteigt.

Hans Schuierer Er war Landrat von Schwandorf, als zehn Kilometer von seinem Amtssitz entfernt, im Dezember 1985, mit dem Bau einer atomaren Wiederaufarbeitungsanlage begonnen wurde. Zwanzig Jahre später nannte man ihn den „Titan von Wackersdorf". Warum? Weil er sich nicht einschüchtern und nicht unterkriegen ließ. Wackersdorf zu verhindern, war ein Erfolg der kleinen Leute, die sich auflehnten, als die CSU ihre Heimat zur strahlenden Heimat machen wollte. Hans Schuierer, der Landrat, war die Speerspitze der kleinen Leute.

Zum 85. Geburtstag von Hans Schuierer, erschienen in der Süddeutschen Zeitung am 6. Februar 2016

Der Wackere
in Wackersdorf

**Der Lokalpolitiker Hans Schuierer
war der Held von Wackersdorf – und ein Pionier
des Ausstiegs aus der Atomkraft.**

D ie Oberpfalz ist eine karge Gegend, der Aufklärer
Johann Christoph Gottsched hat sie vor 250 Jahren
in seiner „Zornigen Ode" als das „wüste, raue Land"
beschimpft. Das gilt immer noch ein wenig. Und rau
ist auch die Sprache, die dort gesprochen wird. Der frühere
SPD-Politiker Ludwig Stiegler, aus dem kleinen Dorf Vilshofen
gebürtig, das zwischen Amberg und Kallmünz liegt, sagt gerne:
„Ich liebe Homer, weil der so oberpfälzisch ist." Stiegler, ein
gelernter Jurist und ein leidenschaftlicher Altphilologe, meint,
dass die lautmalerische Sprache Homers etwas Ländlich-Bäuerliches hat. Aber diese Dinge hört man wohl nur dann, wenn
man selber ein Oberpfälzer ist.

Bodenständig und weltläufig

In der Oberpfalz wachsen jedenfalls Menschen, die nicht
schwadronieren und schwätzen, sondern zupacken und arbeiten, die sich nicht schnell einschüchtern lassen – Leute wie der Sozialdemokrat Hans Schuierer. Er ist bodenständig und aufgeklärt, heimatverbunden und weltläufig. Sturheit
sagt man diesen Oberpfälzern nach. Das ist nicht ganz richtig.

Sie sind nicht stur; sie sind nachhaltig. Sie lassen sich nicht so leicht abschütteln und abschrecken, nicht von staatlichen Autoritäten, nicht von widrigen Umständen; auch nicht von der eigenen Partei, mit der er nicht immer eins war.

Hans Schuierer war SPD-Landrat von Schwandorf, als zehn Kilometer von seinem Amtssitz entfernt, nahe der Gemeinde Wackersdorf, Ende 1985 mit dem Bau einer atomaren Wiederaufarbeitungsanlage begonnen wurde. Zwanzig Jahre später nannte ihn die *Süddeutsche Zeitung* den „Titan von Wackersdorf" – weil er sich nicht einschüchtern und nicht unterkriegen ließ.

Er war das Gesicht des Widerstandes gegen Strauß

Die WAA Wackersdorf war das politisch umstrittenste Bauprojekt der 1980er-Jahre in der Bundesrepublik, das Vorzeigeprojekt der CSU, Symbol für die Atompolitik der bayerischen Staatsregierung. Wackersdorf zu verhindern, war ein Projekt und ein Erfolg der kleinen Leute, die sich auflehnten, als die CSU ihre Heimat zur strahlenden Heimat machen wollte. Hans Schuierer, der Landrat, war die Speerspitze der kleinen Leute. Er war das Gesicht des Widerstandes, er war der Gegner des CSU-Chefs und Ministerpräsidenten Franz Josef Strauß, der den Leuten weismachen wollte, so eine Wiederaufarbeitungsanlage sei „nicht gefährlicher als eine Fahrradspeichen-Fabrik".

Schuierer ist Sohn kleiner Leute, der Vater in der Nazi-Zeit im Gefängnis. Der gelernte Maurer war erst Kommunalpolitiker in Klardorf, dann Nachfolger von Walter Haschke als Landrat von Burglengenfeld. Das war 1970. Zwei Jahre später gelangte Schuierer an die Spitze des durch die Gebietsreform gebildeten Großlandkreises Schwandorf. Bis 1996, ein Vierteljahrhundert, blieb er im Amt, er war ein Kümmerer, immer wiedergewählt mit fantastischen Wahlergebnissen.

Hans Schuierer hatte zunächst, als die WAA-Planungen begannen, keine Ahnung von Atomenergie, er ließ sich erst einmal beeindrucken von den versprochenen 3600 sauberen Arbeitsplätzen – wurde aber misstrauisch, als er merkte, „dass die uns nicht die Wahrheit erzählen". Auf den Plänen für die „saubere Fabrik" entdeckte er einen fast 200 Meter hohen Kamin. Als er die Vertreter der Betreiberfirma DWK fragte, wozu der denn gebraucht werde, sagte man ihm, „dass durch den hohen Kamin die radioaktiven Schadstoffe gleichmäßiger verteilt werden sollen". Da nahm Schuierer den Kampf gegen die WAA auf – und wie! Mit oberpfälzischer Kraft. Er unterstützte die Bürgerinitiativen, trat als Gegner bei Protestveranstaltungen auf, stellte sich als Chef der Genehmigungsbehörde quer, legte sich mit der atombegeisterten Staatsregierung an, die gegen die Demonstranten von Hubschraubern aus sogar CS-Reizgas einsetzen ließ. Der Landrat verweigerte die Baugenehmigung für die WAA, demonstrierte gemeinsam mit seiner Frau Lilo gegen das Projekt und unterstützte die Demonstranten beim Bau eines Hüttendorfes. Das kam für die Regierungspartei CSU einem Landesverrat gleich.

Teil der bayerischen Staatsräson

Für die bayerische Staatsregierung galt der Bau der WAA in Wackersdorf als Teil der bayerischen Staatsräson. Und wer gegen die Staatsräson agierte, musste zur Räson gebracht werden, mit allen Mitteln, auch mit denen der Justiz. Aber Landrat Schuierer war ein mutiger Mann. Die Landtags-CSU verabschiedete ein Gesetz, das dem Staat über den Kopf des Landrats hinweg bei Genehmigungsverfahren ein „Selbsteintrittsrecht" sicherte. Man versuchte also, den Landrat politisch zu entmündigen. Und man versuchte auch, ihn mit Klagen vor dem Gericht zu disziplinieren, weil Schuierer kein Blatt vor den Mund genommen und von der „Ein-Mann-Demokratie Strauß'scher Prägung" geredet hatte und von der „Großmannssucht der CSU-Demokratur".

Das Gericht hielt das zwar für ehrverletzend, sah jedoch von einer Bestrafung ab wegen der sonst „untadeligen Amtsführung" Schuierers. Der kündigte daraufhin an, und das zeigt, welch feiner Mensch er ist, dass er zwar auch in Zukunft klar gegen die Atompolitik in Bayern Stellung beziehen wolle, dabei aber „gewählter formulieren" werde. Solch trockenen Spott beherrscht der Oberpfälzer Schuierer wunderbar. Er beherrschte die diversen kleinen und großen Formen des Widerstands – so wurde er zu einem Pionier des Ausstiegs aus der Atomkraft.

Ein Schwammerlfinder

Schuierer ist ein passionierter Radlfahrer, ein Waldspaziergänger und begnadeter Schwammerlsucher – ein Schwammerlfinder, muss man bei ihm sagen. Seine persönliche Rückschau auf ein bewegtes kommunalpolitisches Leben hält er auf Mallorca, wo ihm eine Ferienwohnung gehört. Viele Male ist er, zumal im Winter, mit seiner vor einiger Zeit verstorbenen Ehefrau Lilo dorthin gereist. Er mag die Insel – nicht einmal halb so groß ist sie wie die Oberpfalz – fast so gern wie diese; aber nur fast.

Ludwig Stiegler So einer wie er ist früher Pfarrer geworden. So einer war Ministrant und wurde dann ins bischöfliche Knabenseminar geschickt. Beim Oberpfälzer Ludwig Stiegler, aufgewachsen in einem kindergläubig-katholischen Elternhaus, kam es anders: Er wurde Sozial-demokrat, Rechtsanwalt, Bundestagsabgeordneter, Spezialist erst für Rechtspolitik, dann für Wirtschaft und Finanzen. Er war eine Zeit lang bayerischer SPD-Chef und, von Juli bis Oktober 2002, weil dort gerade Not am Mann war, Vorsitzender der SPD-Bundestagsfraktion. Aus diesem Anlass erschien dieser Text.

Erschienen in der Süddeutschen Zeitung am 25. Juli 2002

Sancho Pansa aus der Oberpfalz

Warum der Genosse Stiegler gern lateinisch redet, aber seinem Sprachautomaten das Wort „hundsverreckte Bauernsau" diktiert

Als vor 170 Jahren ein Bayer König von Griechenland wurde und in Nauplia seinen Einzug hielt, da waren unter den wackeren Soldaten, die den jungen Otto von Wittelsbach begeistert begleiteten, ganz besonders viele aus der Oberpfalz: 23 Offiziere und 756 Mann vom ersten Bataillon des 10. Infanterieregiments aus Amberg. Erster griechischer Staatskanzler nach dem Ende der Türkenherrschaft wurde ein Niederbayer, Joseph Ludwig Graf Armansperg, als zweiter folgte Ignaz von Rudhart, ein Oberfranke.

Vilshofen, Nauplia, Athen

Aus der armen Oberpfalz aber, die man im Gegensatz zur Rhein- und Weinpfalz die Steinpfalz nennt, kamen die meisten Freiwilligen, die sich drei Jahrzehnte lang zum bayerischen Militärdienst nach Griechenland meldeten – sie waren so griechenschwärmerisch wie ihr König Ludwig I., dessen Zweitgeborener also nun Hellas regierte, dort an Recht und Verwaltung bastelte, die Akropolis wiederherstellte und das bayerische Weiß und Blau zur Farbe der griechischen Fahne machte.

Bei einfachen Häuslerleuten hat man keinen Sinn für Ahnen-
forschung, aber wer den Ludwig Stiegler aus dem kleinen Dorf
Vilshofen (damals 300, heute 941 Seelen), zwischen Amberg
und Kallmünz gelegen, Homers Odyssee auf altgriechisch und
Vergils Aeneis auf lateinisch rezitieren hört, der hat keinen
Zweifel daran, dass sein Vorfahr in Nauplia und Athen dabei
gewesen sein muss. Und der schmunzelt allenfalls ein wenig
über Stieglers Satz „Ich liebe Homer, weil der so oberpfälzisch
ist." Der Satz stimmt nämlich: „Die lautmalerische Sprache
Homers, diese fast Schmellersche Diktion (Johann Andreas
Schmeller ist der Schöpfer des berühmten bayerischen Wör-
terbuches), die hat etwas Ländlich-Bäuerliches." Das hört
man aber nur, wenn man selber ein Oberpfälzer ist.

Von einem roten Pullunder gut zusammengehalten

Stieglers Vater, auch Ludwig mit Vornamen, war Bauernsohn
und Steinbrucharbeiter der Maxhütte, die Mutter Walburga
hatte bis zur Heirat auf Vermittlung der katholischen Land-
mädchenagentur bei einer Herrschaft in München gedient –
wovon der Bub Ludwig, wie er sagt, „sein Leben lang profitiert
hat", weil sie „die beste Köchin weit und breit war" – was man,
mit Verlaub, dem neuen SPD-Fraktionsvorsitzenden auch ansieht. In der Gegend von Hohenfels soll es in den fünfziger und
sechziger Jahren keine Hochzeit gegeben haben, „wo die Ma-
ma nicht im Waschkessel Leberknödelsuppe und in der Bade-
wanne Kartoffelsalat gemacht hat." Essen hält nämlich, wie
man in Bayern sagt, Leib und Seele zusammen und Ludwig
Stiegler ist ein Beweis: ein bayerischer Leib und eine althuma-
nistische Seele, von einem roten Pullunder gut zusammenge-
halten.

Wenn Ludwig Stiegler in seinen Reden das Poltern mit lateinischen Zitaten adelt, wenn er im Bierzelt von Fuchsmühl ebenso wie im Berliner Bundestag die Karfunkelsteine klassischer

Bildung aufblitzen lässt, dann hat der Sozialdemokrat etwas wahrhaft Straußisches, dann erinnert er an einen ganz anderen Bayer, an den von der politischen Konkurrenz: Der Oberpfälzer Stiegler ist von einer kleineren, aber ähnlich gedrungenen Statur wie ehedem der große Vorsitzende, er ist auch von ähnlichem krachledernem Ungestüm. Irgendwie hat man das Gefühl, dass, wenn je irgendwann überhaupt einer von der SPD für die CSU gefährlich werden kann, dann so einer wie Ludwig Stiegler. Neben ihm nämlich sieht der Ministerpräsident Edmund Stoiber etwa so bayerisch aus wie der Dalai Lama.

Franz Josef heißt also jetzt Ludwig und ist bei der SPD. Er versteckt daher nicht, dass er aus armen Verhältnissen kommt und es gewohnt ist, dass man einen wie ihn erst einmal unterschätzt. Im Bundestag, in dem er seit 1980 als Abgeordneter und seit 1987 als Chef der bayerischen Landesgruppe sitzt, galt er zwar als rauflustig, aber eigentlich lange Jahre nicht eben als einer der Großen. Indes: In den vergangenen rot-grünen Jahren, als Verhandler um das neue Zuwanderungsgesetz, als ehrlicher Makler zwischen dem Innenminister Otto Schily und den Grünen, gewann Stiegler schlagartig Respekt in Berlin; und als Kenner des Urheberrechts moderierte der gelernte Rechtsanwalt klug den Konflikt zwischen der Justizministerin Däubler-Gmelin und dem Kanzler.

Styx, der Klassenprimus

Man kann sich übrigens zu Otto Schily, dem Großbürger mit elitärem Habitus, keinen größeren Kontrast vorstellen als den leutseligen Ludwig Stiegler aus der Oberpfalz. Bei den schwierigsten Verhandlungen der Legislaturperiode war er der Sancho Pansa der rot-grünen Innenpolitik, war er der naiv-listige, aber treue Bauer, wie ihn sich einst Don Quichotte zum Schildknappen erwählte. Sancho Pansa gilt in der Literatur als der Vertreter des gesunden Realismus (im Gegensatz zu den Überspanntheiten seines Herrn) – und so ist es auch in der rot-grünen Innenpolitik. Es war dem Ludwig Stiegler schon vor über vierzig Jahren ein Vergnügen, den wohlhabenden, aber nicht besonders gescheiten „Doktorbuben" aus Amberg und Weiden Nachhilfestunden zu geben und sich von dem damit verdienten Geld Bücher und eine Currywurst zu kaufen. „Styx", nannten sie ihn damals, wie den Fluss in der Unterwelt, an dem die griechischen Götter ihre Eide schworen. Styx, der Klassenprimus aus dem Arbeiterhäusl, hat es allen gezeigt. Daraus bezieht der Mann sein Selbst- und sein sozialdemokratisches Sendungsbewusstsein: „Die kleinen Leute sind nicht blöder als die anderen, sie haben nur weniger Chancen gehabt."

„Willst Pater werden?"

So einer wie er – auch der frühere Bundespräsident Roman Herzog aus Landshut in Niederbayern gehört zu diesem Typus – ist früher Pfarrer geworden. So einer war Ministrant und gescheit, und der Kooperator ist dann zu den Eltern gegangen und hat gefragt, ob man den Buben nicht zum Studieren schicken sollte. Und dann wurde der Bub in ein bischöfliches Knabenseminar geschickt, nach Passau oder nach Regensburg. Der junge Mann bekam die heilige Weihe, er wurde Kaplan dort und Pfarrer da, und er hat den Leuten aufs Maul geschaut, hat sie getauft und begraben. Solche geistlichen Herren, die nicht päpstlicher sind als der Papst, trifft man noch ab und an im niederbayerisch-oberpfälzischen Land: belesen, erfahren, resolut und überhaupt nicht pastoral.

Exakt so einer hätte aus Stiegler werden können: aufgewachsen in einem kindergläubig katholischen Elternhaus, in dem das Wort der Münchner Kardinäle Wendel und Faulhaber wie Gottes Gebot war. Eingesammelt für die „Kongregation der Söhne des Unbefleckten Herzens Marias" wurde Stiegler vom

Pater Noll vom Orden der Claretiner, einer Kongregation mit besonders frommer Marienverehrung: „Ludwisch, willst Pater werden?", fragte der bei seiner Aushebungstour durch die oberpfälzischen Dörfer, lockte mit einem Lichtbildervortrag und dem Versprechen, dass man im Internat zu Weißenhorn bei Neu-Ulm viel Fußball spielen dürfe. Ludwisch wollte, war aber eigentlich, da schon in der sechsten Volksschulklasse, für das Gymnasium zu alt.

Fremdenlegion, Junge Union, SPD

Die Patres gaben ihm Einzelunterricht, ließen ihn drei Gymnasialjahre in einem nachholen, lehrten ihn, nicht nur wouwou, sondern deutsch zu reden, zwiebelten ihn mit Latein und Griechisch, und zwar so intensiv, dass Stiegler heute sagt, er habe erst über das Lateinische Hochdeutsch gelernt. Weil er der Vorzeigeschüler war, hat man es ihm hingehen lassen, dass er mehrfach das Moped des Paters knackte und einmal damit nachts in Senden im Allgäu einen Unfall baute. Erst als man den Ludwig händchenhaltend mit einem Mädchen von der Klosterschule nebenan erwischte, kam das „Consilium abeundi". Stiegler ging, weil er es bis zur Fremdenlegion nicht schaffte, zurück nach Hause, trat erst einmal der Jungen Union bei, gründete dann in seinem Dorf die SPD, studierte Jura in München und Bonn und war, eine eigenwillige Kombination, fasziniert von Helmut Schmidt einerseits und von der Theologie der Befreiung andererseits.

Die Methode des geduldigen Franziskus

Aus dieser Mischung entstand der linke Stiegler, der vor zehn Jahren gegen die Änderung des Asylgrundrechts so rigoros moralisch argumentierte, wie er es sich heute, ein wenig geplättet von der Regierungsarbeit, nicht mehr getraut: „An

Weihnachten singt ihr mit Tränen der Rührung – Wer klopfet an? – und wenn ihr selber dran seid, dann seid ihr mindestens so brutal wie die Wirte von Bethlehem", so schleuderte er es der CSU, den Kirchgängern und seinen eigenen Genossen entgegen. Der Mann kann also predigen wie ein Savonarola. Aber seit einiger Zeit versucht er sich ein wenig zu bremsen, weil er im Zuge des Regierungsgeschäfts als bisheriger Fraktions-Vize gelernt hat, dass es besser ist, die Leute zu locken, statt sie zu prügeln – „man muss sie mitnehmen", sagt er, und das ist eher die Methode des geduldigen Franziskus. Sein politisches Wirken sieht Stiegler, auch das ist von der katholischen Erziehung übriggeblieben, als „langfristige Missionsarbeit": Nun wirkt er halt nicht bei den Schwarzen in Afrika, wohin ihn die Clariner-Patres schicken wollten, sondern „bei den Schwarzen in Bayern", wie er in den Wirtshäusern gern sagt. Ganz erfolglos ist er dabei nicht: Bei der letzten Bundestagswahl haben ihm nur ein paar Stimmen zu einer Sensation gefehlt: für den Wahlkreis Weiden das Direktmandat zu erringen. Sich selber hat Stiegler übrigens auch missioniert. Früher gab er zu verstehen, dass er die „Kröte" Gerhard Schröder niemals schlucken werde, heute hält er ihm treu die Stange.

Der Traum von der Landnahme der SPD

Fünftausend Mitglieder hat sein Unterbezirk Weiden heute, 1965 waren es gute tausend. Es geht also langsam aufwärts, aber Stiegler weiß, dass der SPD in Bayern der Unterbau fehlt und dass man das nicht ausgleichen kann mit medialen Inszenierungen aus einer Kampa, mit schönen Werbemätzchen also: „Da werden wir dann nur wahrgenommen wie ein Kasperltheater am Feierabend", sagt er. Man könne die Leute auch nicht nur über den Kopf erreichen, wie es einst Peter Glotz versucht hat, sondern müsse das über den Bauch machen: „Ich bin ein Aufklärer und Kantianer, aber das mit dem

Bauch muss man einfach zur Kenntnis nehmen". Also erträumt er sich eine „Landnahme" der SPD in den Schützen-
und Feuerwehrvereinen, schwelgt in Gedanken über eine sozialdemokratische Volksmission in Bayern. Das kann man
getrost als komplette Spinnerei abtun, wenn die SPD demnächst in ihren Stammlanden von Nordrhein-Westfalen ein-
bricht und in Berlin die Macht abgeben muss. Deshalb redet
sich Stiegler in Siegesrage, als müsse er es nun zusammen mit
dem Kanzler alleine stemmen.

Vierzig rote Pullunder

Weil die Agenturmeldungen, die am Wochenende laufen, für
ihn so etwas sind wie der Stammtisch der Nation, knallt er
seine Karten besonders gern am Sonntag auf den Tisch – er
ist ein Meister der E-Mails geworden, die er an allen Presse-
stellen vorbei an die Nachrichtenagenturen schickt und mit
scharfen Kommentaren zu den Äußerungen des politischen
Gegners bestückt. Das verlangt der Fraktionschef nun auch
von seiner Partei im Wahlkampf: Keine Attacke soll länger
als eine halbe Stunde ohne Antwort bleiben. Da beschimpft
er Stoiber schon mal als einen „aufgeblasenen Aufschneider,
krank vor Neid und Missgunst, weil er dem Bundeskanzler
das Wasser nicht reichen kann". CSU-Generalsekretär Thomas Goppel nennt ihn dann „infam" und Unionsfraktionschef
Friedrich Merz spricht von einem „verbalen Amoklauf".

Ich, der Bauernbub

Die scharfe Munition ist zu seinem Kennzeichen geworden
wie der rote Pullunder, den er selbst bei der Beerdigung von
Franz Josef Strauß, zur Empörung des damaligen SPD-Lan-
desvorsitzenden, unterm schwarzen Anzug getragen hat.
Schily sagt deshalb „roter Kardinal" zu ihm. An die vierzig

Stück besitzt Stiegler davon, in verschiedenen Größen – eine Marotte. Keine Marotte sind das Latein und das Altgriechisch, bei ihm sind das keine Lesefrüchte, es ist auch nicht Angeberei, wie viele seiner Kollegen meinen; er nennt das „tief eingeprägte Primärsentenzen", vulgo: Substanz. Seinen Computer, der Sprache in Schrift verwandelt – „Voicetyping geht noch schneller als E-Mailen" – hat er allerdings nicht an die alten Sprachen, sondern ans oberpfälzische Idiom gewöhnt: „Der fing mit zehn Prozent Fehlerquote an, und jetzt kann er sogar ‚hundsverreckte Bauernsau' schreiben."

Der große Traum Stieglers ist nicht der Sieg am 22. September 2002 bei der Bundestagswahl. An den glaubt er ohnehin. Sein Traum ist ein großes Haus, das er sich nur für seine Bücher baut, mit kleiner Teeküche und kleinem Schlafzimmer – „ich, der Bauernbub". Das Haus wird in der Oberpfalz liegen müssen, gleich hinter Weiden, weil Stiegler niemals woanders Urlaub macht.

Leoluca Orlando Die *Süddeutsche Zeitung* nannte ihn „Der gute Pate von Palermo". Leoluca Orlando war von 1985 bis 2000 Bürgermeister von Palermo und ist es erneut seit Mai 2012. Er wurde durch seinen Kampf gegen die Mafia international bekannt und lebt unter Personenschutz.

Auszug aus der Laudatio zur Verleihung des Erich-Maria-Remarque-Friedenspreises an Leoluca Orlando am 24. Juni 2005 in Osnabrück

Mafia hat viele Namen

In Sizilien heißt das, was das Gemeinwesen zerstört, Mafia. In Deutschland heißt es Neonazismus und Antisemitismus.

Vor vielen Jahren, Leoluca Orlando war zum ersten Mal Bürgermeister von Palermo, bin ich mit ihm durch Sizilien gefahren. Leoluca Orlando zeigte mir nicht nur sein Land, nicht nur sein Palermo, er hat mir gezeigt, was Bürgersinn ist und was er vermag.

Er hat mir Kirchen gezeigt, die auch nachts geöffnet sind; er hat mir die Oper gezeigt, die er wiedereröffnen wollte – was mittlerweile auch geschehen ist. Er hat mich mit stillem, unbändigem Stolz zum Spasimo geführt, zu jener gotischen Kirchenruine, in der Unerhörtes geschehen ist: Palermo hat sich dort selbst ausgegraben. Mehr als 1500 Lastwagen waren es, mit denen Freiwillige den Schutt aus der Ruine abtransportiert haben. Aus einem Trümmerhaufen, einem Rattenloch, ist ein Zentrum der Kultur, eine Heimstatt der schönen Künste geworden. In diesem Gemäuer hatten die Palermer jahrhundertelang Pest- und Syphiliskranke, Obdachlose und Sterbende verwahrt. Ein Dach hatte diese Kirche nie, weil sie nicht fertig wurde – ihrem Bau kam einst die Stadtmauer in die Quere. Die Bäume, deren Wipfel aus dem Kirchenschiff ragen, blieben stehen. Ein schlichter Holzboden sorgt für Sauberkeit und Akustik und jetzt strömt dort nächtens Monteverdis „Orfeo" nicht der Unterwelt, sondern dem offenen Sternenhimmel entgegen (so schwärmte, sehr zu Recht, Andreas Fink in der *Zeit*). „Lo Spasimo" heißt diese Kirche, und das ist ein sehr bezeichnender Name für diesen Ort: Lo Spasimo heißt auf deutsch „die Qual".

Die Wiedergeburt Palermos

Und dort, zwischen Baum und einem der Strebebögen, hat Leoluca Orlando, es war schon Mitternacht, von der „Wiedergeburt Palermos" erzählt. Und als ich fragte, was ich mir darunter vorstellen sollte, zeigte er um sich und erzählte: „Als ich mit meiner politischen Tätigkeit begann, war Palermo nur physisch eine Stadt; niemand fühlte sich für sie verantwortlich. Niemand fühlte sich für die Straßen und Plätze, für den Markt, für die öffentlichen Anlagen oder das Theater verantwortlich. Die Geschichte einer Stadt, nehmen Sie Freiburg oder Florenz, ist immer die Geschichte ihrer gemeinsamen Werte und Sachen – eine solche Geschichte gab es in Palermo nicht. Die Verantwortung des Einzelnen endete an der Grenze des eigenen Besitzes, es gab keinen Gemeinsinn. Als aber die Mafia anfing, exzessiv zu morden, als sie die beliebten Richter und Polizisten tötete, da bekamen die Menschen Angst – sie sind auf die Straßen und Plätze gegangen und haben entdeckt, dass es eine Stadt gab, die außerhalb ihrer eigenen Häuser existierte."

250 Morde im Jahr

Er meinte die Wiederentdeckung der Zivilcourage, des Gemeinsinns und der Zivilgesellschaft. Seitdem haben diese Wörter für mich einen sizilianischen Klang. Bei der Stadtführung zeigte er mir eine Kirche, die er soeben wieder eingeweiht hatte; sie war fünfhundert Jahre alt. Den Hafen hatte er auch wieder eingeweiht, er ist tausend Jahre alt, und den zweihundertjährigen Park auch. In Deutschland, so sagte er, würde man das als Arbeitsbeschaffungsmaßnahme für den Bürgermeister und ein paar Baufirmen bezeichnen – „in Wahrheit handelt es sich um eine Revolution".

Revolution – das bedeutet den Umsturz der alten Verhältnisse. Und die alten Verhältnisse – das waren Korruption, mafiose Bürgermeister, katzbuckelnde Stadträte, unterwürfige Architekten und käufliche Stadträte, die die ganze Bauwirtschaft der Stadt kontrollierten. Die alten Verhältnisse: Das war der Verfall der Altstadt, der der mafiösen Sippschaft gar nicht schnell genug gehen konnte, weil sie am liebsten alles niedergewalzt hätte, um auch dort noch Wohntürme hochzuziehen. Die alten Verhältnisse: Das waren die Jahre, in denen selbst die Straßenlaternen nur leuchteten, wenn die Mafia es wollte. In diesen alten Verhältnissen gab es in Palermo an die 250 Morde im Jahr, die auf das Konto der Mafia gingen. Am Ende von Orlandos Amtszeit als Bürgermeister gab es in Palermo noch acht Morde im Jahr – und diese ohne Beteiligung der Mafia. Palermo wurde unter seiner Ägide zur sichersten Stadt Italiens. Es war eine internationale Anerkennung dieser Leistung, dass in Orlandos Stadt im Dezember 2000 die UN-Konferenz zur Unterzeichnung der Konvention gegen das länderübergreifende organisierte Verbrechen stattfand.

Wiederentdeckung der Zivilcourage

Die alten Verhältnisse: Das Ende dieser alten Verhältnisse begann auch damit, dass Letizia Battaglia, die weltberühmte Fotografin, die Leoluca Orlando zur „Stadträtin für Lebensqualität" ernannt hatte, auf Plätzen und an Uferstreifen Palmen pflanzte und Marmorbänke aufstellte. Das war der erste zaghafte Frühling von Palermo – der dann in dem baugrubengroßen Krater verschwand, den das Mafia-Kommando 1992 beim Anschlag auf den Richter Giovanni Falcone in die

Autobahn zum Flughafen sprengte. Die Mafia-Morde an den Richtern Giovanni Falcone und Paolo Borsellino waren anders als hundert stille Morde früher: Sie waren laut und sichtbar. Leoluca Orlando stand als nächster auf der Todesliste. Als das in einem Zeitungsinterview angedeutet wurde, boten sich Tausende von Frauen aus Palermo in einer Unterschriftenliste an, Orlando künftig mit ihren Kindern in dessen Dienstwagen zu begleiten. Denn die Mafia, die, so Orlando, „unsere Werte, unsere Kultur benutzt und pervertiert, um zu töten", habe größere Angst und größeren Respekt vor den Frauen und Kindern gehabt als vor den Waffen der Polizei.

Jedes neue Straßencafé ein Sieg

Die alten Verhältnisse endeten mit dem Wiedererwachen von Zivilcourage und Gemeinsinn in Palermo. Gemeinsinn: In Deutschland fragt man, was dieses Wort bedeutet, wozu es verpflichtet. Im Palermo des Leoluca Orlando war es so: Schulklassen übernahmen die Patenschaft für Kulturdenkmäler, Betriebe adoptierten einen bestimmten Platz. Sie kümmerten sich darum, entrissen Denkmäler und Plätze dem Niemandsland und der Verwahrlosung. In diesen beginnenden neuen Verhältnissen war jede Kunstausstellung, jede restaurierte Säule, jedes neue Straßencafé ein Sieg. Hunderte Cafés und Restaurants stellten ihre Tische auf die Straße, fünf Jahre zuvor hatte das kaum ein Wirt gewagt. Die Stadtverwaltung schickte mehr Polizisten auf die Straße, der Müll wurde getrennt und regelmäßig abtransportiert, die neuen Busse fuhren pünktlich. Auch so sehen neue Zeiten aus.

„Bis vor einigen Jahren" – so kommentierte Leoluca Orlando diese Revolution – „gehörte das, was weder mein ist noch dein, niemandem. Heute gehört das, was nicht mein und nicht dein ist, allen." Leoluca Orlando hat die Bürger aus ihren Häusern geholt. Wo kein öffentliches Leben mehr war, hat er wieder eines geschaffen. Er hat das vergammelte Teatro Massimo am Rande der Altstadt wieder eröffnet, mit einem Konzert der Berliner Philharmoniker unter Claudio Abbado. Aus der Schande der Stadt wurde wieder ihr Stolz: „Wiedergeburt, Freude, Stolz" – das waren die Worte, die in fast jeder Presseerklärung aus dem Rathaus kamen. Palermo apre le Porte, Palermo öffnet die Türen: Leoluca Orlando hat an den Tagen, die an die Ermordung von Borsellino und Falcone erinnern, in der ganzen Stadt die Türen von Baudenkmälern öffnen lassen, die seit Jahrzehnten geschlossen und selbst bei den Anwohnern in Vergessenheit geraten waren: Brunnen ohne Wasser, zu Autowerkstätten entfremdete Jugendstilpavillons, sogar die arabische Kanalisation aus dem 12. Jahrhundert. Die Fremdenführer waren keine routinierten Profis, sondern die Kinder aus den umliegenden Schulen.

Nervöse Leibwächter

Leoluca Orlando war mein Fremdenführer, der beste und beeindruckendste, den ich je hatte. Er ist mit mir durch sein Corleone, das Mafia-Nest, gelaufen, damals, im Herbst 1996. Dort, in Corleone, hatte er – als Meister der großen Gesten und symbolischen Handlungen – die Güter seiner Familie wieder in Besitz genommen, wir saßen im Hof seines Landgutes und er hat die Geschichte seines Landes erzählt: eine Geschichte der Toleranz und des Miteinanders der Kulturen; aber auch die Mafia-Geschichte, die diese Werte kaputt gemacht hatte; soeben hatte in Florenz der Prozess gegen die Corleonesi begonnen. Leoluca Orlando lief nach dem Essen mit mir hinauf zum Franziskanerkloster, das wie eine Bastion auf dem höchsten Felsvorsprung von Corleone sitzt, zu Fra Paolo und den Patres. Die Leibwächter waren nervös, Orlando hatte den gepanzerten Wagen stehen lassen, lief den Berg hoch durch die steilen Gassen, als wollte er ein Fitnessprogramm absolvieren. Er schaute auf dem Weg hier in eine Kneipe, dort in einen Friseursalon, er suchte geradezu manisch den Kontakt mit den Leuten. „Man müsse", sagte er, „zeigen, dass man sich nicht fürchtet, dass man keine Angst hat, dass man den öffentlichen Raum nicht ‚denen' überlässt". Nicht „denen" – das waren die, die ein paar Jahre vorher seine Freunde Borsellino und Falcone ermordet hatten. Orlando zeigte und zeigt: Ich bin da, ich bin noch immer da. Er inszeniert sein Leben als Auftritt, weil dieser öffentliche Auftritt die Demonstration seines Widerstands gegen die organisierte Unmenschlichkeit, gegen die Mafia, ist.

Rückeroberung des öffentlichen Raums

„Man darf nicht zeigen, dass man Angst hat. Man darf den öffentlichen Raum nicht ‚denen' überlassen". Diese Sätze sind mir eingefallen, als ich über die Neonazis in Deutschland recherchiert habe. In Ostdeutschland sind es rechte Kameradschaften, die den öffentlichen Raum besetzen. In ganzen Kleinstädten ist der Rechtsextremismus zur dominanten Jugendkultur geworden. Die NPD und die DVU sitzen in den Stadträten und die rechten Cliquen sitzen in den Kneipen und an den Tankstellen, bei Sportveranstaltungen und Stadtfesten. Wenn Neonazis „ausländerfreie" oder „national befreite" Zonen proklamieren, dann sagt das sehr genau, worum es gehen muss: um die Rückeroberung des öffentlichen Raums für die Werte der Demokratie und der Toleranz.

In Sizilien heißt das, was das Gemeinwesen zerstört, Mafia. In Deutschland heißt es Neonazismus. Es heißt Antisemitismus. Es heißt Ausgrenzung. Es heißt Desintegration. Es heißt Jugendarbeitslosigkeit. Es heißt Zerfall des sozialen Zusammenhalts. Mafia in Deutschland hat also andere Namen, eine andere Geschichte, sie funktioniert anders – aber sie richtet vergleichbares Unheil an: Hier wie dort macht sie Gesellschaft und Kultur kaputt. Man darf den öffentlichen Raum nicht „denen" überlassen.

Sizilien in der Sendlinger Straße in München

Wenn ich ein wenig mehr Zeit gehabt hätte, wenn mir als Leiter des innenpolitischen Ressorts meiner Zeitung nicht Schröders Neuwahlen dazwischengekommen wären, dann wäre ich, bevor ich diese Rede geschrieben hätte, noch einmal nach Palermo gefahren, ins Institut von Leoluca Orlando. So aber habe ich nur einen kleinen Ausflug gemacht, um ihm nahe zu kommen: Ich bin in der Sendlinger Straße in München, wo meine Zeitung ihren Sitz hat, dreihundert Meter weiter gegangen, zur kleinen Asamkirche – das ist eine furiose Barockkapelle der großen Baumeister und Maler Egid Quirin und Cosmas Damian Asam.

Hier in dieser prachtvollen Kapelle, die ein religiöser Theatersaal ist, ein theatrum sacrum, das changiert zwischen Düsternis und geheimnisvollem Schimmern von Gold und Silber; hier in diesem Raum, in dem der Besucher gefangen ist von den vielen Anspielungen auf Tod und Gericht, Himmel und Hölle, hier in diesem Raum, in dem ein Reichtum von Figuren, Ornamenten und Farben den Blick ständig in Bewegung hält und zugleich schwebende Ruhe herrscht, findet man Leoluca Orlando und sein Sizilien wieder. So merkwürdig ist es vielleicht gar nicht: Sizilien ist ein Land der Barockkirchen. Und die Münchenbesucher aus Italien zieht es vielleicht deswegen in diese Straße und in diese Kirche.

Leolucas Lebensfaden

Leoluca Orlando ist ein barocker Mensch: Einer mit unbändiger Lebenslust – der aber zugleich den Tod kennt und die Ewigkeit ahnt. Das ist Barock. Am Eingang dieser Barockkirche in der Sendlinger Straße in München sieht man zwei goldene Figuren: Eine sitzt an der Spindel und spinnt den Lebensfaden, daneben sitzt der Tod und versucht ihn abzuschneiden. Leoluca Orlando ist ein Mann, der einen dicken neuen Lebensfaden für seine Stadt und sein Land gesponnen hat. Früher hat Sizilien die Mafia und die Gewalt exportiert.

Heute exportiert Sizilien Leoluca Orlandos Methoden, die Mafia und die Gewalt zu bekämpfen.

DICHTER, DENKER, PINSELKÜNSTLER

Oskar Negt Das Leben beginnt ungerecht und es endet ungerecht. Dafür, dass es dazwischen einigermaßen gerecht zugeht, stritten einst Leute wie der „Arbeiterkaiser" August Bebel, der Begründer der deutschen Sozialdemokratie. Heute streiten für die soziale Gerechtigkeit Leute wie der Philosoph Oskar Negt. Er erhielt im Jahr 2011 den erstmals verliehenen August-Bebel-Preis. Gestiftet wurde der Preis vom Schriftsteller Günter Grass.

Laudatio zur Verleihung des ersten August-Bebel-Preises
an Oskar Negt am 21. März 2011 in Berlin

Ein öffentlicher Intellektueller

Was bedeutet es, wenn sich ein Gelehrter den Maulwurf als Lieblingstier wählt?

In den Skiferien habe ich Theodor Heuss gelesen und Brigitte Seebacher-Brandt. Beide haben Biographien über August Bebel geschrieben. Ich fand darin viel, was ich nicht gewusst hatte – der große Bebel gehört zu den großen Unbekannten der deutschen Geschichte; aber ich fand nicht das, was ich eigentlich suchte. Theodor Heuss beschreibt wunderschön Bebels „prachtvolle Stimme mit dem kupfernen Ton". Brigitte Seebacher-Brandt schildert die ungeheuere Wirkung seiner Auftritte: Wie eine tausendköpfige Menge „mit geduckten Häuptern und in Totenstille" harrt, „die sich in donnernde Hochrufe entlädt, hat Bebel die Tribüne erklommen".

Die Schaffner salutierten

Bebel hätte, heißt es, erzählen können, dass zwei mal zwei fünf ist, und es wäre geglaubt worden. Er war der Arbeiterkaiser, er war ein glänzender Parlamentarier und ein glühender Prophet. Er hat die sozialistischen Utopien so volkstümlich darstellen können wie kein anderer, er sah sie zum Greifen nah und er schilderte sie zum Greifen nah – und seine Zuhörer waren so ergriffen, dass sie den Hut vom Kopf nahmen und ehrfürchtig Spalier standen, wenn er nach vier, fünf Stunden Rede und Diskussion den Saal hinausschritt. Und als er 1872 an der Bahnstation Dahlem den Zug verließ, um in Hubertusburg die Festungshaft anzutreten, zu der ihn das kaiserliche Strafgericht verurteilt hatte, postierten sich die Schaffner vor ihren Wagen und salutierten; und der Lokführer schwenkte seine Mütze.

Wer auf Bebels Spuren wandelt, entdeckt einen ehrsamen, geradlinigen, gut organisierten Charismatiker. Aber gesucht hatte ich eigentlich etwas anderes, etwas sehr Spezielles. Ich wollte etwas eigentlich Nebensächliches in Erfahrung bringen, ich wollte wissen, welches das Lieblingstier von August Bebel war. Es hätte nach meinem Gefühl der Adler sein können oder der Löwe – denn der Sozialist Bebel war, was Repräsentation, Form und Äußerlichkeiten betraf, ein konservativer Mensch. Er betrat den Reichstag nur im schwarzen Gehrock und hielt darauf, dass seine sozialdemokratischen Kollegen korrekt gekleidet waren. Konnte einer der Neugewählten sich keinen schwarzen Anzug leisten, ließ er den aus der Fraktionskasse bezahlen. So ein roter Herr, dachte ich mir, liebt vielleicht die klassischen Symboltiere.

Der Maulwurfshügel als Feldherrnhügel

Wenn man in den genannten Biografien sucht, findet man nichts. Es ist festzustellen: das Tier spielt keine Rolle im Bebelschen Sozialismus. Die Bitte um Suchhilfe an die Archivare im Textarchiv der *Süddeutschen Zeitung* hat dann doch ein einziges Ergebnis hervorgebracht – ausgerechnet an einer Stelle, an der Bebel schildert, wie viel Ausdauer und Opfermut dazu gehörte, die „Agitationsarbeit" für die Partei zu übernehmen: „Der Agitator musste froh sein, wenn er seine baren Auslagen ersetzt erhielt, und um diese möglichst herabzudrücken, betrachtete man es als selbstverständlich, dass

er jede Einladung, bei einem Parteigenossen zu wohnen, annahm. Hier erlebte man aber manchmal merkwürdige Dinge. Mehr als einmal", so schreibt Bebel, „geschah es, dass ich
mit den Eheleuten in demselben Raume schlafen musste; ein
andermal passierte es, dass unter dem Sofa, auf dem ich meine Nachtruhe hielt" – jetzt kommt die entscheidende tieri-
sche Stelle – „die Hauskatze ihre Jungen zur Welt brachte, was
nicht ohne Geräusch und Miauen abging".

Philosophische Heraldik

Was das denn alles mit Oskar Negt zu tun hat? Nun, diese Geschichte hat schon einen Eigensinn. Beim Studium der um-
fangreichen Negt'schen Veröffentlichungen findet sich eine
Bemerkung, die einen verblüffen und anhaltend beschäftigen
kann: Negt berichtet da, dass er und sein wissenschaftlicher
Co-Autor Alexander Kluge ein gemeinsames Lieblingstier
hätten. Es ist kein Tier, das je ein Monarch oder ein Staat in
seinem Wappen hatte, es ist ein Tier, das nicht in der Heraldik,
sondern allenfalls in Kinderbüchern eine Rolle spielt; es ist –
der Maulwurf. Fast noch mehr verblüfft als dieses Negt'sche
Bekenntnis zu einem versteckt lebenden, kleinen Tier, ja geradezu irritiert hat mich die Begründung zu diesem Bekenntnis: Der Maulwurf, so Oskar Negt, erzeuge „zwar keine Ber-
ge, aber immerhin Hügel, von denen aus man besser sehen
kann". Nun muss man aber schon sehr klein sein, wenn einem
ein Maulwurfshaufen, Durchschnittshöhe 25 Zentimeter, als
Feldherrnhügel genügt. Bei aller Sympathie für die Bescheidenheit Oskar Negts: So bescheiden muss er wirklich nicht
sein, dass er seine Klar- und Scharfsicht damit begründet,
dass er auf Maulwurfshügeln steht. Oskar Negt ist deswegen
scharfsichtig, weil er scharfsinnig ist.
    Der Maulwurf: Wenn man in der Politik über einen Maul-
wurf redet, geht es meist um einen Informanten, der sich

getarnt in eine Organisation eingeschlichen hat. Mit solchen kaiserlichen Maulwürfen, man könnte sie auch Bismarckheringe nennen, mag die Sozialdemokratie zu Zeiten Bebels durchaus zu tun gehabt haben. Aber die von mir erhoffte originelle Verbindung zwischen dem Bebel-Preisträger Negt und dem Namensgeber August Bebel kommt auf diese Weise nicht zustande.

Aber vielleicht sagt Oskar Negts Lieblingstier – das Kinderbuch von Luis Murschetz nennt es „Grabowski", im Kinderfernsehen des Deutschen Fernsehfunks hieß es „Buddelflink" – mehr über ihn aus, als er es selber weiß: Der Maulwurf ist ein sehr unterschätztes Tier, ein Tier mit phänomenalen Fähigkeiten. Maulwürfe verbringen den Großteil ihres Lebens in ihrem selbst gegrabenen Gangsystem. Sie haben durch ihre Grabtätigkeit auch einen gewissen Anteil an der Bodenbildung: Sie tragen zur Durchmischung der Böden bei und verfrachten humusfreies Unterbodenmaterial nach oben. Sie haben also lockernden Einfluss auf das Bodengefüge. Und die Maulwurfshügel, die Oskar Negt rühmt, sind eine gute Basis für neue Pflanzen; da können Gewächse Fuß fassen, die auf einer geschlossenen Vegetationsdecke keine Chance hätten.

Das Wappentier der Kritischen Theorie

Ist all das, was über den Maulwurf Segensreiches zu sagen ist, nicht auch eine sehr anschauliche Beschreibung für das, was ein guter Sozialwissenschaftler der Frankfurter Schule leisten will: Durchmischung der Böden! Lockernder Einfluss! Denen eine Chance verschaffen, die sonst, auf einer geschlossenen Vegetationsdecke, keine Chance hätten!

Der Maulwurf ist also ein Tier, das zur Kritischen Theorie passt. Max Weber hat Politik als das Bohren in harten Brettern beschrieben. Die Sozialwissenschaft und die Sozialphilosophie des Oskar Negt ist so etwas wie das Graben in schweren Böden;

manchmal sind diese Böden fast so hart wie Beton. Aber Oskar Negt ist ein Mann von eminenter Geduld, von Ausdauer und zäher Nachhaltigkeit, ein Wissenschaftler von besonderer Beharrungskraft. Und er ist ein öffentlicher Intellektueller, völlig frei von Schnöseligkeit, Überheblichkeit und Arroganz; er ist, auf seinem Feld, ein Schwerarbeiter. Er ist ein Mann von Bebel'scher Solidität.

Der Sozialphilosoph Oskar Negt und der Jurist Alexander Kluge haben, ihrer gemeinsamen Legende nach, die viertausend Seiten von „Öffentlichkeit und Erfahrung", „Geschichte und Eigensinn" und „Der unterschätzte Mensch" Satz für Satz gemeinsam geschrieben – und sich so der Öffentlichkeit als das erste linke Autorenduo seit Marx und Engels präsentiert. Die Hybris, die man darin sehen könnte, wird vom selbstgewählten Bild des Maulwurfs konterkariert. Wer sich den Maulwurf als Lieblingstier wählt, ist nicht größenwahnsinnig, sondern bodenständig.

Lernen ist der Eintritt in ein politisches Leben

Der charismatische Austromarxist Otto Bauer schrieb 1910 in einem Artikel zum 70. Geburtstag von August Bebel, dass dieser „der Seele des Proletariats stets näher gewesen" sei als die anderen sozialistischen Lichtgestalten, als Marx, Engels, Lassalle und Liebknecht, als Jaurès, Kautsky, Adler und Vandervelde. Das gilt, hundert Jahre später und in neuer Weise, auch für Oskar Negt. Er ist der Seele des Proletariats, der Seele des arbeitenden Menschen stets näher gewesen als die anderen Kritischen Theoretiker. Er war und ist dieser Seele schon kraft seiner kleinbäuerlichen Herkunft näher als seine Lehrmeister Adorno, Horkheimer, Marcuse und Habermas.

Der rote Faden, nein es ist mehr, es ist ein rotes Band – das rote Band im Leben des Oskar Negt ist die Nähe zu den Gewerkschaften, die Nähe zur sozialen Realität in den Betrieben, zur lebendigen Arbeitswelt. Vor fünfzig Jahren, noch als Student, ist Oskar Negt als Lehrer in die Leitung der Bundesschule des Deutschen Gewerkschaftsbundes in Oberursel hineingewachsen; die „Theorie und Praxis der Arbeiterbildung" hat ihn seit damals nicht mehr losgelassen, nicht als Assistent bei Habermas in Heidelberg und Frankfurt, nicht als Ordinarius. Er ist sein ganzes Leben lang ein wissenschaftlicher Lehrer auch der Gewerkschaften und der Gewerkschafter geblieben. Hundert Jahre bevor Negt ein solcher Gewerkschaftslehrer wurde, war in Leipzig der *Gewerbliche Bildungsverein* gegründet worden, später *Arbeiterbildungsverein* genannt, dessen Vorsitz August Bebel 1865 übernahm. Lernen, Mitreden, Mitbestimmen – das war Bebels Devise. „Lernen ist", so sagte es Bebel und so lehrt und lebt es Negt, „der Eintritt in ein selbstbestimmtes, also in ein politisches Leben." Die alten Griechen nannten den Rückzug ins Private Idiotie, der unpolitische Mensch war der Idiot. Politische Bildung verhindert den Rückzug ins Private.

Von der Philosophie zur Soziologie, von der Soziologie zur Politik

Oskar Negt ist hier ein Bruder im Geiste von August Bebel. Auch bei Negt hat, wie bei Bebel, das Lebenswerk mit der Bildung der Arbeiter begonnen. Das war die Basis für alles Weitere. Als Wissenschaftler ist Negt in der Frankfurter Schule in die Schule gegangen, er ist ein Vertreter der Kritischen Theorie – einer philosophischen Richtung, welche die gesellschaftlichen Fakten nicht als gegeben hinnimmt, sondern sie verändern, also das Unrecht von Herrschaftsmechanismen abschaffen will, um die Selbstbestimmung des Menschen zu wecken und zu stärken. In seinem Lebenswerk hat Negt dann die Frankfurter Schule mit der Gewerkschaftsschule verbunden. Er hat auf diese Weise die Kritische Theorie geerdet, er hat aus der Kritischen Theorie eine politisch-praktische Theorie gemacht. Er hat sie mit der proletarischen Empirie verwoben. Das Anliegen der Kritischen Theorie, empirisch gehaltvolle Zeitdiagnosen mit einem normativen Konzept sozialer Gerechtigkeit zu verbinden, trieb Negt von der Philosophie zur Soziologie und von der Soziologie zur Politik.

Horkheimer und Adorno waren schon lebensgeschichtlich wenig mit der Arbeiterwelt in Berührung gekommen. Horkheimer war Sohn einer Fabrikantenfamilie, Adorno das Kind eines Weingroßhändlers. Sie waren Kulturmarxisten aus großbürgerlichem Milieu, linksradikale Geistesaristokraten. Sie haben sich viel mit der Theorie der Arbeit, aber wenig mit der Praxis der Lohntüten und der Tarifverträge befasst. Bei Oskar Negt war und ist das anders. Er stammt, wie August Bebel, aus eher ärmlichen Verhältnissen, aus einer Familie von Kleinbauern und Arbeitern.

Das Kapital hat gesiegt, hat aber nicht recht

Die Arbeitswelt hat sich grundlegend geändert in den hundert Jahren, die zwischen Bebel und Negt liegen. Seitdem die Arbeit keine Kraft mehr hat und ihren Wert verliert, seitdem immer weniger Menschen zur Herstellung eines Produkts benötigt werden – seitdem scheint der große Kampf zwischen Arbeit und Kapital am Ende angelangt zu sein. Es hat zwar mittlerweile den von Bebel angekündigten Kladderadatsch, es hat gewaltige wirtschaftliche Zusammenbrüche gegeben, aber dieser Kladderadatsch war nicht das Ende des Kapitalismus. Die Lebensfähigkeit des Kapitalismus war und ist weit größer, als von Bebel erwartet. Im Kampf von Arbeit und Kapital hat das Kapital gesiegt; damit hat es zwar noch lange nicht recht; aber: um noch reicher zu werden, braucht es die Arbeit immer weniger. Und die Arbeit, die es noch braucht, will es sich auf der ganzen Welt preiswert aussuchen. Arbeitskraft ist heute nicht mehr nur lokal, sondern immer öfter global austauschbar. Das Kapital mag daher die Rücksichten nicht mehr nehmen, die es ein Jahrhundert lang genommen hat; das System funktioniert ja auch so, es funktioniert ohne solche Rücksichtnahmen, genannt Sozialpolitik, vermeintlich sogar noch besser.

Die Massenarbeitslosigkeit macht die Menschen kleinlaut und unsicher. Sie nimmt ihnen den Stolz. Wenn heute der in Georg Herweghs Arbeiter-Bundeslied besungene „Mann der Arbeit aufgewacht" ist, erkennt er nicht mehr seine Macht, sondern erst einmal seine Ohnmacht. Den arbeitenden Menschen beschleicht das fatale Gefühl, dass seine Emanzipationsgeschichte nun Geschichte werden könnte: Sie handelt davon, dass der arbeitende Mensch, der einst nur Sache war, dann zur Person aufstieg und durch das Arbeitsrecht zum Menschen wurde, diesen Status nicht mehr halten kann. Ausbeutung war gestern, Entlassung ist heute. So mancher Entlassene wäre lieber ausgebeutet.

Er hat der Kritischen Theorie die Praxis ...

Das Kapital hat, von Grenzen befreit, seine eigenen Märkte gefunden, setzt auf Gewinne durch Spekulation, auf Handel mit sich selbst, auf das Gegeneinander-Ausspielen von Standorten und auf Entlassungen. Soziales streichen: Noch nie hat es die Wirtschaft damit so leicht gehabt wie heute. Kapital und Markt kennen immer weniger Barrieren und Beißhemmungen. Der Kapitalismus funktioniert, so sagt es Oskar Negt, zum ersten Mal in seiner Geschichte so, wie es Karl Marx in seinem „Kapital" beschrieben hat. Die Gesellschaft wird zum Anhängsel des Marktes. Weil die Ratio des sogenannten Neoliberalismus in der Verbetriebswirtschaftlichung des Gemeinwesens besteht, wird das Soziale getilgt, der unternehmerische Erfolg allein an der Wertentwicklung der Aktien gemessen, erbringt eine ständisch privilegierte Managerklasse die für den Shareholder-Value notwendigen Dienste und interessiert sich in erster Linie für ihre Gewinnbeteiligung. Betriebswirtschaftliche Rationalität ist an die Stelle der Ratio, der Vernunft der Aufklärung, getreten. Man nennt das Rationalisierung. Sie ist die Rückbeförderung des arbeitenden Menschen in die Unmündigkeit. Dagegen hat sich Oskar Negt sein Leben lang gestemmt – und er tut das bis heute mit bewundernswerter politischer und wissenschaftlicher Energie.

... und dem Bebelianismus die Theorie hinzugefügt

Von Karl Marx sagt man, er sei das Geist gewordene „Klassendenken" gewesen. August Bebel dagegen, so sagt es seine Biographin, habe das Fleisch und Blut gewordene „Klassenleben" dargestellt. Negt versucht, Klassendenken und Klassenleben zusammenzubringen. Der Politologe Wilhelm Hennis nannte Negt bei den Frankfurter Römerberg-Gesprächen des Jahres 1980 deswegen einen „Spinner". Negt gab damals seinem leicht erregbaren Professorenkollegen mit gleicher Münze heraus und nannte ihn einen „Konterrevolutionär". Aber Hennis hat auf eine ganz bestimmte Weise recht gehabt, auf eine Weise, die er selbst gar nicht im Sinn gehabt hatte: Negt war und ist ein „Spinner" – er ist ein Wissenschaftler am Spinnrad, der nicht nur, wie es allenthalben heißt, Soziologie und Philosophie, sondern vor allem Theorie und Praxis miteinander versponnen hat. Er hat auf diese Weise die Frankfurter Schule bebelisiert, er hat ihr das Lebens- und Arbeitspraktische hinzugegeben. Und dabei hat er gleichzeitig Bebel ein wenig korrigiert, der aus Sorge um die exklusive Rolle der Sozialdemokratischen Partei stets gesagt hatte, dass es der Gewerkschaft „nie möglich" sein werde, die „politischen Aufgaben" der Arbeiterklasse zu erfüllen. Negt hat also der

Kritischen Theorie die Praxis und dem Bebelianismus die Theorie hinzugefügt.

Negt ist ein Habermas-Schüler; und man bleibt Schüler, auch wenn sich Lehrer und Schüler zwischendurch im Streit um die politische Rolle und Bewertung der Studentenbewegung von 1968ff entfremdet hatten. Habermas hatte, aufgebracht von deren Habitus, den revoltierenden Studenten „Linksfaschismus" vorgeworfen. Negt betrachtete und begleitete die Unruhen mit größerer Ruhe – aber unerbittlich in der scharfen Ablehnung jeglicher Gewalt. Oskar Negt war ein Vermittler zwischen dem Radikalismus der Achtundsechziger und den rationaleren Strategien der Gewerkschaften. Manchmal brauchte er bei dieser Vermittlungsarbeit seine ostpreußisch trockene Art. Beim Aufmarsch zum 1. Mai 1968 gab es beispielsweise einen SDS-Sprechchor: „Brecht dem Schütz die Gräten / Alle Macht den Räten". Schütz, der damals als Regierender Bürgermeister Berlins amtierte, war ein Wutobjekt der Studenten geworden. Als Oskar Negt bei einer Podiumsdiskussion über die Neue Linke an einem Gymnasium auf diese Anti-Schütz-Parole angesprochen wurde: „Ist das nicht Terror, Herr Negt?", gab er unaufgeregt und trocken zurück: „Aber der Schütz hat doch gar keine Gräten".

Demokratie ist Oskar Negts Lebensform

Oskar Negt musste nicht konvertieren wie Joschka Fischer; er musste nicht die Steine weglegen: Er hatte sie nie in der Hand, und er hatte Gewalt nie im Kopf. Negt musste nicht auf krummen Wegen in die Demokratie finden, er ist stets seinen Weg in der Demokratie gegangen, er hat, im Sozialistischen Büro in Offenbach und an seinem Lehrstuhl, den „Verblendungszusammenhang" zu durchlöchern versucht. Theatralität war seine Sache nie, er hat seine Positionen über Jahrzehnte hinweg unaufgeregt und geduldig vorgetragen. Er gab und gibt geistige Orientierung. Demokratie war und ist seine Lebensform – als Wissenschaftler, als Gewerkschaftler, als öffentlicher Intellektueller. Allerdings waren und sind seine Ansprüche an die Demokratie seit jeher von anspruchsvoller Art. Demokratie ist für ihn zu Recht mehr als eine Machttechnik; sie beruht auf der Selbstbestimmung autonomiefähiger Bürger. Politik im demokratischen Prozess ist für Negt „Sinnverwirklichung des Menschen als eines gesellschaftlichen Wesens". Und im Zuge dieser Sinnverwirklichung plädiert er, zum Beispiel, für eine „bewusste Steuerung der Reichtumsverteilung", für Umverteilung durch Besteuerung, um dem Gemeinwesen neue Mittel zuzuleiten – und damit neue Arbeitsplätze zu finanzieren.

Der Kapitalismus macht die Menschen sprachlos

Von Habermas hat Negt die Marxkritik gelernt, die Karl Marx vorwirft, im Produktionsparadigma festzustecken. Der junge Negt hat also von Habermas gelernt, dass der Kapitalismus nicht nur wegen des Privatbesitzes an den Produktionsmitteln zu kritisieren sei, sondern weil er das Verhalten der Gesellschaft einenge. Pointiert gesagt: Der Kapitalismus macht die Menschen sprachlos. Er entwurzelt die Menschen, macht sie heimatlos, reißt ihnen Wurzeln und Zunge aus. Habermas schrieb sein Werk „Arbeit und Interaktion" und legte die Grundlage für seine Theorie des kommunikativen Handelns. Oskar Negt verfolgte den Habermas'schen Ansatz auf die ihm eigene, praktische Weise weiter – er organisierte Gegenöffentlichkeit, gegen den Kapitalismus.

Die Stärkung der politischen Urteilskraft

Mit dem Sozialistischen Büro Offenbach versuchte er, die zersplitterte Linke zu koordinieren, ihr eine vernehmbare, undogmatische Stimme zu geben, in scharfer Abgrenzung zu den marodierenden K-Gruppen, der DKP und der gewalttätigen RAF. Oskar Negt hat die theoretischen Darlegungen von Jürgen Habermas im Offenbacher Büro zu praktizieren und sie nutzbar zu machen versucht, er hat sie bebelisiert. Und wenn man unter „Bebelisierung" schlicht das Praktisch-Vernünftige, das konkret Anzupackende und Angepackte versteht, dann gehört das Projekt Glocksee-Schule in Hannover dazu – die Oskar Negt 1972 mit einer Initiativgruppe von gewerkschaftlich orientierten Eltern, Hochschullehrern und Pädagogen gründete, die, hochangesehen, einer der wenigen Alternativschulen in Deutschland wurde. Demokratie muss gelernt werden, immer wieder, so früh wie möglich, tagtäglich, ein Leben lang. Das ist das Credo des politischen Menschen Oskar Negt. Negt sieht in der Stärkung der politischen Urteilskraft die zentrale Aufgabe des politischen Intellektuellen. In diesem Sinn ist er ein Politikberater. In seinem Buch „Der politische Mensch" hat er freilich die ernüchternden, ja tragischen Erfahrungen beschrieben, die frühe Politikberater gemacht haben: Platon ging nach Syrakus zum Tyrannen Dionysos, um seine Gesellschaftsutopie zu verwirklichen. Das Experiment scheiterte schmählich, Platon landete auf dem Sklavenmarkt und musste von seinem Schüler freigekauft werden. Da erging es dem Kanzler-Schröder-Berater Oskar Negt noch vergleichsweise gut. Er wurde nicht in die Sklaverei verkauft, sondern nur maßlos enttäuscht.

Utopie ist ein Antidepressivum

Utopie, sagt Oskar Negt, ist ein Antidepressivum. Negts Utopien über die Zukunft der Arbeitsgesellschaft erlebten freilich auf dem Weg vom Lehrstuhl in Hannover nach Berlin ins Schrödersche Kanzleramt eine fast horrormäßige Mutation.

Die negative Utopie, die sich aus der Agenda 2010 entwickelt hat, dürfte Negt in die Nähe von Depressionen gebracht haben. Negt will die guten Motive der Hartz-IV-Reform nicht in Frage stellen. Was daraus geworden ist, sei die „absolute Katastrophe". Der Markt sei nicht imstande, eine würdige und sinnvolle Gesellschaft zu organisieren. Negt sagt das immer und immer wieder. Oft ist er Rufer in der Wüste, manchmal kriegt er Beifall. Negt schaut nicht danach, ob und wo es gerade ankommt, was er zu sagen hat. Er hat eine Botschaft, es ist die Botschaft von sozialer Gerechtigkeit, zu der es auch gehört, Verteilungsgerechtigkeit in den Arbeitsplatzstrukturen herzustellen; es ist ja immer öfter so, dass die einen sich totarbeiten und die anderen sich zu Tode langweilen. Negt nennt es einen exemplarischen Fall von politischer Fachidiotie, wenn geglaubt wird, man könne durch Arbeitszeitverlängerung und Verschiebung des Renten- und Pensionsalters die Rentenkassen auffüllen. Selbst wenn dies der Fall wäre, argumentiert er, werden gleichzeitig die Kosten für Sozialhilfe und Arbeitslosenunterstützung erhöht.

Der demokratische Sozialismus

Zu Beginn der achtziger Jahre, als die Gewerkschaften für die 35-Stunden-Woche kämpften, diskutierte Negt darüber mit dem katholischen Sozialethiker Oswald von Nell-Breuning. Dieser sagte ihm: „Junger Freund, sie kämpfen für 35 Stunden. Dabei wären zehn Stunden völlig ausreichend, wenn die Menschen vernünftig mit ihren Ressourcen umgingen". Zehn Stunden wären ausreichend: Das war schon die Vorstellung von August Bebel. In Bebels Utopia, geschildert in seinem berühmten Buch „Die Frau und der Sozialismus", das schon zu seinen Lebzeiten 53 Auflagen erlebte, gehen, sobald alle Kapitalisten expropriiert sind, alle Arbeitsfähigen einer Arbeit nach – einer mäßigen, täglich zwei- bis dreistündigen, abwechslungsreichen, ergiebigen Arbeit…in der übrigen Zeit geht jeder, je nach Geschmack, Studien oder Künsten nach oder pflegt geselligen Umgang. Diese Utopien von gestern sind heute nicht falsch. Also versucht Oskar Negt, die Entwicklung des Sozialismus von der Utopie zur blanken Wissenschaft, die er für einen gefährlichen Irrweg hält, zu korrigieren. Der demokratische Sozialismus ist für ihn kein akademisches Schachspiel, sondern ein Gestaltungsprinzip für eine gute Gesellschaft.

Die Bürger einer Demokratie brauchen Ausbildung und Auskommen, sie brauchen eine leidlich gesicherte ökonomische Existenz, sie müssen frei sein von der Angst um die eigenen Lebensverhältnisse. Deshalb sind Reformen, die Langzeitarbeitslose auf eine Rutsche in die Armut setzen, undemokratisch. Nur eine vitale Gemeinschaft hat die Kraft, eine kopernikanische Wende in der Arbeitswelt einzuleiten, in der nicht mehr allein Kapital und Markt definieren, was als Arbeit zu verstehen ist.

Menschwerdung des Menschen

Düster sieht die Zukunft der Arbeit nur dann aus, wenn man darunter vor allem Tätigkeiten versteht, die auf die Herstellung von Gütern ausgerichtet sind. Dann lehrt ein Blick in eine moderne Fabrik tatsächlich, dass der Arbeitsgesellschaft die Arbeit ausgeht – weil dort, wo früher tausend Leute standen, nur noch fünfzig stehen, die ein Vielfaches dessen produzieren, was früher die tausend produziert haben. Ein Blick in die Kindergärten, Alters- und Pflegeheime, in die Krankenhäuser und Schulen lehrt anderes: Dort gibt es Arbeit in Hülle und Fülle. Es gibt unendlich viel Arbeit, die Gemeinschaft stiftet, die für inneren Frieden sorgt – Gemeinwesenarbeit, die chronisch unterbezahlt ist oder von der man erwartet, dass sie ehrenamtlich, also umsonst, erledigt wird.

Die Arbeit für die Gemeinschaft muss den Rang bekommen, der ihr gebührt. Das ist, wenn ich ihn richtig verstehe, auch das Anliegen von Oskar Negt. Hier ist das neue Feld der neuen Arbeitsgesellschaft. Und dann, wenn die Arbeit für das Gemeinwesen den ihr zustehenden Rang erhält, kann Friedrich Engels' Traktat vom Anteil der Arbeit an der Menschwerdung des Affen fortgeschrieben werden und der Anteil der neuen Arbeit an der Menschwerdung des Menschen beschrieben werden.

Die Natur als Gerechtigkeitsrisiko

Soziale Gerechtigkeit ergibt sich nicht als Produkt einer sozialistischen Spieltheorie. Sie ist das Produkt eines umsichtigen Sozialstaates – der den Menschen nicht nur vom Status negativus befreit, also vom Leben in Not, sondern ihm den Status positivus ermöglicht. Es ist nämlich so: Das Leben beginnt ungerecht und es endet ungerecht, und dazwischen ist es nicht viel besser. Der eine wird mit dem silbernen Löffel im Mund geboren, der andere in der Gosse. Der eine zieht bei der Lotterie der Natur das große Los, der andere zieht die Niete. Der eine erbt Talent und Durchsetzungskraft, der andere Krankheit und Antriebsschwäche. Der eine kriegt einen klugen Kopf, der andere ein schwaches Herz. Der eine ist sein Leben lang gesund, der andere wird mit einer schweren Behinderung geboren. Die Natur ist ein Gerechtigkeitsrisiko. Bei dem einen folgt einer behüteten Kindheit eine erfolgreiche Karriere. Den anderen führt sein Weg aus dem Ghetto direkt ins Gefängnis. Der eine wächst auf mit Büchern, der andere mit Drogen. Der eine ist gescheit, aber es fördert ihn keiner. Der andere ist doof, aber man trichtert ihm das Wissen ein. Die besseren Gene hat sich niemand erarbeitet, die bessere Familie auch nicht. Das Schicksal hat sie ihm zugeteilt. Der eine bekommt eine Arbeit, die ihn reich macht, der andere eine, die ihn kaputtmacht; der Nächste kriegt gleich gar keine. Der eine ist sechzig und soll noch länger arbeiten, obwohl er nicht mehr kann oder will. Der andere ist erst vierzig oder zwanzig und hätte gern die Arbeit, zu der man den Großvater wegen des hinausgeschobenen Rentenalters verpflichtet, die der aber eigentlich gar nicht mehr will.

Arbeit als Autonomiechance

Hier hat der Sozialstaat seine Aufgaben. Er sorgt dafür, dass der Mensch reale, nicht nur formale Chancen hat. Er sorgt auch für die gute Verteilung von Arbeit, weil Arbeit nicht nur ein ökonomisches, sondern ein lebensethisch wichtiges Gut ist, eine Autonomiechance. Der Sozialstaat ist, mit Maß und Ziel, Schicksalskorrektor. Wie das gehen, wer das zahlen soll? Es gibt einen überquellenden Reichtum in dieser Gesellschaft; verantwortungsbewusste Gesellschafts- und Sozialpolitik muss diesen Reichtum abschöpfen. Der gute Sozialstaat investiert ins Soziale, zum Beispiel in die Bildung der Kinder der neuen Unterschichten; er verwandelt die Schwächen der Generation Migration in Stärken, er fördert die sprachlichen Kompetenzen und den interkulturellen Reichtum dieser Generation. Demokratie und Sozialstaat gehören zusammen.

Das Leben wird weiterhin ungerecht beginnen und es wird weiterhin ungerecht enden. Dafür, dass es dazwischen einigermaßen gerecht zugeht – dafür stritten Leute wie August Bebel; und dafür streiten Leute wie Oskar Negt.

Peter Häberle Er ist ein weltweit gerühmter Rechtsprofessor, er hat fast überall in Europa gelehrt und internationale Zusammenarbeit vorgelebt. Die vielen Auflagen
seiner Bücher pflastern den Weg zum Haus Europa.
In manchen Teilen der Welt gilt er als ein juristischer
Heiliger. Er war der Doktorvater des CSU-Politikers Karl-
Theodor zu Guttenberg, der im Jahr 2011 wegen der Plagiate
in seiner Doktorarbeit als Bundesverteidigungsminister
zurücktreten musste.

Erschienen in der Süddeutschen Zeitung am 9. April 2011

Ein schwäbisch sprechender Weltgeist

Peter Häberle gilt als einer der fünf größten Staatsrechtslehrer nach dem Zweiten Weltkrieg. Ein Besuch in Bayreuth aus gegebenem Anlass

N ein, bitte nicht gleich mit Guttenberg beginnen. Guttenberg erst später, erst am Ende eines langen Gesprächs. Der junge Guttenberg war doch nur einer von so vielen Studenten und Doktoranden und Habilitanden, die im Laufe vieler Jahre hier im Musikzimmer des Professors saßen, um alle paar Monate von den echten oder vermeintlichen Fortschritten ihrer Arbeit zu berichten – und um dann, um halb vier Uhr nachmittags, wenn ihr Vortrag das verdiente, den Meister auf seinem täglichen Spaziergang zu begleiten. Der führt zwar nur um die Reihenhäuser am Ortsrand von Bayreuth, ist aber gleichwohl mehr als ein Spaziergang. Er ist ein Ausflug, ein Erlebnis, eine Exkursion, eine Tour d'Horizon durch die Wissenschaften; denn der alte Herr ist ein Polyhistor, ein Genius universalis.

Die wissenschaftlichen Nachmittagsspaziergänge

Er erzählt dabei so witzig und skurril, wie einst Jean Paul geschrieben hat. Jean Paul, der Dichter zwischen Klassik und Romantik, hat, wie Peter Häberle, in Bayreuth gelebt und gewirkt; und er hat, wie heute Häberle, bei den einen höchste Verehrung, bei den anderen Kopfschütteln geerntet. Über Jean Paul hat Arno Schmidt einmal gesagt, er sei „einer unserer Großen, einer von den zwanzig, für die ich mich mit der ganzen Welt prügeln würde". Andreas Voßkuhle, der Präsident des Bundesverfassungsgerichts, sagt über Häberle etwas Ähnliches: Er sei „wohl einer der fünf größten Staatsrechtslehrer nach dem Zweiten Weltkrieg".

Peter Häberles Wunde

Peter Häberle ist ein schwäbisch sprechender Weltgeist, der aber gern in der Provinz lebt, der nach Bayreuth ging „nicht wegen, sondern trotz Richard Wagner", und der eine Gabe hat, die nur wenige Gelehrte haben: Er kann begeistern, mehr noch, er kann beseelen, für die Wissenschaft, für die Abenteuer des raumgreifenden Denkens, und ja, auch das, für Redlichkeit und penible Ehrsamkeit. Er ist ein Mann von enthusiastischer Ernsthaftigkeit, der sich für seine Studenten zerreißt, der für sie ein Kümmerer ist – mit einem fast kindlichen Vertrauen in die Menschen, die er gewonnen hat oder gewonnen zu haben glaubt, weil sie seine Seminare besucht und sich dort ausgezeichnet haben: „Wenn man den Menschen besser behandelt, als er ist, kann man ihn besser machen", sagt er, und behauptet, dass er mit dieser Lebensdevise immer recht gehabt habe. Nur einmal nicht. Aber darüber, über die „existentielle Enttäuschung", über die „Wunde" will er noch nicht reden. Er geniert sich.

Der Mann, der sie ihm zufügte, der ihn existentiell enttäuschte, hat ihn bisweilen auf den Nachmittagsspaziergängen begleitet. Die Exkursion um halb vier führt eigentlich nur an oberfränkischen Jägerzäunen und gut beschnittenen Koniferen vorbei, aber sie beginnt bei Grotius, dem Vater des Völkerrechts, führt zu Goethe, findet eine versteckte Abzweigung zur Verfassung von Guatemala, biegt ein bei der Trajanssäule, macht Halt beim römischen Palazzo Farnese, bewundert ein seltenes Bild der „Geburt der Venus", schlägt einen Bogen zurück zu Sokrates und geht dann, mit ausgreifendem Schritt, über Montesquieu und Rousseau, hin zum großen Haus Europa: Das ist sein Ziel, das ist das Ziel seines Lebens.

Über Europa, über die Europäische Rechtskultur und Verfassung hat Peter Häberle schon nachgedacht und geschrieben, als dies noch ein Exotenfach war, als die Europäische Union noch EWG hieß, und die Juristen in Brüssel noch nicht über einen Grundrechtekatalog, sondern über die Milchquoten für die Bauern in Deutschland und Frankreich diskutierten. Die vielen Auflagen von Häberles Büchern zur Europäischen Verfassungslehre pflastern den Weg zum Haus Europa, machen ihn zur neuen Via Appia.

Seine Habilitationsschrift gilt als Offenbarung

Sein eigenes Häuschen ist bescheiden, er selbst nennt es „Schrebergartenhäusle", und es sieht auch ein wenig so aus. Es ist ein kleines Reihenhaus, dessen besonderer Vorzug darin liegt, dass Häberle zu Fuß zu seiner Arbeit gehen kann. Seit seiner Emeritierung als Bayreuther Universitätsprofessor leitet er die „Forschungsstelle für Europäisches und Vergleichendes Verfassungsrecht", die er mit den Geldern aus dem Max-Planck-Forschungspreis finanziert. Da sitzen auch seine letzten Doktoranden, dort sammelt und studiert er, mit unbändiger Leidenschaft, die Verfassungen der Welt. Er verblüfft seine Kollegen bei Tagungen gern mit einem Zitat aus einer afrikanischen oder südamerikanischen Verfassung. Zuletzt hat er Albanien, Polen, Estland und die Ukraine bei der Entwicklung neuer Verfassungen beraten.

Der Rechtsgelehrte Peter Häberle, vor bald 77 Jahren geboren in Göppingen als Sohn eines musikalischen Mediziners, ist ebenso beredt wie sparsam. Er hält das Geld zusammen, wie er seine Familie zusammenhält, die keine klassische, sondern eine wissenschaftliche Familie ist, bestehend aus seinen Studenten, Seminaristen, Doktoranden und Habilitanden. Sie sind Schüler, seine Jünger, er ist ihr Lehrer und Meister. Ihm ist das meisterliche Etikett nicht erst im Alter aufgeklebt worden. In den sechziger Jahren war er das Wunderkind des Rechts, in den siebziger Jahren der Superstar der deutschen Staatsrechtswissenschaft: Seine Dissertation über die „Wesensgehaltsgarantie des Artikels 19 Absatz 2 Grundgesetz" war, wie man heute sagen würde, ein Hammer. Seine Habilitationsschrift über „Öffentliches Interesse als juristisches Problem" gilt als Offenbarung. Seine späteren Arbeiten sind nicht mehr so dogmatisch, sondern kulturwissenschaftlich geprägt. Da haben klassische Juristen die Nase gerümpft, aber zumal in der lateinamerikanischen Welt ist Häberle damit zum juristischen Heiligen aufgestiegen.

In jeder Ecke hängt Europa

Der Patron der Verfassungsgerichte in Rom, Lima und Brasília sitzt nun in seinem Musikzimmer, man blickt von dort in einen pflegeleichten Winzlingsgarten. Zwei Sesselchen stehen im Zimmer, dazwischen der Flügel, der der einzige sichtbare Luxus im Haus ist. Vor dem unteren Ende der Klaviatur sitzt der Besucher, vor dem oberen Ende der Meister. Er sitzt da im dunklen Anzug und mit festen Hausschuhen, er ist ein alter Herr, ein Grandseigneur, Ehrendoktor der Universitäten von Thessaloniki, Granada, Lima, Brasília, Tiflis und Buenos Aires, er hat einen Tee gekocht und eine Schachtel Kekse geöffnet, als „Guatsle" bietet er sie dem Besucher an.

Weil er ein großer Europäer ist, weil er überall in Europa gelehrt, weil er internationale Zusammenarbeit vorgelebt hat, ist sein Häusle ein Europahäusle. In jeder Ecke hängt Europa. Da ist seine „Philosophenecke", gerahmte Stiche von Platon,

Sokrates, Cicero und Co. Da ist die Juristen-, Dichter- und For-
scherecke; gerahmte Stiche unter anderem von Alexander von
Humboldt und dem preußischen Staatsreformer Karl August
Freiherr von Hardenberg. Er lässt raten, wer auf dem jeweiligen
Bild zu sehen ist und freut sich sehr, wenn man es weiß. Die
stolze Präsentation dieser kleinen Ausstellung wäre die Gelegenheit, endlich über den anderen Freiherrn zu reden, den
Doktoranden, der auch hier im Sesselchen des Musikzimmers
saß. Der Meister will aber immer noch nicht, er redet über seine jüngsten Monografien und über den „göttlichen Mozart",
der ihm früher immer geholfen hat, sich Sorgen von der Seele
zu spielen. Diesmal aber geht es nicht.

Eine treue Seele

Seit dem 16. Februar 2011, seitdem die Plagiatsvorwüfe gegen Guttenberg zum ersten Mal in der Zeitung standen, hat
er nicht mehr musiziert. Er schwärmt von den kleinen Kon-
zerten, die er hier in seiner Wohnung gegeben hat, zuletzt vor
Weihnachten. Guttenberg war auch dabei.

Häberles ehemalige Assistenten, die Häberlianer, sitzen in
zahlreichen Universitäten als ordentliche Professoren. Sie halten zu ihm, sie besuchen ihn immer wieder, nicht nur an runden
Geburtstagen, wo sie ihm dicke Festschriften widmen. Sie können Abende lang eine Anekdote nach der anderen erzählen über
ihren Meister; eine der schönsten ist die: Wenn er bei ihnen im
Auto mitfuhr, musste stets ein Feuerlöscher mitgeführt werden, damit im Fall des Falles kein Manuskript verbrennt. Sie
halten ihm so die Treue, wie er selbst seinen früheren Lehrern
die Treue hält: Günter Dürig, der Großkommentator zur Menschenwürde, hat ihn einst, wie Häberle sagt, „freundschaftlich
an die Hand genommen", und Konrad Hesse, einer der prägenden Richter des Bundesverfassungsgerichts, hat ihm die Welt
der Dogmatik eröffnet. Häberle sagt gern, dass er „ewig dank-

bar" sei, er ist emphatisch. Sein Lehrer Hesse ist 2005 gestorben, seitdem besucht der alte Häberle regelmäßig dessen Witwe; das ist Ausdruck bleibender Verehrung und Achtung. Häberle ist eine treue Seele, und die Hinwendung, die er für seine Lehrmeister ein Leben lang hegt, erwartet er auch von seinen Schülern. Man ist Familie. Bei Häberles 70. Geburtstag hat die Familie nicht nur mit ihm gefeiert und getafelt, sondern auch konzertiert. Der alte Lehrer saß am Liszt-Flügel im Bayreuther Steingraeber-Haus, seine Schüler und Freunde, wohlbestallte Professoren, spielten dazu Geige und Klarinette.

Der Doktorand aus adligem Haus

Der Konstanzer Philosoph Jürgen Mittelstraß hat ein Buch geschrieben, das „Wissenschaft als Lebensform" heißt. Peter Häberle lebt das – Wissenschaft als Lebensform, Wissenschaft als Lebensinhalt, Wissenschaft als Lebensprinzip. Das Seminar, der Lehrstuhl, das Institut ist ihm Familienersatz, nein mehr, es ist ihm mehr als Familie. Eltern und Geschwister in einer normalen Familie kann man sich nicht aussuchen. Bei einer wissenschaftlichen Familie ist das anders. Der Meister kann sich seine jungen Leute auswählen, und sie können entscheiden, ob sie sich ihm anschließen. Häberle hat seine jungen Leute in seinen Rechtsseminaren getestet, er hat sie Vorträge halten und diskutieren lassen. Wenn sie sich da bewährten, schenkte er ihnen schier grenzenloses Vertrauen und Fürsorge; und er sorgte dann dafür, dass sie Erfolg haben.

Andreas Voßkuhle hat das erlebt: Als Häberle den Studenten Voßkuhle im Seminar als klugen Kopf ausgemacht hatte, rief er ihn zu sich und sprach mit ihm über die ferne Zukunft – Dissertation, Habilitation. Da hatte Häberle das sichere Gespür für die Gaben des jungen Voßkuhle, aber der fühlte sich von der Erwartung und dem Anspruch des Meisters erst einmal schrecklich überfordert. Er hatte ja noch nicht einmal den großen Schein im öffentlichen Recht gemacht und floh daher von der Uni Bayreuth nach München. Als er Jahre später, nun schon junger Professor, wieder in Häberles Seminar kam, hörte er dort den fulminanten Vortrag eines Freiherrn, der über seine Erfahrungen im ersten Jahr als Bundestagsabgeordneter berichtete. Mitte der neunziger Jahre war der „Student namens zu Guttenberg" erstmals ins Häberle-Seminar gekommen. Und er sei „von Anfang an einer meiner besten" gewesen, so glaubte der Bayreuther Professor bis vor kurzem. Der junge Adlige schloss sich also der Wissenschaftsfamilie Häberle an. Das gefiel Häberle – und das gefiel Guttenberg.

Guttenberg saß bescheiden, ein wenig kokett und den Lehrer gebührend bewundernd auf dem Sesselchen im Musikzimmer, wenn er alle acht, neun Monate – wie es alle Doktoranden Häberles machen müssen – ein neues Kapitel seiner Arbeit vorstellte. Er las nicht, er trug den Inhalt vor. Bei solchem Vortrag vermag kein Zuhörer ein Plagiat zu erkennen, nicht einmal ein Weltgeist, zumal dann nicht, wenn ein Politiker vorträgt, der es gewohnt ist, fremde Texte vorzutragen. Der Weltgeist war geschmeichelt ob der Geschmeidigkeit der Rede und der Grandezza des jungen Herrn. Auf Manieren und eloquenten Vortrag hat Häberle immer geachtet, und er schätzt es noch heute, wenn sich Mitarbeiter anderer Lehrstühle ordentlich bei ihm vorstellen. Er war stolz darauf, dass er einen Doktoranden aus adligem Haus, einen Familienvater mit zeitfressendem Beruf für die Wissenschaft und ihre Mühen begeistern konnte. Nur einmal hat er ein Guttenberg'sches Kapitel als völlig ungenügend verworfen.

Der Doktorvater schwärmt

Ansonsten merkte er nicht oder wollte im Überschwang von Begeisterung und Vertrauensseligkeit nicht merken, dass der wohlerzogene Adlige den wissenschaftlichen Ansprüchen nicht genügte und dass er Methoden hatte, dies zu kaschieren. Häberle war entzückt vom Thema, das sich sein Doktorand gewählt hatte: Der Vergleich zwischen den Entstehungsprozessen der amerikanischen und der europäischen Verfassung fasziniert Häberle als Thema immer noch. Er schwärmt von der Originalität dieses Ansatzes, als habe er für eine Minute vergessen, was dann daraus wurde: absichtliche Täuschung. Häberle will diese Absicht immer noch nicht ganz glauben, obwohl das für die Untersuchungskommission eindeutig ist. „Bis heute glaube ich", sagt Häberle, „dass Guttenberg die Übersicht verloren hat in den Zitaten, Kopien und dem Selbstgeschriebenen". Das sei furchtbar genug. Alles andere kann sich der Gelehrte nicht erklären, will er sich nicht erklären, ist für ihn unvorstellbar. Es ist ein ehrloser Bruch mit all dem, was er stets zu lehren versucht und in seinen „Pädagogischen Briefen" geschrieben hat.

Die fünfte juristische Auslegungsmethode

Er hätte es merken müssen! Er sagt das nur als Frage, immer wieder: „Hätte ich es merken müssen?" Er kennt die Antwort, gibt sie sich aber nicht. Er, der die Rechtsvergleichung als „fünfte juristische Auslegungsmethode" einführte, hat die Arbeit nicht verglichen mit anderen, er hat sich täuschen und blenden lassen von der vermeintlichen Noblesse des Doktoranden. Der hatte viel, sehr viel abgeschrieben aus dem grauen Schrifttum, aus Zeitungs- und Zeitschriftenartikeln, aus Vorträgen, aus Ausarbeitungen des wissenschaftlichen Dienstes – nur wenig aus echter Fachliteratur, die dem Experten geläufig ist. Selbst von seinem Doktorvater Häberle hat er abgeschrieben, freilich nur die Fußnoten, aber die gleich blockweise.

Häberle ist bekannt dafür, dass er gute Noten gibt. Das ist wohl seine Belohnung dafür, dass sich die Doktoranden der

Mühe und Mühle seiner Seminare unterzogen hatten. Er hat also ein ordentliches Erstgutachten zu Guttenbergs Arbeit geschrieben, acht Seiten lang, mit ganz vielen Verweisen darin auf bestimmte Stellen der Doktorarbeit: summa cum laude. Dieses Votum stand wohl schon vorher einigermaßen fest, es war ja schon alles längst mündlich superb vorgetragen, der Gutachter hatte den Autor und sein Werk schon so lange gekannt, zu lange wahrscheinlich. Altersmilde kam dazu und die Freude darüber, dass der prominente Politiker es geschafft hatte; und irgendwo war da vielleicht auch die Bewunderung des Musikliebhabers Häberle für Guttenbergs Vater Enoch, den Dirigenten. Dies alles addierte sich zu einer Note, die Guttenberg auch ohne Plagiat für diese Arbeit nie hätte kriegen dürfen; es war eher die Note für Guttenbergs achtjährige Präsenz und für seine mündlichen Vorträge, die der Abgabe eines Machwerks vorausgegangen waren. Häberle hatte sich wohl die Arbeit Guttenbergs als Glanzpunkt am Ende seiner Laufbahn gewünscht. Sie ist ein Schandfleck geworden.

**Das Telefon wird nicht mehr abgehoben,
die Tür nicht mehr geöffnet**

Guttenberg hat in einem Schreiben an Häberle um Entschuldigung gebeten für das „Ungemach", so drückte er sich aus, das er über ihn, die Fakultät und die Universität gebracht habe. Häberle hat darauf nicht reagiert. Ungemach ist ein sehr feines Wort für das sehr Unfeine, für den Vertrauensbruch, für den Missbrauch der Reputation eines großen Juristen.

Peter Häberle hat sich seit der Aufdeckung des Plagiats vor der Öffentlichkeit versteckt, das Telefon nicht mehr abgehoben, die Tür nicht mehr geöffnet – aber viele der ungezählten Schmähbriefe denn doch. Einen zieht er aus dem Stapel: sein „Häusle" ist darauf abfotografiert, offenbar von Google Street View, einem Unternehmen, gegen das er jüngst auf der Staats-

rechtslehrertagung noch wortgewaltig argumentiert hat, ein
Pfeil ist auf die Eingangstür des Häusles gemalt, und dazu hat
der Absender den Satz geschrieben: „Wie viel hat der Baron
bezahlt?"

Das bringt Häberle nun völlig aus der Fassung, es bricht
ihm die Stimme: ein solcher Vorwurf ihm, der sein Leben lang,
anders als die meisten Kollegen seiner Branche, kein einziges
Gutachten gegen Geld geschrieben hat, weil er sich seine geistige Unabhängigkeit bewahren wollte! Und nun musste er,
Millionen Mal gedruckt und gesendet, hören, sehen und lesen,
dass da wohl ein konservativer Professor einem prominen-
ten Gesinnungsgenossen einen Gefallen getan habe.

Den Weg geebnet

Häberle? Konservativ? Ein Irrtum. Er war Assistent bei Horst
Ehmke, bevor dieser für die SPD ins Bundeskabinett ging.
Er ist ein Freigeist, einer mit vielen Freunden, die politisch
eher rechts stehen, und noch mehr Freunden, die politisch
eher links stehen. Häberle hat, es ist lange her und fast vergessen, einmal einen der konservativsten und elitärsten Zir-
kel aufgebrochen, den es in Deutschland gab: die Vereinigung
der deutschen Staatsrechtslehrer. Professoren und Privat-
dozenten aus Deutschland, Österreich und der deutschsprachigen Schweiz, die dort nicht zur Aufnahme vorgeschlagen
oder trotz Vorschlags nicht aufgenommen werden, sind beruflich erledigt. Die Konservativen wollten Anfang der neunziger Jahre, also lang nach den Studentenunruhen von 1968,
einen Professor erledigen, der seinerzeit als Jurastudent zum
Vorlesungsboykott aufgerufen hatte. „Unerträglich" sei es, jemanden aufzunehmen, der „die Freiheit der wissenschaftlichen Lehre bekämpft" habe. Bei den nationalsozialistisch be-
lasteten Professoren hatte man in den fünfziger Jahren solche
Bedenken nicht gehabt. Mit Vehemenz und Erfolg setzte sich

damals Häberle für den untadeligen Kandidaten ein. Häberle war und blieb für liberale und linke Juristen wichtig: Er hat ihnen den Weg geebnet, er hat sie gefördert.

Die Flucht des „Humanista"

Von Jean Paul, dem geistigen Vorfahr des Peter Häberle, gibt es eine Schrift, die „Auswahl aus des Teufels Papieren" heißt. Zu so einer Auswahl ist für den Rechtsgelehrten die Guttenbergsche Textcollage geworden. Der Ex-Doktorand hat dieser Collage, es ist wie ein frivoler Witz, das Motto „E pluribus unum" vorangestellt – aus vielem eines. Das Motto steht auf der Dollarnote und auf allen US-Münzen und bezieht sich auf Amerika als Schmelztiegel. Eine Doktorarbeit als Schmelztiegel?

So etwas lässt den alten Peter Häberle verzweifeln. Er ist am Freitag, diesmal ohne Feuerlöscher, vor seiner nun schon so lange währenden Verzweiflung geflohen, dorthin, wo man ihn bewundert und verehrt: nach Spanien. „Humanista" nennt man ihn dort und in der lateinamerikanischen Welt. An der Universität Granada wird ein rechtswissenschaftliches Institut nach ihm benannt.

Andreas Voßkuhle Noch nie haben die Karlsruher Richter so viel Politik gemacht wie unter der Ägide von Andreas Voßkuhle – deutsche Politik, europäische Politik, Weltpolitik. Das liegt nicht unbedingt an diesem neunten Präsidenten des Bundesverfassungsgerichts, sondern an den turbulenten Zeitläuften. Voßkuhles Mission heißt Demokratie: Wie bleibt sie in Deutschland, wie kommt sie nach Europa?

Erschienen in der Süddeutschen Zeitung am 10. Juli 2012

Der Mann, der Scherben kitten kann

Andreas Voßkuhle ist der Prototyp eines Mediators, er ist ein Künstler des Ausgleichens bei schwierigsten Fragen: Erlaubt das Grundgesetz die Euro-Rettung?

Macht passt eigentlich nicht zu diesem Gesicht: Der wahrscheinlich mächtigste Mann Deutschlands hat ein sympathisches Bubengesicht mit Pausbacken. Man könnte sich gut vorstellen, dass er „Die Sendung mit der Maus" moderiert. Tut er aber nicht. Er moderiert das Bundesverfassungsgericht, das neben dem US-Supreme-Court mächtigste Gericht der Welt. Er ist der Präsident dort – der jüngste, den dieses Gericht je hatte. 44 war er, als er zum Vizepräsidenten berufen wurde. 45 war er, als der Zweite Senat unter seiner Leitung das Lissabon-Urteil ersann, das dem Bundestagspräsidenten Norbert Lammert als das genialste Urteil gilt, das in Karlsruhe je gefällt worden ist. Mit 46 wurde er Präsident.

Ein politischer Professor

Das Lissabon-Urteil war ein „Yes, we can"-Urteil: Ja, wir können Europa bauen. Ja, wir können die europäische Integration fortsetzen. Ja, wir können Europa stark machen. Ja – aber wir können das nur dann, wenn wir die Grundsätze der Demokratie beachten, in deren Zentrum der Wille des Volkes steht. Das war im Jahr 2009 die große Botschaft aus Karlsruhe. Was folgt daraus heute, drei Jahre später? „Erlaubt das Grundgesetz noch mehr Integration?", wurde Voßkuhle im September 2011 gefragt, als das Verfassungsgericht den ersten der Euro-Rettungsschirme mit knapper Not genehmigt hatte. Seine Antwort: „Ich denke, der Rahmen ist wohl weitgehend ausgeschöpft."

Ist er das? Geht also Europa so lange nach Karlsruhe, bis es bricht? Bei Voßkuhle bricht so schnell nichts. Und wenn etwas zerbrochen ist, dann ist der Mann mit dem Bubengesicht einer, der die Scherben sorgfältig zusammenfügt. Scherben kitten ist seine Spezialität. Soeben ist in Deutschland das Mediationsgesetz in Kraft getreten, ein Gesetz, das die gütliche Einigung ins Zentrum eines Rechtsstreits rückt; das Recht soll kein Kampf mehr sein. Vielleicht wird man dieses Gesetz eines Tages Voßkuhle-Gesetz nennen, weil er der Prototyp eines Mediators ist – einer, der es schafft, die zerstrittensten Leute zu befrieden und die verfahrenste Situation zu retten. Rivalitäten glätten, Spannungen abbauen, Allianzen schmieden: Das kann er gut, sein bübisches Aussehen hilft ihm dabei. Deshalb war er der Favorit der Kanzlerin für das Amt des Bundespräsidenten.

Andreas Voßkuhle ist ein politischer Professor, ein politischer Richter. Er passt wunderbar nach Karlsruhe. Seit seiner Gründung ist dieses Gericht ein politisches Gericht: Wer darüber entscheidet und entscheiden darf, was Politik machen darf und was nicht, der macht Politik. Aber noch nie hat das Gericht so viel Politik machen müssen wie heute: Es macht deutsche Politik, es macht europäische Politik, es macht Weltpolitik.

Bekannter als das Oktoberfest

Andreas Voßkuhle eröffnet und leitet an diesem Dienstag eine geschichts- und schicksalsträchtige Verhandlung: Es geht um den Fiskalpakt und um den Rettungsschirm ESM. Es ist zunächst einmal nur die vorläufige Entscheidung in dieser Sache zu fällen, noch nicht das große, noch nicht das finale Urteil. Aber in diesen Tagen, in denen Europa fiebert und vibriert, kann eine vorläufige Entscheidung eine endgültige sein. Zum Aufruf in Karlsruhe kommt die Sache Europa, zum Aufruf kommt die Zukunft des Grundgesetzes und die der Europäischen Union. Deutschland ist das stärkste Land der Union, das Bundesverfassungsgericht das stärkste Gericht der Union; ein Leitgericht für alle anderen Gerichte – beliebt, gerühmt, bewundert. Es ist ein schwarz-rot-goldenes Gericht, aber sein Spruch in Sachen Europa hat Wirkung urbi et orbi. Michael Zürn, Direktor am Wissenschaftszentrum Berlin und Professor für internationale Beziehungen, ein Nichtjurist, hat, regelrecht erstaunt, in einem Buch zum 60. Jubiläum über das Bundesverfassungsgericht geschrieben: „Bekannter als das Oktoberfest und trotzdem bewundert vom französischen Nachbarn – damit ist das scheinbar Unmögliche erreicht."

Demokratie kann man nicht in Säcken ins Haus tragen

Andreas Voßkuhle muss nun das scheinbar Unmögliche noch übertreffen: Er muss mit seinen Kollegen vom Zweiten Senat Wege finden, wie man, so formuliert das Zürn, „die Grenzen des methodologischen Nationalismus im Zeitalter der Globalisierung" überwindet und dabei das Grundgesetz achtet. Also: Wie bringt man herrschaftsausübende EU-Organe so unter Kontrolle, wie es die Demokratie verlangt? Das ist das eine Problem, das die Richter umtreibt. Und das andere Problem ist dies: Wie erhält und stabilisiert man handlungsfähige Institutionen jenseits des Nationalstaats? Sind sie noch handlungsfähig, wenn man sie der Kontrolle von 27 nationalen Parlamenten unterwirft?

Der Philosoph Jürgen Habermas, ein Geistes- und Herzenseuropäer, klagt immer wieder über einen „Abbau der Demokratie" durch die Selbstermächtigung des Europäischen Rates, also der EU-Regierungschefs. Hier hat er Voßkuhle an seiner Seite: Der hat etwas dagegen, dass die Europäer ihr Haus bauen wie einst die Bewohner von Schilda: ohne Licht. Voßkuhle weiß, dass man die Demokratie nicht in Säcken ins Haus tragen kann; man muss Fenster in die Mauern brechen.

Voßkuhle und Co. sind Koryphäen des Staats- und Europarechts. Sie haben schon eine Vorstellung davon, wie man Europa demokratisch konstruieren könnte. So vielleicht: ein starkes Europaparlament als erste Kammer, in der sich die Stärken der nationalen Parlamente potenzieren; eine zweite Kammer, bestehend aus den nationalen Regierungen; und die EU-Kommission als europäische Regierung. Aber: Solche Vorstellungen helfen nicht weiter, denn das Gericht in Karlsruhe ist nicht der Architekt des europäischen Hauses, sondern eher eine Art TÜV. Das Gericht hat die Macht, alles zu prüfen, aber nicht die Macht, alles zu entwerfen und zu konstruieren.

Immer etwas nach vorn gebeugt

Andreas Voßkuhle, geboren 1963 in Detmold, Jurastudium in Bayreuth und München, ist einer, der schon von seiner Größe her Übersicht hat: ein baumlanger Kerl. Mit seinen 1,95 Metern würde er ins Altpreußische Infanterieregiment Nr. 6 passen, in die Leibgarde des Soldatenkönigs Friedrich Wilhelm. Aber mit dem Militärischen und dem Martialischen hat es Voßkuhle nicht so. Ein wenig schlaksig kommt er daher, hält sich immer etwas nach vorn gebeugt. Das macht beim Gehen den Eindruck, als ziehe ihn etwas unweigerlich voran, als strebe er eilend und neugierig vorwärts, um nichts zu verpassen. Das passt zu einem Mann, der schon im jugendlichen Professorenalter alles erreicht hatte, was ein Juristenherz begehrt – Wissenschaftspreise, wissenschaftliche Anerkennung, den Direktorenposten des Freiburger Instituts für Staatswissenschaft und Rechtsphilosophie. Als er an der Universität Freiburg Rektor wurde, schaffte er es dort in kürzester Zeit, in den zerstrittenen Universitätsgremien Frieden zu stiften. Acht Wochen später wurde er nach Karlsruhe berufen; seit vier Jahren präsidiert er dort unter dem Bundesadler.

Zu den größten Geheimnissen der Republik gehört das Beratungsgeheimnis in Karlsruhe. Wie schafft es Voßkuhle, die Eigenheiten und Eitelkeiten, den Eigensinn und den Stolz, die intellektuelle Schärfe und den Hochmut verschiedenster Richterpersönlichkeiten einzuhegen und dann ein einhelliges Urteil zu destillieren? Das Geheimnis lüftet sich in seiner Küche, bei ihm zu Hause. Die Küche ist sein Lieblingsort – der Ort, an dem das Fleisch geklopft, der Fisch entgrätet, das Gemüse gegart und das Essen abgeschmeckt wird.

Demonstrative Bescheidenheit, Lust auf Anerkennung

Man muss ihn am Küchentisch erleben. Man muss erleben, wie er ein großes Essen vorbereitet. (Anmerkung: Dieser Absatz hat seinerzeit zu einigem Wirbel geführt, sogar zu einer Presseerklärung des Bundesverfassungsgerichts. Warum? Weil nicht ausdrücklich da steht, dass der Autor bei dem geschilderten Essen nicht selbst dabei war, sondern sich die Szene von einem früheren Bundesverfassungsrichter hat erzählen lassen. Also. Dessen Erzählung geht so:) Bei Voßkuhles setzt man sich nicht an die gedeckte Tafel und wartet, was aufgetragen wird. Eine Einladung bei dem kinderlosen Juristenpaar – seine Frau ist Vizepräsidentin des Landgerichts in Freiburg – beginnt in der Küche. Der eine Gast putzt die Pilze, der andere die Bohnen, der dritte wäscht den Salat. Zu diesem Arbeitsessen gibt es ein Arbeitsweinchen. Natürlich hat der Gastgeber alles sorgfältig vorbereitet, natürlich steht die Menüfolge fest; aber es entsteht alles gemeinsam. Jeder hat seinen Part, jeder hat was zu schnippeln, zu sieden und zu kochen, jeder etwas zu reden. Es geht um die Nudel, die

Küchenrolle und um die Welt. Voßkuhle rührt das Dressing. Man ahnt, wie er als oberster Richter agiert.

Eigentlich ist Voßkuhle ja nicht mächtiger als jeder andere seiner Richterkollegen in Karlsruhe. Gewiss: Er ist der Präsident, aber der hat bei der Beratung und beim Urteil nur eine Stimme. Es gibt keinen Stichentscheid. Der Präsident ist Erster unter Gleichen – aber in dieser Rolle ist er ein begnadeter Abschmecker. Er rennt mit seiner Meinung nie voraus, er jongliert mit den Kräfteverhältnissen, sucht, eine gemeinsame Linie aus der Vielfalt zu entwickeln. Er hat da seine Tricks: Demonstrative Bescheidenheit gehört dazu, hinter der aber die Lust auf Anerkennung und Bestätigung durchschimmert. Er ist durchaus eitel in seiner Bescheidenheit und sonnt sich diskret im Ansehen des Amtes. Wie kaum einem Karlsruher Präsidenten zuvor ist es ihm gelungen, dass er mit der Institution gleichgesetzt wird. Er ist nicht nur der Präsident, er ist das Gericht, er ist der Gegenspieler der Regierung – jedenfalls wird ihm diese Rolle in der Öffentlichkeit zugeschrieben, zumal nachdem er Angela Merkels Angebot, Bundespräsident zu werden, ausgeschlagen hat. Er nimmt diese Rolle des Widerparts an, vordergründig zwar bestreitend, aber insgeheim doch geschmeichelt.

Die Klaviatur des Taktierens

Wenn er mit einem redet, sieht das aus wie ein intuitives Hinbeugen. Er wendet sich dem Gesprächspartner zuneigend zu, er sucht Nähe; er will Menschen nicht von oben herab begegnen, er will sie für sich einnehmen. Anders als sein Vorgänger Hans-Jürgen Papier hat er nichts Statuarisches, nichts Steif-Gravitätisches, nichts würdevoll Präsidiales. Er schaut aus wie ein großer Junge, den Schalk in den Augen – so wie ein kluger Klassensprecher, der gerade zum Schulsprecher gewählt wurde, einer, den alle mögen, weil er aufmerksam zuhören und gute Stimmung machen kann.

Aber man würde ihn unterschätzen, wenn man annähme, allein das zeichne ihn aus: Er ist zielstrebig, er will Einfluss nehmen, kann Härte zeigen, energisch sein, resolut – und, ganz selten, fast pampig. Aber das verbirgt er lieber, er kommt damit nur dann aus der Deckung, wenn es ihm dramaturgisch geboten erscheint. Er bringt erst seine Frohnatur und seine Nettigkeit gezielt zum Einsatz, spielt auf der Klaviatur des Taktierens und genießt das respektvolle Raunen und Staunen, wenn er sich dann zum wohlkalkulierten Zeitpunkt auf die Bühne begibt: so wie beim Lissabon-Urteil. Niemand hatte dem Zweiten Senat damals ein einstimmiges Urteil zugetraut. Das Urteil war wie ein juristisches Weltwunder.

Voßkuhles ambitionierte Ambivalenz

Der Mann hat hervorragende Qualitäten: eine schnelle Auffassungsgabe, eine kräftige Portion Selbstbewusstsein, großen, sehr großen Ehrgeiz, den sein heiteres Gemüt erträglich macht. Er vermag wohltemperiert und eloquent zu reden, und er kümmert sich um seine Leute, seien sie Wachtmeister oder Verfassungsrichter. Voßkuhles Vater war ein begeisterter Verwaltungsjurist, der die Freude am gestaltenden Verwalten seinem Sohn vererbt hat, der ein begeisterter Verwaltungswissenschaftler wurde – und der sogar eine so elitäre Verwaltung wie die des Bundesverfassungsgerichts schnell für sich gewinnt. Bei den Bediensteten des Gerichts ist er einer der beliebtesten Chefs, die es dort je gab. Er beherrscht die kleinen Gesten und die große Zuwendung. All das hat er auf seinem Werdegang mit Kalkül und Erfolg erprobt. So entstand das Bild eines souveränen und analytischen Durchblickers, eines zielstrebigen Siegertypen und großen Kommunikators. Vielleicht ist etliches davon nur Maskerade, die seine heimliche Angst, vielleicht doch nur Mittelmaß zu sein, übertünchen will.

Manchmal scheint es fast, als denke Voßkuhle sich aus, wie er in der Rolle, die er gerade einnimmt, eine gute Figur machen und möglichst viel Beifall erhalten kann. Und dann spielt er diese Rolle nach dem selbst kreierten Zuschnitt meisterlich, mit all der betonten Bescheidenheit, von der er weiß, dass sie ihm gut steht – sodass niemand zweifelt, dass er die beste Besetzung für dieses Amt ist. Das stimmt wohl auch, nicht zuletzt wegen Voßkuhles ambitionierter Ambivalenz, die zwischen Selbstüberhöhung und Selbstkritik schwankt. Auch das macht ihn sympathisch.

Die Lästerei, das Lindenblatt

Voßkuhle schätzt die Kanzlerin. So gut wie über Angela Merkel denkt er aber nicht über alle Politiker. Sein Urteil ist schnell und am Maßstab seiner eigenen großen geistigen Fähigkeiten gefällt. Wenn er einen Gesprächspartner für intellektuell oder juristisch unterbelichtet hält, vermeidet er es peinlich, diesem seinen Befund auch nur anzudeuten – er behandelt ihn nur noch freundlicher, als es ohnehin seine Art ist. Er kann es sich allerdings nicht verkneifen, später, hintenherum, zu lästern. Das ist das kleine Lindenblatt des Andreas Voßkuhle.

Hätte er an diesem Montag, am Tag vor der mündlichen Verhandlung, den Kritikern gegenübergestanden, er wäre ganz besonders freundlich gewesen – zum Beispiel zum FDP-Europapolitiker Alexander Graf Lambsdorff, der in einem Interview dem Verfassungsgericht eine „besorgniserregende" Unkenntnis in europäischen Angelegenheiten vorgeworfen hat. Professor Voßkuhle würde den Herrn, der seit 2004 für die FDP im Europaparlament sitzt und einen Master in Neuerer Europäischer Geschichte gemacht hat, so lange und intensiv befragen und um Aufklärung bitten, bis der nicht mehr weiß, ob er Graf oder Gräfin ist.

Was der Richter Voßkuhle wirklich denkt, ist schwer auszu-
machen, seine politische Haltung ist schwer zu fassen. Er hat
zwar in der Vergangenheit des Öfteren seine Nähe zur SPD be-
kundet, er war ab und an bei den Treffen des noblen Adolf-
Arndt-Kreises, er hat es aber vermieden, sich parteilich zu
binden. Er will als intellektueller Freigeist figurieren, mit
linksliberalem Touch. Den Fast-Bundespräsidenten Voßkuhle und den amtierenden Bundespräsidenten Joachim Gauck
verbindet, dass sie sowohl konservativ als liberal und zugleich
links sein wollen – mit dem Unterschied, dass Gauck nach
rechts tendiert und Voßkuhle sich eher links angehaucht gibt.
Das Gauck'sche Pathos fehlt ihm komplett, aber dafür hat
auch Voßkuhle seine Mission gefunden. Sie heißt Demokratie: Wie bleibt die Demokratie in Deutschland und wie kommt
sie nach Europa? In der Rolle des Demokratie-Garanten wird
Voßkuhle immer sicherer, souveräner und selbstbewusster.

Der zurechtgerückte Haussegen

Als er vor vier Jahren, auch zu seiner eigenen Überraschung,
ins Gericht gewählt worden war, hatte er sich erst einmal in
Zurückhaltung und Bescheidenheit geübt. Er tat so, als komme er als Lehrling, wenn auch als professoraler. Wer ihm das
abnahm, täuschte sich. Still im Hintergrund begann er damals, mit jedem seiner Richterkollegen aus dem damals zerstrittenen Zweiten Senat Seelenmassage zu betreiben, jedem Richter seine Wertschätzung zu bekunden; er rückte den
Haussegen wieder Stück für Stück gerade.

In seiner Karlsruher Anfangszeit hat er sich durch kluge Beobachtung seines Präsidentenvorgängers auf seine eigene Prä-
sidentschaft vorbereitet; er hat von Hans-Jürgen Papier gelernt.
Papier war mit Vorträgen über allgemeine verfassungsrechtli-
che Fragen durchs Land gezogen, um sich den Applaus von Fach-
gesellschaften und Verbänden zu holen. Voßkuhle fand das nicht

so prickelnd. Er setzt seine öffentlichen Auftritte und Interviews sparsam, ist aber dann trefflich vorbereitet – und sagt Sätze wie den: „Verfassungsgerichte dienen nicht der Stärkung von Regierungen." Das sitzt, das trifft. Und das ist eine Vorab-Antwort auf seine Kritiker.

Das Herz des Verfassungsgerichts ist das Grundgesetz

Drücken und drängen lässt er sich nicht, schon gar nicht vor einer großen Verhandlung. Angst, sagt er, habe er weder vor den Politikern noch vor den Finanzmärkten: „Alle Richter sind auf zwölf Jahre gewählt, und danach ist Schluss. Verfassungsrichter schreckt deshalb wenig!" Ihn beeindruckt es nicht sonderlich, wenn Bundespräsident Gauck wie unlängst in Brüssel mit leichtem Sinn erklärt, das Bundesverfassungsgericht werde den immer weiter gespannten Euro-Rettungsschirmen gewiss keine Schwierigkeiten bereiten. Und wenn Altbundeskanzler Helmut Schmidt mahnt, auch das Bundesverfassungsgericht müsse sein Herz für Europa über die Hürde werfen – dann sinniert Voßkuhle allenfalls darüber nach, welches Herz der Altkanzler meint. Das Herz des Verfassungsgerichts ist das Grundgesetz; und dieses Herz wirft ein Hüter des Grundgesetzes nirgendwo hin, auch nicht über eine Hürde. Die Wichtigkeit und Bedeutung, die sich Voßkuhle selbst zumisst und mit der er durchaus kokettiert – man verzeiht sie ihm daher.

Es mag schon sein, dass Rechtsprofessoren bisweilen von der Politik unbeleckt sind und sich, im Hörsaal dozierend, nicht so recht vorstellen können, mit welchen Schwierigkeiten sich Politiker herumschlagen müssen. Auf den Professor Präsident trifft das nicht zu: Er hat Gespür für das Machbare und für das Unmögliche; er ist einer, der sich mit der Wünschelrute aufmacht, um Lösungswege zu finden. Er sucht pragmatische, nicht dogmatische Antworten.

Kein Pragmatismus aber kommt an den entscheidenden Fragen vorbei: Auf welchen Füßen soll Europa stehen – auf denen von Abgeordneten oder auf denen von Regierungschefs? Was soll Europa werden – eine Volksherrschaft oder eine Herrschaft der Exekutive? Braucht Europa eine marktkonforme Demokratie oder einen demokratiekonformen Markt? Das Verfassungsgericht kennt gute Antworten, weil es sich nicht am Markt, sondern an der Verfassung orientiert.

Und wie verwirklicht man Demokratie in einer Union mit 500 Millionen Einwohnern? Am besten so, dass man damit anfängt. „Die Verfassung, die wir haben, heißt Demokratie, weil der Staat nicht auf wenige Bürger, sondern auf die Mehrheit ausgerichtet ist", so sagt es der alte Thukydides; sein Satz hätte eigentlich in der Präambel der gescheiterten EU-Verfassung stehen sollen. Vielleicht kann ihm das Verfassungsgericht zur Geltung verhelfen.

Winfried Hassemer Studierende und Experten haben ihn geliebt, weil es im Kopf klingelte, wenn man ihm zuhörte. Der Strafrechtsprofessor Winfried Hassemer hat den Datenschutz geprägt und in guten wie in schlechten Zeiten verteidigt. Als er Vizepräsident des Bundesverfassungsgerichts war, freute man sich auf seine Verhandlungen schon tagelang vorher: Es waren Sternstunden, weil er Probleme wunderbar durchdringen und wunderbar darlegen konnte.

Nachruf auf Winfried Hassemer, erschienen in der Süddeutschen Zeitung am 11. Januar 2014. Er starb mit 73 Jahren am 9. Januar 2014.

Mit dem Willen zur Wahrheit

Winfried Hassemer war ein genialer Strafrechtsgelehrter, er war Rechtsphilosoph, Rechtsanwalt – und ein freiheitlicher Geist.

D ürfen Wissenschaftler träumen? Natürlich dürfen sie, zumal dann, wenn ihre Träume so geerdet und so notwendig sind wie die von Winfried Hassemer. Er träumte nicht von einem Haufen Geld und auch nicht von noch mehr wissenschaftlichen Ehren. Beides hatte er; das erstere in ausreichendem Umfang, das zweite im Überfluss.

Der Strafrechtsgelehrte, Rechtsphilosoph, Rechtsanwalt, der ehemalige hessische Datenschutzbeauftragte und Vize-Präsident des Bundesverfassungsgerichts hatte einen Ruf wie Donnerhall. Er war Ehrendoktor spanischer, portugiesischer, brasilianischer und chinesischer Universitäten. Und er war das nicht zuletzt deswegen, weil er diesen Traum hatte: den Traum von einem Strafrecht, das nur dort zum Einsatz kommt, wo es wirklich erforderlich ist und mit dem die Menschen gut leben können. Er träumte von einem Strafrecht, das „Sanktionen klar formuliert und maßvoll bemisst – und das die von Strafver-fahren betroffenen Menschen, wo nötig, nach Kräften schützt und schont". Und wer Hassemer kannte, wer ihn mit Witz und Feuer reden hörte, der spürte: Das war noch mehr als ein Traum, es war eine begründete Hoffnung. Diese Hoffnung auf ein „freiheitliches Strafrecht" Realität werden zu lassen, das war seine Lebensaufgabe.

Hassemer war ein eloquenter und schlagfertiger Meister des Wortes, er war ein glänzender Debattenredner, er war ein Vizepräsident am Bundesverfassungsgericht in Karlsruhe, auf dessen mündliche Verhandlungen man sich schon tagelang vorher freute: Es waren nämlich Sternstunden des Verfassungsgerichts, wenn er mit heiterer Ironie die Ausflüge von Wissenschaftlern und Politikern ins Wolkige, ins Nebulöse und Pathetische beendete, wenn er dafür sorgte, dass die Verhandlung wieder Hand und Fuß hatte.

Ein Professor, kein Wolkenkuckucksheimer

Er konnte schwierigste Probleme durchdringen, vereinfachen und dann beredt darlegen wie kaum einer. Er war ein Professor, wie man ihn sich wünscht – kein Wolkenkuckucksheimer. Er war einer, wie ihn Studierende und Experten lieben, weil es im Kopf klingelt, wenn man ihm zuhört. Doch auch wer über so grandiose Gaben verfügt, hat es schwer, wenn die Zeitläufte einem freiheitlichen Strafrecht entgegenlaufen: Nach dem 11. September 2001, als weltweit das Sicherheitsrecht umfassend verschärft wurde, als das Maß verloren ging, um ein Ziel zu erreichen, da war auch Hassemer bisweilen am Verzweifeln. Hassemer wusste zwar, dass Sicherheitsbedürfnisse „strukturell unstillbar" sind und dass „eine Schippe Sicherheit immer noch in den mit Kontrollen schon prall gefüllten Sack" passt – aber dass es so viele Schippen sind, dass der Sack untragbar wird – das hatte er nicht glauben wollen, bevor es passierte.

Als Verfassungsrichter hat Hassemer getan, was er konnte, um den Kern des Strafrechts zu bewahren. Ein Sonderrecht für jugendliche Intensivtäter oder für Terroristen hat er stets abgelehnt: „Verfolgung und Bestrafung ohne Rechte der Betroffenen sind kein Recht, sondern Krieg." Hassemer war kein Krieger: Er war ein freiheitlicher Geist, ein Aufklärer, ein Rechtsstaatler, ein Streiter für das Recht.

Gelernt hat er das, wie Hassemer selbst gern erzählt hat, beim großen Rechtsphilosophen Arthur Kaufmann, seinem wissenschaftlichen Mentor und Lehrer. In dessen Arbeitszimmer hingen drei Bilder: Ein Bild von Voltaire, ein Bild von Edith Stein und ein Bild von Gustav Radbruch. Voltaire ist der Vordenker der Aufklärung, der ohne Vornamen auskam. Edith Stein war eine Philosophin und Nonne, die den Papst vergeblich aufgefordert hatte, gegen die Judenverfolgung zu protestieren, und von den Nazis umgebracht wurde. Gustav Radbruch war einer der maßgeblichen Rechtsdenker und Justizminister der Weimarer Zeit. Arthur Kaufmann hat seinen Besuchern und Schülern die „seltsame Collage" gern liebevoll erklärt. Bei allen dreien hat er „den Willen zur Wahrheit" bewundert, ihren Kampf gegen Unrecht, Irrtum, Verzagtheit und Halbherzigkeit. Das hat Hassemer geprägt, das hat er sich als einer der hervorragendsten Schüler von Arthur Kaufmann zu eigen gemacht – den Willen zur Wahrheit. Dieser Wille zur Wahrheit war bei Hassemer nichts Eiferndes, er hatte etwas Hoffnungsfrohes, ja Heiteres – schließlich war Hassemer ein Rheinhesse, gebürtig in der Stadt Gau-Algesheim.

Den Datenschutz geprägt und verteidigt

Als Datenschützer – er war Nachfolger von Spiros Simitis im Amt des hessischen Datenschutzbeauftragten – hat er den Datenschutz geprägt und in guten wie in schlechten Zeiten verteidigt. In den schlechten Zeiten hat er ihn dadurch zu beleben versucht, dass er den Computer zu einem „ausgelagerten Teil des Körpers" erklärte. Als Strafrechtler hat er die Lockerung der Grenzen zwischen Geheimdienst und Polizei scharf kritisiert und den Deal im Strafprozess als „Erosionszeichen" beschrieben, auch mit der ihm eigenen Bissigkeit: „Wenn ich das Wort Konsens im Zusammenhang mit dem Strafrecht höre, sträuben sich bei mir die Nackenhaare."

Der gescheiterte NPD-Verbotsprozess

Hassemer wurde 1996 Verfassungsrichter in Karlsruhe, von 2002 bis 2008 war er dort Vorsitzender des Zweiten Senats. In diese Zeit (2001/2002) fiel der gescheiterte erste Verbotsprozess gegen die NPD. Hassemer hat nicht geduldet, dass dem Gericht vergiftete Beweismittel vorgelegt wurden: Das Verfahren wurde daher wegen Unzulässigkeit eingestellt. Gegen einen neuen Verbotsantrag mit dann sauberen Beweismitteln hatte er gar nichts; er konnte sich gut vorstellen, dass ein neuer Antrag Erfolg haben könnte. Ob das so kommt, wird Hassemer nicht mehr erleben. Er starb nach schwerer Krankheit am Donnerstag in seinem Haus in Frankfurt-Bockenheim, einen Monat vor dem 74. Geburtstag.

Benno Hurt: Er war Richter, er ist Fotograf und Schriftsteller. In seinen Büchern geht es um einen ewigen Grundkonflikt: den zwischen Anpassung und Verweigerung. Dabei spielt das Recht eine wichtige Rolle – weil es auf unsere Wünsche antwortet, auch wenn es deren Schöpfung ist.

Laudatio zur Verleihung des Friedrich-Baur-Preises der Bayerischen Akademie der Künste und der Friedrich-Baur-Stiftung an Benno Hurt am 8. Dezember 2012 in Lichtenfels

Das Buch der Justitia

In seinem Werk macht der Richter Benno Hurt aus der Welt eine Provinz, weil er die Machtverhältnisse überschaubar macht.

R echt ist etwas, woran wir glauben, weil es auf unsere Wünsche antwortet, auch wenn es deren Schöpfung ist. Es ist etwa dreißig Jahre her, dass ich auf einen Richter traf, der immer wieder mit diesem Recht rang und haderte, weil er es sich bisweilen anders wünschte. Ich war damals Staatsanwalt in Regensburg und hatte ab und an meine staatsanwaltschaftlichen Plädoyers vor diesem jugendlich wirkenden Herrn zu halten, der passenderweise auch Jugendrichter war, Vorsitzender des Jugendschöffengerichts.

In den Menschen so lesen wie in den Akten

Benno Hurt fiel mir nicht nur deswegen auf, weil er seine Robe besonders graziös zu tragen verstand und seine weiße Fliege am Hemdkragen weißer zu sein schien als die Fliegen und Krawatten der anderen Richter, sondern auch deswegen, weil er eine besondere Sicht auf das Recht hatte: Das Recht, wie Benno Hurt es sieht, hat die Aufgabe, eben die Autorität herzustellen, die es rückwirkend beschwört. Darin sah der Richter Benno Hurt seinen Beruf und seine Berufung. Guten Richtern gelingt das. Benno Hurt war ein guter Richter, weil er ein guter Beobachter war – weil er in den Menschen, die vor ihm standen, so viel lesen konnte wie in den Akten. Benno Hurt war ein wunderbarer Richter, weil er schon damals ein Literat war, einer, der die Dinge hinter den Dingen sehen kann und mit ihnen ringt und hadert. Er war und ist ein poetischer Realist und ein heimlicher, manchmal ein unheimlicher Haderer.

Heute ehren wir den Literaten, den Schriftsteller, den Romancier Benno Hurt, heute ehren wir den, von dessen Oeuvre der Literaturkritiker Denis Scheck erstaunt sagt „keine Vampire, keine Werwölfe, keine Zauberer-Internate – und doch erzählt Benno Hurt auf magische Weise". Heute ehren wir einen schreibenden, fotografierenden, einen dichterischen Menschen, der 35 Jahre lang rechtssuchender und rechtsfindender Richter in Regensburg war. Dieses Suchen und Finden prägt seine Romane. Hurt schreibt in seinen Büchern Zeitgeschichte auf eine ganz besondere, ganz spezielle Weise, er schreibt Zeitgeschichte als Familiengeschichte, er schreibt in seinen Romanen eine Familiensaga, die Saga der Familie Kirsch zum Beispiel. Hauptfigur ist dort Christian Kirsch, der (wie Benno Hurt selbst einst in der Jugendmannschaft des SSV Regensburg) in der Jugendmannschaft des SSV Kolbstadt spielt und der dann, wie Hurt, Jura studiert und Justizjurist wird.

Ein Epos der Irrungen, Wirrungen und Wahrheiten

Hurt schreibt, präzise beobachtend und brillant entfaltend, Familien- und Gesellschaftsgeschichte – die Geschichte der deutschen Gesellschaft nach dem 2. Weltkrieg. Benno Hurts Werk ist ein deutsches Epos. Es ist ein Epos der Nachkriegsgeschichte, ein Epos der Irrungen, Wirrungen und Wahrheiten der 68er-Studentenbewegung, es ist ein Epos über das Wirtschaftswunder, die verweigerte Auseinandersetzung mit der Nazi-Vergangenheit, ein Epos über das Wanken und Werden von Rechtsstaat und Demokratie, über deutsche Suche und Selbstfindung, über Spaltung und Wiedervereinigung, über die Verwandlung eines Landes. Hurt schreibt das Epos einer Epoche. Er beschreibt diese Epoche nicht einfach, er bildet nicht ab, er ist kein Journalist, der Interviews mit Zeitzeugen und Experten macht – er ist ein Dichter.

Sehnsucht nach „Change"

Als politischer Journalist frage ich in meinen Leitartikeln und Kommentaren: Was ist mit dem Staat passiert? Wie hat er sich verändert, wie hat sich die Politik verändert? Benno Hurt fragt: Was ist mit den Menschen passiert? Benno Hurt nimmt seine Leserinnen und Leser mit auf eine Reise ins Innere der Menschen. Und diejenigen, die zwischen, sagen wir, 1963 und 1974 zwischen sechzehn und dreißig Jahre alt waren, werden sich selbst auf dieser Reise wiederfinden, weil jeder von ihnen damals die Sehnsucht hatte nach Veränderung und Aufruhr, nach – wie es Hurt seinen Protagonisten Christian Kirsch immer wieder sagen lässt – „Change". Trotzdem: Benno Hurts Bücher sind, auf dass wir uns nicht falsch verstehen, keine Andachtsbücher, keine sehnsuchtsvollen „Weißt-Du-noch-Bücher" für Alt-68er. Hurts Werk schildert einen ewigen Grundkonflikt: den Konflikt zwischen Anpassung und Verweigerung. Und da spielt, wie gesagt, das Recht, an das wir glauben, eine wichtige Rolle, weil es auf unsere Wünsche antwortet, auch wenn es deren Schöpfung ist.

Seitdem ich Journalist geworden bin, hängen in jedem Büro, das ich bezogen habe, Hurt-Fotografien mit Details aus dem Amts- und Landgericht Regensburg, das jahrzehntelang Benno Hurts Gericht war und ein paar Jahre lang auch mein Gericht. Und so habe ich Benno Hurts Beobachtungen jeden Tag vor mir: den steinernen Treppenaufgang, den großen Steinlöwen am Eingang und das Brett der Gerechtigkeit. Dieses Brett der Gerechtigkeit – das ist der leere Aushangkasten vor dem großen Sitzungssaal, sein Holz zerlöchert von den tausenden von Reißnägeln, die das jeweilige gerichtliche Tagesprogramm befestigt haben; jedes Loch markiert ein Schicksal. Diese Hurt-Bilder sind schwarz-weiß, sie sind von großer Strenge, sie zwingen einen zum Innehalten. Diese Bilder sagen einem, dass der Fotograf und der Schriftsteller Hurt einander bedingen: Die Bilder sind wie Studien, wie Skizzen zu den Romanen Hurts.

Wie wir lebten

Als ich zum 60. Geburtstag der Bundesrepublik in meiner *Süddeutschen Zeitung* eine Serie zum Jubiläum habe machen lassen, habe ich sie „Einigkeit und Recht und Wohlstand" genannt. Ich hätte ihr auch den Titel eines neueren Buches von Benno Hurt geben können: „Wie wir lebten". Darum geht es, wenn wir über sechzig, bald fünfundsechzig Jahre Bundesrepublik nachdenken: Wie wir lebten, wie wir leben. Hurt sagt es uns, viel besser, als wir es selber wissen, weil wir es oft gar nicht mehr wissen wollen; Hurt schreibt uns, führt uns auf unseren eigenen Grund. Das ist seine Kunst, dafür ehren wir ihn mit diesem Preis.

Benno Hurt lebt und schreibt in der bayerischen Provinz. Und wir verleihen den Preis für ihn in der Provinz. Wer Provinz gleichsetzt mit Dummsdorf, ist selbst provinzlerisch. Provinz ist ein gutes Wort. Provinz ist, wo Zusammenhänge überschaubar sind. Provinz ist der Raum, in dem die Menschen sich kennen. Die Welt muss provinziell werden, dann wird sie menschlich. Provinz ist ein gutes Wort. Provinz ist die Überschaubarkeit der Machtverhältnisse. Benno Hurt macht in seinem Werk aus der Welt eine Provinz, weil er die Machtverhältnisse überschaubar macht, er macht die Welt menschlich. Er macht auch das Recht menschlich, weil bei Benno Hurt deutlich wird, was ich nun schon zweimal gesagt habe: Recht ist etwas, woran wir glauben, weil es auf unsere Wünsche antwortet, auch wenn es deren Schöpfung ist.

Es gibt ein Gemälde im Plenarsaal des Oberlandesgerichts Düsseldorf, auf dem sitzt die Justitia da wie eine Amazonenkönigin. Den Blick aufwärts gerichtet hält sie Schwert und Waage, sie hält diese Requisiten triumphierend herrisch, als handele es sich um ein Beutestück. Das Gemälde ist ein wenig unangenehm. Angenehmer wird es nur dadurch, dass diese Justitia auf ihrem Schoß auch ein Buch liegen hat. Man möchte ihr wünschen, dass es ein Buch von Benno Hurt ist.

Christian Semler Sein Leben war ein politischer Roman.
Er war Maoist, er war einer der Köpfe des Sozialistischen
Deutschen Studentenbundes SDS, er wurde zu einem
journalistischen Streiter für Rechtsstaat und Bürgerrechte.

*Laudatio zur Verleihung des Otto-Brenner-Preises „Spezial" an Christian Semler
um 17. November 2009 in Berlin. Er starb mit 74 Jahren am 13. Februar 2013.*

Sein heiß geliebter Sozialismus

Christian Semler war Sohn eines Mitbegründers der CSU, wurde erst ein linker Studentenführer und dann ein kluger demokratischer Publizist.

A ls Christian Semler Maoist war, war ich noch Ministrant. Das ist lange her. Mittlerweile ist Semler
längst nicht mehr Maoist, und ich bin auch nicht
mehr Ministrant. Wir beide sind, jeder auf seine
Weise, fortgeschritten. Wir haben uns bisher, bis zum heutigen
Abend, nie persönlich getroffen – und uns doch gefunden auf
einem Gebiet, das uns beide angelegen ist: Er, der Ältere, und
ich der Jüngere, ackern auf einem Feld, auf dem viel Unkraut
wächst: Es heißt Rechtsstaat und Bürgerrechte.

Ein Radikaldemokrat

Mir sind, als ich als Kommentator und Leitartikler noch sehr
jung und sehr frisch war, sogleich die Stücke von Christian
Semler in der *taz* aufgefallen. Ich spürte sogleich: Da zieht einer seine Furchen mit ungeheurer Sachkenntnis, mit Prä-
zision, mit profundem Wissen. Und seitdem lese ich Christian Semler – der einer der klügsten journalistischen Köpfe
ist, die ich kenne. Er ist einer, der nicht wohlfeil daherbrab-
belt; er ist keiner, dessen Meinung schon fertig ist, bevor das
Ereignis, das er kommentiert, passiert ist; er ist nachdenk-

licher, kein vorpreschender Mensch: Er ist ein bewundernswert gescheiter, ein scharfsinniger journalistischer Streiter
für Rechtsstaat und Bürgerrechte. Er ist ein Radikaldemokrat
im allerbesten Sinn, also einer, der sich nicht mit einem lauen
Bekenntnis zur Demokratie zufriedengibt; in seinen Texten
geht er ihr auf den Grund, er verfolgt ihre Wurzeln zurück bis
in die Tage der Revolution von 1848.

Der Kampf der Gehirnhälften

Als Daniel Cohn-Bendit ihm zum 70. Geburtstag in der *taz*
eine kleine Eloge geschrieben hat, hat er den Kopf des Christian Semler schön beschrieben: Christian Semler sei das „le-
bendige Gedächtnis der linken Revolte von 1968". Und in
diesem Kopf tobt ein ständiger Kampf zwischen linker und
rechter Gehirnhälfte, „hier die kühle Analyse, dort Kreativität und Gefühle". Man liest mit Spannung, was er schreibt,
„weil man immer wissen will, welcher Verstand diesmal die
Oberhand gewonnen hat". Cohn-Bendit hat Christian Semler
„ein starkes, linkes Gewissen attestiert". Beides sei manchmal schwer zusammenzubringen: „Aber Semler gelingt es,
und das macht ihn menschlich".

Ein Läuterungsprozess

Semler bläst beim Schreiben nicht in die Posaune. Er hat
nicht die Illusion, dass man mit dem Schreiben die Mauern von Jericho einstürzen lassen kann. Er ist ein nachdenk-
licher, skrupulöser, ein wissender Schreiber. Er spürt die
Widersprüche in sich und in den Dingen, und gibt ihnen beim
Schreiben Raum: Ich vermute, dass er deswegen nicht Politiker geworden war wie Joschka Fischer und Daniel Cohn-
Bendit, die Semlers Nachfolger und Erben waren in der 68er-
Revolte. Semler hat das gewaltige Ego nicht, das man

braucht, um Widersprüche und Vorbehalte in sich selbst zu überspielen. Er streitet mit seinen klugen Arbeiten für die Demokratie – im Wissen, dass er einst gegen diese Demokratie gestritten hat. Sein Werk ist auch deswegen so glaubwürdig, weil es das Ergebnis eines langen, verschlungenen Weges ist, ein Produkt eines persönlichen Läuterungsprozesses: Semler war einer der führenden Köpfe der Studentenbewegung, er war der Gefährte von Rudi Dutschke. Und er wurde in und nach vielerlei Wirrnissen ein überzeugter, überzeugungskräftiger und weiser Demokrat.

„Unser geliebter Sozialismus"

Semlers Leben ist ein politischer Roman. Wie kam eigentlich eine studentische Protestbewegung, die ursprünglich adrett gekleidet und gescheitelt, das Recht auf freie Meinungsäußerung auf dem Campus und eine demokratische Reform der Universitäten einforderte, zum Sozialismus als einer radikalen gesellschaftlichen Alternative? Christian Semler beantwortet diese Frage selbst, in einem Stück, das „Unser geliebter Sozialismus" heißt. Am Anfang, sagt er, „steht eine Ausstoßung, der Ausschluss des Sozialistischen Deutschen Studentenbundes SDS aus der SPD. Diese erzwungene Selbständigkeit zog wider Erwarten eine reale Selbständigkeit nach sich".

Das war sicher eine große Weichenstellung im Leben des Christian Semler. Über die andere Weichenstellung habe ich sinniert, als ich vor einiger Zeit im Wirtschaftsministerium vor der dortigen Bilder-Ahnengalerie der Minister stand: Das allererste Bild, das vor dem Bild von Ludwig Erhard hängt, zeigt Johannes Semler, den Vater unseres Preisträgers. Semler senior war ein gesuchter Finanzfachmann und Wirtschaftsprüfer, ein Abwickler von Großunternehmen, Sanierer der Hentschel-Werke, von Borgward und BMW, er war Mitgründer

der CSU und Direktor der Verwaltung für Wirtschaft der Vereinigten Wirtschaftsgebiete nach dem Krieg, also quasi der erste bundesdeutsche Wirtschaftsminister. Wenn ich so einen Vater gehabt hätte, so dachte ich mir, als ich vor der Bilderwand stand, wäre ich wahrscheinlich auch nicht Ministrant, sondern erst mal Maoist geworden.

Seit über zwanzig Jahren schreibt Christian Semler ganz wunderbar für die *taz*, vor allem über Recht, Demokratie, Demokratiegeschichte und Geschichtspolitik. Seine Stücke zu Demokratie, Bürgerrechten und zu der Geschichte dieses Landes gehören zum Besten, was der politische Journalismus in Deutschland zu bieten hat.

Als ich über diese kleine Laudatio nachgedacht habe, ist mir ein Spruch zum Verhältnis von Macht und Recht eingefallen, zu einem Verhältnis also, das Christian Semler und mich immer wieder sehr beschäftigt. „Dass Macht vor Recht geht", so sagt dieser Spruch, „damit könnte man sich zur Not noch abfinden. Aber dass das Recht auch noch hinter der Macht geht, das ist traurig!" Ich weiß nicht ob dieser Aphorismus von Christian Semler stammt. Er könnte jedenfalls von ihm sein.

Armin Thurnher Er ist Mitgründer, Verleger und Chefredakteur des Wiener Magazins *Falter* – ein wortmächtiger Streiter gegen käufliche Politiker, ein eingeschworener Feind des Rechtsradikalismus, des grassierenden Alltagsrassismus und der Ausländer-feindlichkeit. Er war der größte Gegner des Rechts-populisten Jörg Haider.

Laudatio zur Verleihung des Otto-Brenner-Preises „Spezial"
an Armin Thurnher am 12. November 2013 in Berlin.

Der letzte Doppeladler

**Der österreichische Redakteur und
Verleger Armin Thurnher hält die Fackel
der Aufklärung hoch.**

As kürzlich in der österreichischen Tageszeitung *Der Standard* der Spitzenkoch Roland Trettl über den Niedergang der österreichischen Küche klagte, fragte ihn der Interviewer neugierig, wie das wieder zu ändern sei. „Nur Tafelspitz und Kaiserschmarren zu verkaufen", sagte der Interviewer, „wird ja wohl nicht reichen?". Der Spitzenkoch vom Restaurant „Ikarus" in Salzburg widersprach ihm aber da kräftig: „Doch! Wenn der Tafelspitz nicht zerkocht ist und wenn der Kaiserschmarrn perfekt ist, reicht das sehr wohl". Der Koch meinte, dass man sich bei den kulinarischen Dingen auf sein Erbe besinnen solle.

Kaiserschmarrn perfekt

Für den Journalismus gilt das auch. Und Armin Thurnher ist keiner, der sich auf das Erbe erst besinnen muss; er trägt das Erbe in sich und man kann das lesen. Er zerkocht den Tafelspitz nicht und der Kaiserschmarrn bei ihm ist perfekt. Sein Journalismus ist von einer wunderbaren Kraft und einem Biss, wie man ihn im deutschsprachigen Journalismus nur selten findet. In den Texten des Armin Thurnher findet man die

Weltweisheit von Franz Grillparzer und die Erzählkunst von Joseph Roth. Und wenn er gegen die Verlotterung der Sprache anschreibt und den Phrasenjournalismus bekämpft, wenn er Sprachkritik betreibt mit Hilfe des Zitats und wenn er dann den Zitierten, sei der Politiker oder Journalist, nach allen Regeln der Kunst zerlegt – dann ist er ein Karl Kraus, nur viel sympathischer und geselliger als dieser.

Der größte Gegner des Feschismus

Armin Thurnher ist ein wunderbarer Journalist, ein kluger Kopf, ein Humanist, ein Demokrat, ein Europäer. Wenn er über Europa schreibt, dann ist in einem Artikel von ihm mehr Inbrunst und mehr Wärme als in zwei Dutzend Reden von Herrn van Rompuy und Herrn Barroso. Würde – das ist ein Wort, das Armin Thurnher wichtig ist, ob es um Flüchtlinge, ob es um alte oder demente Menschen, um den Journalismus oder um Europa geht. „Wollen wir Europäer sein, müssen wir zu unserer europäischen Würde finden", fordert er in seinem jüngsten Buch.

Armin Thurnher kommt aus Wien und sucht seinesgleichen. Er ist Chefredakteur und Verleger, Kritiker und Aufklärer. Er ist ein wortmächtiger Streiter gegen Kleptokraten und Steuerbetrüger, gegen käufliche Politiker, gekaufte Medien und die Herzlosigkeiten eines entgrenzten Marktes. Er ist ein geschworener Feind des Rechtsradikalismus, der Ausländerfeindlichkeit, des überall grassierenden Alltagsrassismus. Thurnher war der größte Gegner des Rechtspopulisten Jörg Haider und er ist der größte Gegner der Haideristen. Auf ihn geht die Wortbildung Feschismus zurück, das ist ein Kofferwort aus Faschismus und fesch, das ist ein Wort, das eine geschleckt-korrupte Politik in Österreich ganz wunderbar beschreibt.

Diesen Feschismus hat er sich vorgeknöpft wie kein anderer. „Kennen Sie Grassers Urszene im Finanzministerium", fragte er neulich. Karl-Heinz Grasser, ein fescher junger Mann, Österreichs Finanzminister von 2000 bis 2007: Er stellte sich bei Amtsantritt der Beamtenschaft vor, „dann öffnete er eine Tür, und herein kam sein Beraterstab, alle jene Leute, deren Namen später Tausende Seiten Polizeiprotokoll füllen und deren Erwähnung in der korruptologischen Öffentlichkeit Heiterkeit erregt ... Auf diese Leute werde er sich stützen, bedeutete Grasser den verdutzten Beamten. So etwas hatten die noch nie erlebt. Die Unverschämtheit segelte im neoliberalen Rückenwind und dem Treibhausgefühl, man müsse nehmen, was man kriegen kann. Das römische Prokonsul-Gefühl. Hier ist meine Provinz, hier greife ich zu, hier werde ich reich."

Flieg, Falter, flieg

Das bringt Thurnher auf die Palme – und von dort oben pfeffert er seine Texte herunter. Armin Thurnher ist ein geschliffener Anprangerer, einer, der die Unverschämtheiten des Neoliberalismus und einer Politik, die den Staat als Selbstbedienungsladen begreift, immer wieder penibel aufgedeckt und plakatiert hat.

Wenn Armin Thurnher für guten Journalismus wirbt, wie er es beständig tut, dann ist er schon deswegen glaubwürdig, weil er diesen Journalismus selbst betreibt, produziert und verlegt. Er hat vor 36 Jahren das Magazin *Falter* gegründet; das ist in Wien ein Blatt wie es in Deutschland der *Spiegel* in seinen allerbesten Zeiten war: kraftvoll, mutig, recherchestark, und verlässlich gescheit. Armin Thurnher ist der kluge Verleger und Chefredakteur dieses *Falter*.

Der Name „Falter" klingt bescheiden – und das passt zu Thurnher. Er ist keiner der präpotenten journalistischen Phrasendrescher, keiner der aufgeblasenen Boulevardisten; er gehört auch nicht zu denjenigen, die die technischen Segnungen der Digitalisierung für so überwältigend groß halten,

401

dass Kritik nicht zugelassen werden darf. Er ist einer, der den Zorn der sogenannten Netzgemeinde nicht scheut und daher schon einmal sagt: „Die meisten Webmedien, wie wir sie kennen, sind stark parasitär, verlassen sich doch darauf, dass die großen alten Medien für sie recherchieren, und wenn sie selber etwas recherchieren, kann das sehr neu sein, ist aber oft nicht überprüfbar, bringt die Gefahr der Fehlinformation mit sich". Thurnher geht also dem Ärger nicht aus dem Weg.

Wider die Autoritäten

Er ist einer der letzten echten Doppeladler im deutschsprachigen Journalismus; also Redakteur und Verleger zugleich. Mit solchen Doppeladlern hat einst der kluge, aufgeklärte und aufklärende Journalismus begonnen, damals in den frühen Tagen der Demokratie in Mitteleuropa, in den Tagen des Hambacher Festes, als die Zeitungsleute, die sich gegen die fürstlichen und königlichen Autoritäten stellten, Chefredakteur und Verleger zugleich waren. Armin Thurnher steht in einer Reihe, die vor 180 Jahren mit Jakob Siebenpfeiffer und Johann Georg August Wirth begann.

Da steht er, und hält die Fackel der Aufklärung hoch. Wir sehen diese Fackel auch in Berlin leuchten.

Hans Traxler Er ist ein freundlich unerbittlicher Cartoonist des alltäglichen Schwachsinns. Auf die Idee, dass der Untergang der Titanic etwas damit zu tun hat, dass Gott „Schiffe versenken" spielte, muss man erst einmal kommen. So etwas fällt Hans Traxler ein, dem Maler und Kinderbuchautor. Er ist ein Philosoph mit Feder und Pinsel – einer, der Helmut Kohl durch die Kraft seiner Bilder zu einem großen Staatsmann erzogen hat.

Laudatio zur Eröffnung der Ausstellung von Hans Traxler in der
Ostdeutschen Galerie in Regensburg am 7. Oktober 2007

Ein gut gemalter Schlagschatten

Was Hans Traxlers größtes Glück ist und warum die Weltgeschichte ohne ihn anders verlaufen wäre

S eit einiger Zeit frage ich mich, warum Regensburg nicht Europäische Kulturhauptstadt geworden ist. Regensburg hat alles zu bieten, was eine Kulturhauptstadt nur bieten kann: Kaiser, Könige, Fürsten, Reichstage, Kreuzzüge, Albrecht Altdorfer und den Don Juan d'Austria. Auf all das hatte der Oberbürgermeister bei der Bewerbung hingewiesen – vergeblich, wie wir wissen. Und ich habe mich, als ich jüngst durch das eher triste Essen spaziert bin, wieder einmal gefragt: Warum?

Eine Nachkriegszeit in Regensburg

Gestern Nachmittag, bei der Fahrt nach Regensburg, kam mir die Antwort: Traxler vergessen. Die Bewerbung hat Hans Traxler vergessen. Hier in Regensburg hat der junge Hans nach dem Krieg, als es ihn aus seiner randböhmischen Heimat an die Donau verschlagen hatte, seine erste Zeichnung verkauft. Hier in Regensburg lernte er seine Kunst, hier nämlich nahm ihn der Akademieprofessor Max Geyer unter seine Fittiche. Und hier in Regensburg wuchs Hans Traxlers besondere Beziehung zur römisch-katholischen Kirche, die in seinem

Werk durchaus hervortritt, wie man dieser Ausstellung und seinem Buch „Die Reise nach Jerusalem" entnehmen kann, die er 1978 Papst Johannes Paul VI. gewidmet hat.

Nur dank Regensburg also gibt es Hans Traxler, jedenfalls den Hans Traxler, wie er geworden ist; und wäre er nicht, dank Regensburg, so geworden, dann, ja dann hätte er nicht Helmut Kohl als „Birne" gezeichnet, dann wäre es Hans Traxler nicht gelungen, diesen Helmut Kohl durch die Kraft seiner Bilder in den Zeitschriften *Pardon* und *Titanic* zu einem großen Staatsmann zu erziehen, dann hätte es folglich auch keinen Kanzler der Einheit und folglich auch keine deutsche Einheit gegeben, die Weltgeschichte wäre anders verlaufen – ja, all dies hängt damit zusammen, dass dieser Hans Traxler nach dem Krieg in Regensburg lebte.

Die Phänomenologie des waltenden Schwachsinns

Hier in Regensburg hatte Traxler sein erstes prägendes, seine Weltsicht veränderndes, sein Werk tief beeinflussendes Erlebnis mit den Autoritäten. Es war in diesem Fall, wie soll es in Regensburg anders sein, die kirchliche Autorität – und Hans Traxler hat mir diese Geschichte vor Jahren, gleich bei unserer ersten Begegnung, erzählt; als wir nämlich festgestellt hatten, dass jeder von uns, wenn auch zeitlich versetzt, eine Regensburger Geschichte hat. Hans Traxler also erinnerte sich an die Nachkriegszeit mit seiner Mutter in Regensburg, und wie es dieser eines Abend gesundheitlich sehr schlecht ging, es ging ans Sterben. Ein christkatholischer junger Mensch aus Böhmen wie der Hans dachte da natürlich an den Pfarrer und die Sterbesakramente. Und so rannte der Hans nach Sankt Emmeram, wo der Geistliche gerade beim Abendessen saß und sich dabei vom atemlosen Hans und seiner sterbenskranken Mutter nicht stören lassen wollte. Der Pfarrer blickte vom Essen auf und schickte den Hans trotz Bitten und Betteln ungerührt wieder weiter mit den Worten: „Mein Sohn, dann wollen wir doch den guten Willen für die Tat nehmen". Hans hat, weil er schon als junger Mann ein Herr war, den Pfarrer nicht am Schlawittl gepackt und ihn geschüttelt. Er ist stattdessen aus der Kirche ausgetreten und ist erst der Cartoon-Teufel Hans und dann der feinsinnige Illustrator Traxler geworden – ein freundlich unerbittlicher Chronist des alltäglichen Schwachsinns.

Traxler nimmt nicht nur Moden aufs Korn, sondern auch das Dasein als solches, mitsamt Altwerden, Sterben, In-den-Himmel- oder In-die-Hölle-Kommen. Die Phänomenologie des waltenden Schwachsinns ist bekanntlich umfassend. Aber immer wieder tröstet der Witz. Auf die Idee, dass der Untergang der Titanic damit zu tun hat, dass Gott „Schiffe versenken" spielte, muss man erst einmal kommen. Traxler ist, ja er ist es wirklich, ein Philosoph, einer, der erst jahrzehntelang mit der Feder, und seit zwanzig Jahren mit dem Pinsel philosophiert und porträtiert – er porträtiert Gott und die Welt. Seine Porträts sind kleine Philosophien, meist ist sein Spott milde, selten beißend. Traxler ist, trotz der Prägung durch den geistlichen Rüpel von Regensburg, selbst da von großzügiger Freundlichkeit geblieben, wenn er Päpste bezeichnet und bedichtet hat: „Noch besser war Calixt der Vierte / der seine Katze konfirmierte".

Der fliegende Friedrich Nietzsche

Überhaupt: Traxler präsentiert die Großgenannten der Welt auf Augenhöhe, seien sie Maler, Dichter, Philosophen oder Herrscher. Nietzsches Wunsch nach Frauenpeitschen entsprang laut Traxler einem dem Gesäß des Denkers zuvor verabreichten Frauenfußtritt: „Holterpolter! Auf die Stiegen/ sieht man Friedrich Nietzsche fliegen". Und auch mit Freud kennt sich Traxler genau aus, er hat nämlich eine der großen Krisen im Hause Freud anschaulich geschildert und bebildert: „Keiner weiß, wie es geschehn is – / Siegmund Freud sucht seinen Penis. / Nein, nicht den Penis, das SYMBOL / Da hilft kein Schnaps, kein Alkohol / Er sucht im Haus, in allen Ecken / denn irgendwo muss er ja stecken!" Schließlich lässt Traxler Frau Freud großzügig und kenntnisreich Rettung bringen in Gestalt einer Zigarre von gewaltigen Ausmaßen: „Auch Feuer gibt sie ihrem Freud – / und alles ohne Penisneid!"

Es ist nicht leicht, Cartoonist zu sein, immer wieder sind Hans Traxler seine Figuren unter Feder und Pinsel weggestorben. Bei meinen Recherchen fand ich in einer Ausgabe des *Stern* aus dem Jahr 1984 einen ganzen Artikel, der dazu einschlägig Klage führt. Heinrich Lübke, heißt es da, „beeindruckte ihn derart, daß er ein Buch über den Ex-Bundespräsidenten veröffentlichen wollte. Bei Zeichnung Nummer 42 starb Lübke und mit ihm das Buch. Hans Traxler wandte sich einer neuen zeitgeschichtlichen Größe zu, Papst Paul VI. Päpste, da war er sich sicher, werden alt. Papst Paul VI. wurde aber nicht alt genug. Er starb, plötzlich und unerwartet, bei Zeichnung Nummer 123. Um das fast fertige Buch zu retten, erweiterte der Cartoonist den Titel um die frommen Worte: „in memoriam Paul VI", doch das brachte dann auch nicht mehr viel. Denn just an dem Tag, an dem der Andruck beginnen sollte, starb der nächste Papst, Johannes Paul I."

Das Leben der Gummibärchen

Man versteht, dass sich Traxler dann lieber gleich den Leuten von gestern, oder, fast noch besser, dem „Leben der Gummibärchen" zuwandte und damit der erste deutsche Cartoonist war, der in den USA publiziert wurde. In der *Titanic* vermittelte er mit seiner Reihe „Leute von Gestern" frappierende historische Details zu allseits bekannten Ereignissen: etwa indem er das berühmte Gemälde eines sterbenden Soldaten auf dem Schlachtfeld von Leuthen als „Gespräch mit todwunden Tambours mit dem Alten Fritz am Abend der

Schlacht" neu deutet. Und zwar so: „Mein König, mein König – wie steht die Schlacht?" – „Der Keagan hat sein Tor gemacht!" – „Er tat es sicher mit einem Köpfer? Dann tret ich ruhig vor meinen Schöpfer!"

Die Wahrheit über Hänsel und Gretel

Das römische Regensburg mit seinen vielen Ausgrabungen
und die dadurch bei Traxler geweckte Liebe zur Archäologie stand Pate bei einer aufsehenerregenden Aktion Traxlers,
die noch fast in die bundesrepublikanische Frühzeit gehört.
Es geht um Traxlers ersten und auf Anhieb sensationellen
satirischen Coup im Jahr 1963. Oliver Maria Schmitt hat diesen im Standardwerk mit dem Titel „Die schärfsten Kritiker
der Elche" schön geschildert: „Nun, eines Tages geht Traxler
im Wald spazieren. Warum auch nicht. Und er denkt nach: Seit
etlichen Jahren schon grassierte in Deutschland das Ausgrabungsfieber, angestachelt von C. W. Cerams 1949 erschienenem Archäologie-Klassiker ‚Götter, Gräber und Gelehrte', der
sich in vielhunderttausendfacher Auflage verkaufte. Das 1955
nachgelegte ‚Enge Schlucht und Schwarzer Berg', das die Entdeckung des Hethiter-Reiches schildert, trug ein übriges dazu bei. Warum, denkt Traxler, in die Ferne schweifen? Könnte
man nicht mal in der Heimat eine sensationelle Sache ausgraben, am besten da, wo es finster ist und auch so bitter kalt? Da,
wo er gerade steht, im Wald? Und wenn Schliemann mit dem
Fund von Troja nachgewiesen hatte, daß die Ilias mehr war als
eine Sage, könnten dann nicht ebenso gut andere Sagen, Mythen und Märchen wahr sein? Zum Beispiel das Märchen von
Hänsel und Gretel? Natürlich könnte es das! Nachdem der Plan
gereift ist, braucht Traxler nur sechs Wochen, um den Beweis
anzutreten. Er imitiert alte Kupferstiche, zeichnet erfundene Lagepläne und lässt sich, mit Nickelbrille und Schnauzer
maskiert, beim Ausheben von Gruben fotografieren, verwen-

det Fotos echter Ausgrabungsfunde aus der Römerzeit und packt alles zusammen in einen Bericht darüber, wie ein angeblicher Studienrat und Laienarchäologe namens Georg Osseg im Spessart die Fundamente des Hexenhauses ausgrub, dort auch Lebkuchenreste fand nebst einem vergifteten Pfefferkuchenrezept und sogar den Ofen mit der verbrannten Hexe darin."

Zur Buchmesse 1963 erscheint das Grundlagenwerk „die Wahrheit über Hänsel" und die Nation horcht auf. Über hundert Rezensionen erscheinen, euphorische, empörte, 2000 Leserzuschriften, enttäuscht bis wütend, fordern Traxler auf, solche Späße in Zukunft zu unterlassen. Parodie wird halt nicht immer erkannt – und hunderte von Touristen, auch eine Schulklasse aus Dänemark strömen in den Spessart und wollen weitergraben. Die Universität von Nagano in Japan will das Werk als Lizenzausgabe drucken und ist empört, als man ihr weismachen will, dass es sich um einen Jux handelt. In Ostberlin hingegen wird der Mord an der Lebkuchenhaushexe als „Kriminalfall aus frühkapitalistischer Zeit" interpretiert; und angeblich soll sogar Adorno das Buch in seinem Seminar vorgestellt haben.

Traxler hat sich selbst entrückt

Die Ausgrabung des Hexenhauses war sozusagen Traxlers satirische Meisterprüfung. Sodann war er nämlich an der Gründung und Gestaltung der Satirezeitschriften *Pardon* und *Titanic* maßgeblich mitschuldig und er hat so maßgeblichst mit dazu beigetragen, dass (wie Hans Zippert trefflich feststellte) haltlose junge Menschen die Möglichkeit hatten und haben, ihrer Haltlosigkeit eine satirische Form zu geben. Die Jahre bei *Pardon* bis zum unrühmlichen Ende des Magazins, die Geschichte seiner Bucherfolge, das vielzitierte und fast zu Tode kopierte „Birne – das Buch zum Kanzler", ja selbst die kurzweiligen „Leute von gestern" – all das liegt weit hinter ihm. Von *Titanic* hat er Urlaub genommen. Die schnelle Reaktion auf das politische Tagesereignis reizt ihn nicht mehr.

Ja, Traxler rückte im Lauf der Jahre mehr und mehr ab von der Alltagspolitik, er wollte, wie er vor Jahren sagte, „dem Schicksal von Ernst Maria Lang entgehen", denn der jahrzehntelange Hauszeichner der *Süddeutschen Zeitung* müsse sich immer noch, „und zwar seit den vierziger Jahren, mit Politikern abgeben". Traxler hat sich selbst entrückt – er legte die Feder weg und begann 1986 die Arbeit mit dem Pinsel. Welch eine Entdeckung, sagte er: „Das ist mein Ding!" Er hat sich immer mehr Zeit genommen für seine Bilder. Die Sorgfalt der Ausführung lässt keine inhaltliche Kurzatmigkeit, keine ruppige Geste zu, „der satirische Blick wird durch Milde und die Skurrilität der Gedanken und Geschichten, durch die geradezu klassisch abgewogene Formulierungen der Texte ins Ewiggültige gehoben". Dieser Satz über den ewiggültigen Traxler stammt aus dem Feuilleton der *Frankfurter Rundschau,* denn für das Ewiggültige sind die Feuilletons zuständig, nicht die politischen Redaktionen.

„Wenn Sie erst gescheit zeichnen können, kann Ihnen überhaupt nichts mehr geschehen"

Aber eigentlich muss man nur die Traxler-Bilder anschauen, dann weiß man, was ewiggültig ist. Das Bild über die Deutschen im Ausland zum Beispiel: Da sieht man, wie ein hässliches weißes Männlein einen Schwarzen anherrscht, der ihm am Strand Klimbim verkaufen will: „Sie sollten lieber in Ihr Heimatland gehen und dort gegen Ihre Unterdrücker kämpfen!"

Zurück, zurück zu den Wurzeln. Gehen wir in Traxlers Heimat, ins Böhmische. Die Kindheitsmuster: Angst vor dem Iwan und dem Fegefeuer. Der Vater: Österreicher, eine Art Land-Gendarm, „Postenkommandant" nannte man das in Böhmen, wo Traxler 1929 geboren wurde. An einem einzigen Tag hat ihn der Sohn ohne Uniform gesehen, und die größte Bequemlichkeit, die sich der Vater bei Tisch genehmigte, war das Öffnen des obersten Häkchens am Rock. Der scharfe Blick von Traxler senior, so hat es Anna von Münchhausen in der *Zeit* festgehalten, erholte sich im Schönen, im Wahren, in der Kunst halt. „Einen Druck an der Wand hätte er nicht geduldet", sagt der Sohn. Allerhöchsten Respekt zollte der Vater, aha, einer gelungenen Federzeichnung. „Wenn Sie erst gescheit zeichnen können, kann Ihnen überhaupt nichts mehr geschehen" – so lautete die Essenz im pädagogischen Eros des eingangs schon genannten Max Geyer, der einmal Akademiedirektor in Prag gewesen war und nach dem Krieg in Regensburg den verwaisten 17-jährigen Traxler in seine Fürsorge nahm. Nicht nur die banale Existenzsicherung war gemeint, sondern auch die Stabilität fürs Seelenleben. „Wenn Sie erst gescheit zeichnen können, kann Ihnen überhaupt nichts mehr geschehen". Wer Traxler anschaut, wer ihn kennt, der weiß, dass das stimmt: Hans Traxler ist das Exempel.

Leichtigkeit durch harte Fron

Bei Max Geyer machte der 18-jährige Hans Traxler, wie es seufzend in seinem Lebenslauf heißt, „eine akademische Lehr der strengen Observanz ... mit einem Studium der plastischen Anatomie, dem Zeichnen nach der Gipsstatue des Diskuswerfers von Myron (enthäutet, so dass der Malschüler jeden Muskel studieren konnte), sodann dem Pauken der lateinischen Bezeichnung eines jeden dieser Muskel, und schließlich dem Aktstudium der 82 Bewegungen des menschlichen Arms in Sepiakreide im Format 1:1". Das schlauchte und übte: Leichtigkeit der Handschrift durch harte Fron.

In Regensburg lebte auch ein Briefmarkenhändler aus Wien, der Zeitschriften namens *Wiener Melange* oder *Liebe und Ehe* herausgibt. In der einen sind laszive Fischerfrauen zu sehen, die ihre Blöße notdürftig mit Netzen kaschieren, in der anderen erkundigen sich Pastorengattinnen über Geschlechtliches. Zur Unterhaltsverbesserung, weil die 38 Mark Waisenrente nicht hinreichen, illustriert Traxler Kurzgeschichten. Und weil der *Melange*-Leser den Eindruck haben soll, das Magazin beschäftige fünf Illustratoren, muss Traxler in fünf verschiedenen Stilen arbeiten. Ein befreundeter Redakteur rät Traxler dann zum Umzug ins Hessische. Frankfurt am Main werde wohl bald Bundeshauptstadt werden, viele wichtige Buch- und Zeitungsverlage säßen dort, dort sei es leichter, das tägliche Brot zu verdienen ... Nun, Frankfurt ist nicht Bundeshauptstadt geworden, aber Traxler ist in Frankfurt geblieben, weil er ja dort, was er anfangs noch nicht wusste, die „Neue Frankfurter Schule" gründen musste.

Das demokratische Denkmal

Und so steht nun dort und nicht in Regensburg das vielleicht größte philosophische Werk von Hans Traxler, ein Werk, ein Denkmal, für das es in Regensburg allergrößten Bedarf gibt – weil zum Beispiel der örtliche Bischof sich so gern jeden Tag dorthin begäbe. Es handelt sich um einen großen Sockel aus Sandstein, auf den schöne Stufen hinaufführen und einladen, sich selbst auf den Sockel zu stellen. Und die Inschrift sagt in goldenen Lettern klar und deutlich, wer der Größte ist: „Ich". Hans Traxler, der Schöpfer dieses einzigartig demokratischen Denkmals, fordert jeden auf, sich auf dem Sockel ablichten zu lassen. Dieses Denkmal gibt jedem seine Größe: dem Bischof, dem Oberbürgermeister, dem CSU-Dissidenten Fürst und der Bäckereifachverkäuferin. Das Ich-Denkmal entspannt das gesellschaftliche Klima: Eventuell hier anwesende Stadträte und Sponsoren sollten also noch heute die Lizenzgespräche mit Hans Traxler führen.

„Was ist für Sie das vollkommene irdische Glück?" – ist Hans Traxler einmal gefragt worden. Er hätte sagen können: Jeden mit einem Denkmal glücklich zu machen. Aber Hans Traxler ist bescheiden: „Ein gutgemalter transparenter Schlagschatten", hat er geantwortet. Schauen Sie sich die Bilder an, dann wissen Sie: Hans Traxler ist ein glücklicher Mensch. Und Regensburg kann glücklich sein, dass hier eine große Karriere begonnen hat – die sich endlich auch in dieser Stadt in einer wunderbaren Ausstellung entfaltet.

HERIBERT PRANTL

*Jahrgang 1953, Mitglied der Chefredaktion
der Süddeutschen Zeitung, Leiter der innenpolitischen
Redaktion, Honorarprofessor an der juristischen
Fakultät der Universität Bielefeld, Ehrendoktor der
evangelisch-theologischen Fakultät der Universität
Erlangen-Nürnberg, politischer Publizist, gelernter
Richter und Staatsanwalt.
Zuletzt erschienen: „Kein schöner Land" (2005),
„Der Terrorist als Gesetzgeber" (2008),
„Wir sind viele", „Der Zorn Gottes" (2011),
„Die Welt als Leitartikel" (2012),
„Alt. Amen. Anfang." (2013),
„Glanz und Elend der Grundrechte" (2014),
„Im Namen der Menschlichkeit: Rettet die Flüchtlinge" (2015),
„Kindheit. Erste Heimat" (2015),
„Trotz alledem: Europa muss man einfach lieben" (2016).*